U0091512

尋訪祖父的秘方

劉宏◎編著

目　錄

序

　　21世紀，中國人口高齡化的形勢不可逆轉。目前，中國老年人口1.85億，占總人口的13.7%。預計，本世紀老年人口峰值將達4.48億，占總人口的1/3。中國老年人口基數大，失能、半失能比例高，又伴隨高齡化、空巢化、少子化，其人口高齡化的形勢十分嚴峻。

　　對此，中國政府提出了以「健康」、「參與」、「保障」和「服務」為主要內容的積極應對中國人口高齡化的方針、策略，並將「健康」放在首位，強調健康對應對人口高齡化的重要性。

　　養身先養心，養身必養心。宣導健康的生活方式，促進老年人的健康長壽，首先要關注老年人的心理平衡、和諧，最大限度滿足老年人的情感需求，克服情感危機。老年人，特別是退休的老年人，由於社會角色、地位、生活環境、人際關係的變化，若不正確認識和對待，很容易產生精神或心理的負面影響。應鼓勵老年人確立老年生活的新目標，使其有繼續努力的方向和精神寄託，以保持戰勝困難，永不懈怠，繼續進取的動力。要鼓勵老年人繼續融入社會，盡可能多地接觸社會，參與做些力所能及的工作。加強人際交往，避免產生被遺忘、被冷落、被隔絕、被拋棄的感覺，使晚年生活更加豐富多彩。

　　作者從傳播學的視角，策劃、設計「尋訪祖父的秘方」系列採訪。由祖輩向晚輩講述他們複雜、曲折、快樂的人生經歷，介紹人生經驗、教訓和忠告，傳遞人生的價值觀念，讓年輕人瞭解祖輩，瞭解家史，瞭解社會。這種訪談，實質是世代交流，對晚輩今後做人做事有很好的補益和借鑒。為老年人提供了一個自我展示、表現和證實人生價值的機會，有益於激發老年人的「成就感」，克服自卑感，獲得精神和心理的滿足，促進老年人心理健康。同時也弘揚了尊老、敬老、孝親的傳統文

化，向全社會宣導了年輕人親近老人的新形式、新創意。對克服世代鴻溝，踐行尊老愛幼傳統美德，積極應對中國人口高齡化，具有時代的針對性和現實意義。

張家喜

中國老年保健協會副會長

發掘「世代互動」的意義：「健康傳播」學科的實踐

　　在健康傳播和寫作課程中，一群年輕人被要求去訪問自己的祖父、祖母。他們認識很早，早在其中一方的孩提時代；他們認識很晚，晚到其中一方已經年邁。在年輕人眼裏，自己認識祖父母的時候他們就已經是老人了，年輕人無緣和年輕時的祖輩相識。這次訪問就像是穿越式的探訪，祖父母的講述再現了過去的時代，這個時代存在於教科書、電影、小說以及歷史記錄中，當老人們講述自己的親身經歷時，年輕人發現自己正在經歷時光穿越，曾經的歷史名詞逐漸變成栩栩如生的背景，深深影響了祖輩命運。尋訪祖父的秘方世代互動的意義發現：在傳統家庭中，老年人經過一生中大部分時間的勞作、積累經驗和建立威信，成為家庭的楷模、精神支柱，承擔指導後代的責任。一般情況下，他們照顧年幼的後代，期望並也能夠得到子女的照顧，在熱鬧的大家庭中安度晚年。但是現實變化不再呼應這一傳統的期望了。社會變化、升學以及尋找工作，有時候甚至是戰爭，導致越來越多的人背井離鄉，甚至遠離了祖國。空間的分離，通訊手段的局限，家庭的凝聚力自然急劇下降。這也表現為現代化的後果之一：血緣和地緣的緊密聯繫被工業化對勞動力的需要解散，在日常生活中共存的大家庭已然不多見。

　　在愛利克·艾瑞克森看來，人在老年將面對完美與絕望的認同危機。在人生的最後階段，個人主要活動接近尾聲，有更多的時間來思考，若是對自己的一生感到滿足，將獲得完美的感受；若是認為自己的一生失去了各種機會，或者選擇了錯誤的人生道路，就會陷入絕望。

　　30個訪談中幾乎沒有老人們絕望的表達，這可能因為老人們對社會期望原本就低，所以失望也少；也可能因為他們善於忍耐，在經歷了艱

苦的歲月，經歷了年輕人看來難以忍受的物質匱乏和精神壓力之後，平凡的晚年已經是難得的寧靜。他們仍然在忍受：健康問題，年老導致身體機能退化，結束工作導致社會交往減少，需要適應新的節奏。有的老人已經失去老伴，孩子們也已分居，必須克服孤獨。但他們並不絕望，長久艱難所磨礪出的超常忍耐力，令他們展示出令人驚歎的人性魅力。

　　與祖輩所經歷的時代相比，今天的教育系統已經非常成熟，尤其是在1999年大學擴招之後，年輕人已經習慣於將從小學到大學十多年的學習生涯視為個人教育的基本配置。傳媒已經開始批評教育體制與社會現實之間的脫節，這與祖輩們最為相似的忠告完全背離。在「祖父的秘方」裏，老人們提供了種種忠告，最集中的意見都是「要好好學習」。大部分老人沒有大學學歷，他們當中一部分人獲得穩定工作的途徑除了上大學、上技術學校，還有參軍、直接參加工作。今天長時間的教育對於他們來說無疑是一種奢侈，是少年時期就必須介入生產或家庭勞動的老人們所難以想像的。

　　這一密集出現的忠告是老人們人生經驗的總結，並且在30個訪問的樣本中也可以觀察到上學讀書的良性後果：通過正規教育途徑獲得工作，不僅有穩定的收入，還意味著退休後的經濟保障。從年輕人的角度來觀察，感受到「完美」的老人往往與他們的職業能力、社會和家庭對他們的持續需要聯繫在一起。而因為歷史原因，例如農民身份，不能有穩定的退休收入，則使晚年生活更為艱辛。

　　年輕人喜歡問老人的婚戀，發現探聽到的往事跌宕起伏。美貌的外婆年紀輕輕就出嫁了，送親的隊伍挑著嫁妝，路長又逢落雨，路上耽誤了一天，到了夫家發現毫無聲息，原來一家人全都在前一天喪生於土匪刀下。幸好後來遇到外公，結婚生孩子，一過就是五十多年，很相親相愛。

　　像是電視劇裏的人生，不是人生如戲，而是戲如人生。到底極端的命運不是生活的日常，更為尋常的老一代的婚姻一定會是相守相伴，結

束只有一個原因，就是其中一位離開人世。大部分老人有幾個孩子但往往只有一次愛情。年輕一代覺得自己把兩件事情的數量顛倒了。

另一處比較一致的意見是對財富的看法。老人們幾乎沒有機會很有錢；相反，他們在承擔養育家庭責任的人生階段，常常感到入不敷出，捉襟見肘。收入是有限的，但需要計算的生活並沒有導致他們對錢的極度渴求，他們通過節省和忍耐的方式來應對生活。這是為什麼年輕人看到老人的儉省，感覺到多麼不合時宜，這種不理解在訪問之後才慢慢被解開。

從不理解到理解的過程中，年輕人辨識出在消費熱潮中老人們節省行為的緣由；在一個城市由各種賣場支撐、充滿廣告資訊、媒介不停息鼓勵人們消費再消費的環境中，匱乏時代在老人的行為中不斷展現其魅影，承擔其後果的老人，也承擔了各種怪癖的看法。

世代互動與老年健康

傳統生活中許多時光，是在家人面對面的交流中流逝過去的。後來，一家人圍繞電視；再後來，人人面對自己的電腦螢幕。傳播越來越個人化，資訊越來越豐富，卻有越來越多的人感覺到孤獨和空虛。

現代家庭生活發生了很大變化，世代互動明顯減少是主要的後果之一。與子女共同居住的老人，孫輩對其熟悉程度遠遠超過那些不與子女同居的老人，孫輩更容易與他們進行交流，發現他們的優點，並把他們視為成長中的依靠，自己生活中重要的一部分。同居老人的幸福感也表達得更明顯。而那些不能在祖輩照看下成長的孩子，對於訪問的反應較為保守，訪問的啟動也較為遲疑，在計畫和執行訪問活動中表現得更猶豫。

雖然課程作業的設計思路已兼顧可執行、資料收集難度以及寫作要求，預測到訪問能夠得到對方的配合，訪問是祖輩期待的交流機會，同學們也能有所發現並依據這些發現完成寫作，但是在訪問啟動之前，許

多同學都認為這是不可能或者難以完成的任務。困難存在於多個方面，例如祖孫異地，這導致了不能面對面，看不到老人的表情，也不能讓老人看到自己。還有跨文化的問題，在每一個訪問中使用的基本問題範本，是在全球化背景下幾乎所有受過正規教育的年輕人都能理解的人生命題，這組問題範本以教育系統的思路書寫，與當代年輕人的人生軌跡更為接近，符合他們的思維習慣，甚至討論這些問題的語言，都是大家在校園裏通用的普通話。

這些問題與祖輩的人生有意識形態方面的差距。作為當代青年普遍共識的個體的獨立性，在青年的日常生活中有強大影響力，年輕人普遍認識到自己可以並應該按照自己的偏好來選擇未來，來決定自己接受什麼樣的教育、選擇什麼樣的職業和生活；然而個性意識在祖輩中並不普遍，許多老人甚至從未從這一角度考慮過問題。老人們大多接受自己的人生，有遺憾，有幸運，很少有人認為自己可以選擇，已屆晚年的祖輩經常表達出對年輕人所在時代的羨慕。

跨文化的交流還體現在訪問是一次語際流動的實踐。校園裏通行的普通話和老人們所在各地方言區，對同一問題的表述是不一致的，甚至有的方言裏沒有一個對應確切的表達。年輕人將問題翻譯成方言，然後據此向老人提問，經常感受到障礙和困難。這些障礙和困難比輕易獲得的問題答案更有價值，因為對問題的意識、對障礙的消除和問題的解決過程，是對新資訊的感知和接受的過程，差異化的反應意味著極大差異甚至包含斷裂的時代背景。新的人生可能來自時代變遷，是社會發展和資訊傳播的積極後果，也進一步促成了社會發展與資訊傳播。

年輕人應用網路來解決異地問題，這樣，老人們被請到視訊的另一端，嘗試年輕人所使用的聯繫工具。大多數時候他們需要幫助，在應用視訊工具與遠方的孫輩進行對話的時候，獲得愉快的體驗。

基於上述問題，訪問成為一個提供了社會支持的傳播過程。這個過程無疑對於老人來說是有利的，能緩解他們所感到的不確定性，減輕他

們因為年老失去伴侶和朋友，同時需面對死亡的焦慮。老人也從年輕人的訪問中獲得安慰。以人際傳播的經典形式，與一個具有血緣以及共同生活經歷的人面對面談心，向雙方都提供了深深的慰藉和滿足。年輕人甚至擬訂了未來的計畫，要和老人共度更多的時光。

如果不是這些孫輩年輕人，祖父母們的人生故事也許沒有人認真傾聽，更沒有人以文字記錄下來。將訪問轉化為文字，意味著一次人際傳播的結果可能獲得更多的受眾，意味著更多人與人相互理解和交流的可能。年輕人意識到替作為普通人的祖輩作傳，其意義在於「為了不忘卻，為了感激，為了能理解，也為了未來」。人際傳播是雙向的，訪問是一個再度建構自我意識的過程，理解祖輩的經歷同時也是發現自我、發現DNA所導致的個性表達的過程。

劉宏

中國傳媒大學廣告學院

何妨吟嘯且徐行

一蓑煙雨任平生

黃鈺鈞

如果把人的一生濃縮到一天的話：朝陽充滿活力，少年時代始終生機勃勃；中午的陽光最烈，中年時代如正午的陽光光芒萬丈；夕陽雖然黯淡，但依舊讓人駐足，步入暮年，只要心不老，人永遠不會老。

其實外公的一生就如這不同時期的太陽，曾經光耀萬丈，讓人側目。即便如今步入暮年，仍然發揮著餘熱。

外公出生於1931年，這是中國即將步入更大戰亂的年代。日本人在東北虎視眈眈，中原大地戰火未消，就算是遠在當時還是蠻荒之地的廣西，依舊還有匪患連年作亂。外公的家庭不算富裕，一畝三分地自耕自給，日子過得也算是快活。還在5歲的時候，太公就送外公去上了私塾，同時也讓外公跟著自己一起下地幹活。外公開始的時候很不喜歡下地幹活，覺得這個太累了。而且私塾先生說的，萬般皆下品，唯有讀書高。家裏又不是沒有人參加勞動，非得要讓自己這個小孩子去呢？太公的一句話讓外公受益很深，以至於他在教導我媽跟舅舅的時候都參照了當初太公的方式。太公說：「讀書能夠讓你瞭解知識，勞動能夠讓你知道如何去運用知識。而且讀書能夠強健的只是你的心智，勞動能夠強健的是你的體魄。沒有了體魄，再強大的心智也沒有用武之地。」在太公的這句話影響下，外公始終沒有放下對於身體的鍛鍊，即使現在已經80高齡，身體不如當年的情況下，仍然堅持每天飯後去校園裏散步。

少年時代的外公是無憂無慮的，儘管國家戰火連年，但是由於平樂所處的特殊地理位置，受到戰火的影響還是相對較小，哪怕是在1944年「豫湘桂戰役」中，平樂也沒有遭受過太多的炮火。在這相對安靜的環境下，外公的學識長進很快，而且太公沒有用舊有的觀點束縛著外公，在他接受完四年的私塾教育後，便把外公送到桂林市裡接受西式的教育。外公的視野漸漸開闊，1950年太公去世之後，18歲的外公便離開了家，來到了桂林闖蕩，在當時桂林高中任教。

　　青年時代的外公不安於教書安靜的生活，在1951年底，他報名參加抗美援朝的志願軍，來到了冰天雪地的朝鮮戰場。雖然是文藝兵，但是戰場上的殘酷給外公留下了很深刻的印象。外公背上有道一寸多長的傷疤，就是在一次敵軍偷襲中被流彈劃傷的。雖然沒有留下什麼後遺症，但是廣西濕熱的天氣還是讓外公飽受折磨，每年的雨季都疼得很難受。隨著年紀的增長，外公不再操勞，曾經的病痛也逐漸遠去。不過外公還是很感謝那次的經歷，他在那場戰爭中認識了自己今生最好的朋友———陽偉明陽公公。陽公公出身是書香世家，如果說外公的國學啟蒙是來自於當時的私塾老師的話，那陽公公給外公打開了另一扇窗，讓外公更好地瞭解了國學這個巨大的知識寶庫。對於那場戰爭，我曾經問過外公的感受，外公的回答讓我印象深刻：「一將功成萬骨枯。我不喜歡戰爭，不管戰爭本身有沒有功利的性質，生命會在戰爭中流逝。生命無價，眾生平等。我之所以會選擇上戰場，這是基於我作為一個公民的義務而已。」朝鮮戰場給外公帶來的衝擊是巨大的，外公之後一直持有的那種平淡的心態也是從那個時候就開始的，也是那種平和的心態，讓外公熬過了之後不少難熬的歲月。

　　從朝鮮戰場回來之後，外公謝絕了組織給他安排的在桂林市政府的一份工作，和陽公公一起去參加了1955年的高考，陽公公順利考上了中山大學，外公則進入華中師範大學學習。剛進入大學時外公非常的刻苦，由於當時特殊的規定，大學生的第一外語必須要求是俄語，這對於南方人來說是非常痛苦的。經常發音發到舌頭打結還是沒有辦法把大舌

音給念標準。一個「p」的發音就讓外公練習了整整一個月。但外公還是堅持下來，並以優異的成績從大學畢業。大學畢業的時候，外公還收穫了自己的愛情——當時瞞著家裏來到武漢求學的外婆。

　　大學畢業後，外公跟陽公公一起被分到恭城中學任教。1963年，在順利度過了三年自然饑荒之後，外公不顧太婆婆的反對，跟外婆結婚，這也在當時的小鎮上引起了很大的轟動。要知道外婆在嫁給外公時已經有了三個小孩，其中最小的孩子還不到5歲。就算已經進入了新社會，但在還沒有真正開放的農村，還是惹來了很大的爭議。我也曾經問過這個問題，外公這個受中國傳統文化教育長大的人，難道真的沒有一點介意之心嗎？外公的回答非常幽默：「我介意什麼啊，我娶一個還外帶三個，這個婚事我賺大了。」婚後的日子一家五口過得非常幸福，第二年年底，外婆便為外公生了一個男孩。外公樂壞了，翻遍《辭海》，還請人給算過，給孩子取了個「銘」字。

　　好日子過得並不是很長久，「文革」的到來帶給外公這輩子都難以忘懷的傷痛。在訪問中，外公不願意回憶那段顛倒是非黑白的日子。我還是旁敲側擊地從外婆的嘴裏得到了大部分的真相。在「文革」裏，很多學生輟學去搞運動，外公被認定為「臭老九」，幾次毒打之下，外公落下了哮喘的毛病，延綿至今。更令外公痛心的是，自己最好的朋友死在了那場運動中，而且是屍骨無存。外婆告訴我，在得知好友死訊的期間，外公把自己關在房間裏一天一夜，不吃不喝，當時可把外婆給嚇壞了，要知道外公自己受到的傷害也不小。在整個人冷靜下來後，外公收養了陽公公的一雙兒女，堅強地生活了下來。外公深信，災難終有一天會過去，日子還是要繼續的。外婆還告訴我說，外公有些時候覺得對不起我媽媽，因為怕受到自己的連累，外公把媽媽嫁給按照當時來說出身非常純正的爸爸，爸爸的脾氣不好，文化水準也不高，讓媽媽吃了很多苦。這也是外公非常喜歡我姐跟我的原因，在我爸媽去到梧州打拚時一直把姐姐帶在身邊教導，姐姐能夠有今天的成就，不管怎麼說都離不開當初外公的悉心教誨。

「文革」過後，大舅、二舅還有媽媽外出闖蕩，外公也迎來了大展拳腳的機會。在外公成為了恭城中學校長之後，借著國家大力發展少數民族地區教育的機會，外公率先在學校內成立了民族班，還拉來了桂林市政府和不少企業的贊助，讓更多瑤山裏的孩子能夠接受到更好的教育，能夠有機會去見識外面的世界。這一舉措讓外公贏得了不少好評，到今天為止，很多受益於外公當年民族班的學生在學成之後，都重新回到這個小鎮上，為培養出下一代的建設者而努力。

1990年恭城瑤族縣成立，外公也順理成章地成為第一屆縣政協委員。外公對於政治不是很感冒，但也不喜歡跟政治沾邊，成為政協委員也是由於鄉親們對外公在作為恭中校長時為恭城少數民族教育事業做出貢獻的一個高度評價。雖然外公不喜歡政治，但在當政協委員的五年中，外公還是踏踏實實地履行著政協委員應盡的義務，繼續為瑤山中需要知識的孩子們四處奔走。

1996年，外公正式退休。但整個人並沒有完全地閒下來，在外公的倡議下，2000年，恭城縣老年大學成立。很多老年人有了鍛鍊交流的地方，尤其是對於兒女不在身邊的老人來說，老年大學也成了他們心裏的一處避風港，在那裏他們能夠享受到平靜的同時，也能享受到快樂。剛開始的時候，我外婆很不喜歡外公這麼愛折騰，都退休了還不好好享清福，每天都折騰這些實在是讓人煩心。而且外公的哮喘病時常發作也讓外婆憂心不已。不過外公向來好脾氣，每次面對外婆的抱怨都是一笑置之，從來不跟外婆發生正面的爭執。我每次回家看到外婆發脾氣，外公那份從容時，都不自覺地會笑，這大概就是外公外婆能夠相敬如賓的重要原因。

外公退休後的生活除了跟詩友交流外還是相當的閒適。外公的身體一直很好，除了是心態好之外，外公也是最聽話的病人。因為醫生說吃辣椒不利於根治哮喘，外公毫不猶豫地把辣椒戒掉了。在被我囉唆了一陣長時期的伏案寫作跟玩電腦對頸椎不利後，外公便從電視上學了保護

4

頸椎的操，天天吃完晚飯後堅持做操，也自動減少了對著電腦的時間，重新拿起了筆。儘管右手依舊抖個不停，但外公還是堅持寫作，因為詩詞已經融入了外公的骨血中，每一首詩詞或者每一副對聯寫出的都是外公的淡然的心境。在採訪結束時，外公在那頭留下了這麼一首詩：「坐觀雲卷與雲舒，蒼狗白熊何自如。丘嶺彎弓非弋雁，溪河垂釣豈求魚。山明水淨臨佳境，海闊天空夢太虛。都道夕陽無限意，不分貴賤及親疏。」平靜而閒適的心情躍然紙上。或許真的只有經歷過風雨的人，才能真正享受風雨過後的寧靜。

　　「莫聽穿林打葉聲，何妨吟嘯且徐行。竹杖芒鞋輕勝馬，誰怕？一蓑煙雨任平生。料峭春風吹酒醒，微冷，山頭斜照卻相迎。回首向來蕭瑟處，歸去，也無風雨也無晴。」這是我學習書法後，給外公寫的一幅字。外公很喜歡，裝裱之後把它掛在了客廳中，逢人便炫耀這是能夠接我班的外孫女寫的。看著那稚嫩的筆法，我有些不好意思。其實有些時候自己覺得很對不起外公，因為我沒有把外公的學識完全地接下去，而表弟用我外公的話來說缺少這方面的靈氣而註定沒有辦法去學習這些老祖宗的東西。每每至此，外公都不停地歎息，但正如他自己說的，兒孫自有兒孫福，路都是自己選擇，只要自己不後悔，他也沒有權利去干涉我們自己的選擇。

　　在與外公的交談中，外公始終回答不多，在經歷了風雨之後，外公一直在享受現在難得的平靜。名聲榮辱在很早的時候對於他來說已經是浮雲了，他老人家現在唯一關心的便是兒女的前程，我想，這應該也是天下所有父母自始至終都關心的。

　　訪問：

　　1. 您剛過了80歲，80歲對您意味著什麼？

　　人家都說80歲是老人的一個坎，現在看來，我又過了一個坎。其實80歲對於我來說只是一個數字，生死是很平常的事情，多一歲就多感謝一次上天的恩賜，讓我能夠多看一會兒這麼美好的世界，多享受一天平

靜的日子。

2. 小時候有什麼樣的夢想？這個夢想實現了沒？年輕時候遇到的最大煩惱是什麼？是怎麼解決的？

夢想？理想？在那個時候，能夠順利地活下來就是最大的夢想。你說這個夢想實現了沒。年輕時候的煩惱有很多啊，比如說剛上大學時，覺得俄語很難學，一直都跟不上。工作的時候，學生很不聽話，組長經常性給你找點麻煩。所以煩惱總是有的，關鍵是看你怎麼看待這些煩惱。保持一個良好的心態，一個個去解決你遇到的每一個問題。這就是我對待煩惱的態度。

3. 喜歡誰，為什麼？

你這個問題問得有點好笑，我首先要保證最喜歡你外婆，不然你外婆會不高興的。其次我要喜歡你舅舅，不然他會說我不愛自己的兒子。第三我要喜歡你表弟，他降生的時候我非常高興。因為這是我盼了很久的孫子。沒有為什麼，我喜歡的都是我的親人。

4. 1986年我出生的時候，您在做什麼？對這個孩子出世的感想？

說起來1986年對於我來說是還真的是有點紀念意義的一年啊。你的降生，還多少給我帶來點樂趣，最記得在你抓周禮上你竟然抓了支筆，當時我覺得我的才學是真的有了繼承人了。當然，你現在選擇了另一條路，我也不會怪你，因為每個人都有自己的喜歡，都有自己的選擇，只要你最終不會後悔。

5. 您對健康兩個字是如何理解的？遇到過哪些健康問題？如何處理的？結果如何？

對於年輕的我來說，沒有病痛就是健康。對於此刻的我來說，能夠好好地活著，不感覺到任何痛苦就是健康了。我最大的問題就是哮喘病，為了這個病我可是四處找尋秘方，而且還戒掉了吃辣椒，嚴格遵照醫囑，現在看起來，它是發作得越來越少了。

6. 您喜歡工作嗎？您覺得工作對於您來說是什麼？

沒有喜歡不喜歡，當然我喜歡我的這個工作。我愛我的學生。工作對於我來說是生活的一種方式，人活著就必須要工作。既然都要工作了，你就得選擇一份你喜歡的工作，不然這一輩子你過得都不會開心。

7. 對財富的看法？

你們年輕人不是有一句話嗎，錢不是萬能的，沒錢是萬萬不能的。所以錢或者財富對於我來說，夠用就好了。不求錦衣玉食，只求安然平穩地過日子。

8. 遠行去過哪裡，有什麼印象？

遠行去過很多地方，不過真的沒有什麼印象。風景優美是我選擇出行目的地的首要條件，我每次去的都是蘇杭、海南這些風景比較優美的地方。看到美麗的風景，心情會變得很好，這樣繼續工作也會有了更多的動力。你不是也曾經問過我為什麼不去西安這些有著悠久歷史的地方嗎？誠然歷史不可忘記，但是人應該是向前看的。我唯一的遺憾就是不能去臺灣看看你二舅公了，在我還有力氣的時候，兩岸沒有實現三通，現在有條件了，但我卻已經有心無力了。

9. 1951年，您參加了抗美援朝戰爭，儘管只是一個文藝兵，但您依舊看到了戰爭的殘酷。對於戰爭，您有何看法，對於生命呢？

你都說了我是個文藝兵，我看問題的方式也有些文藝。古詩也有雲，一將功成萬骨枯。我不喜歡戰爭，不管戰爭本身有沒有功利的性質，生命會在戰爭中流逝。生命無價，眾生平等。你知道的，我是信佛。

10. 從朝鮮戰場回來之後，您放棄了組織上本來的安排，選擇了進入大學深造，這是為什麼？

這個是興趣所在，我對於成為體制內的人興趣不是很大。進入大

學是為了能夠學些知識，學習以後的立身之本。而且我一直都有一個願望，就是成為一個老師，讓瑤山的孩子們能夠有機會看到大千世界的美好。11. 您哮喘的老毛病都來自於「文革」的批鬥，對於「文革」，您有何看法嗎？

這個問題真的是相當敏感。每個人都會犯錯誤。「文革」就是一個錯誤，對於我來說，這是一場噩夢，比三年饑荒時期更加恐怖的噩夢。在當年的三年饑荒中，為了能夠活下來，我們吃樹皮，啃樹根，還真得感謝活在廣西啊，山清水秀樹多。要是北方沒這麼多樹不是慘了。我只是沒有想到「文革」的噩夢比這更可怕。我不想過多地回憶，我只能告訴你，小說裏看到的東西在現實生活中就是真的。

12. 在您成為恭城中學的校長後，您一力主張成立民族班，這是為了什麼？

我說過了，我想當老師的原因是為了能夠讓瑤山的孩子能夠有機會看到大千世界，能夠有一個很好的前程。在那時候，讀書是改變命運最好的辦法。恭城瑤族的孩子最多，成立民族班能夠集中一些優秀的資源讓他們更好更快地成長。

13. 在您70歲的時候，電腦開始普及，您又開始學電腦，用它進行打字寫作，為什麼？長時間面對電腦會帶來一些頸椎疾病，您如何預防這些疾病呢？

你又開始嘮叨了，我知道自己上網時間太長了。我會注意的。我每上一個小時都會休息半小時，而且我每天早上都按照電視上說的在做操，也在做電療，效果一直都不錯。雖然我們老了，但還是要與時俱進，而且電腦能夠帶來方便啊，我也能夠更好地認識更多的人。

14. 您酷愛寫作古詩詞，但無奈現在社會對於古詩詞的興趣不大，很多人甚至都不寫了，您為什麼還在堅持啊？

這純屬於業餘愛好，而且詩詞怡情。對於現在的這種趨勢，其實我

覺得很無奈，很可惜。現代的社會過於浮躁，詩詞有著嚴格的格律，很多人都不願意沾染這些老古板的東西。其實我很喜歡蘇軾的《定風波》裏的一句：「回首向來蕭瑟處，也無風雨也無晴。」真希望這種浮躁的風氣能夠淡下來，而且作為一個語文老師，希望這些老祖宗的東西有人傳承下來，不要真的失去了才知道後悔。

15. 現在的生活比起改革開放前好多了，對於這些變化，您有何感想嗎？

這真得感謝國家啊。變化是顯而易見的，我沒有什麼太大的感慨，到了這個年紀，很多事情都看得很淡，我現在只想享受現在的生活，這樣安定的日子在以前是沒有的。

16. 作為長輩，您最想跟您的孩子們分享的是什麼？

對自己的人生要有計畫，要清楚地知道自己想要的是什麼。有了目標就要堅定地去做，不要對你的每一個決定後悔。最重要的一點，任何時候都要保持平靜的心態，莫生氣。

00回首向來蕭瑟處，也無風雨也無晴——採訪後記確實有很長時間沒有跟外公有這麼長時間的交流了，尤其是在上了大學之後。每次回家，都感覺外公的廢話一次比一次多了，即使是陪著外公打麻將的時候，也很不耐煩地回答著外公一個又一個問題，答案一次比一次簡短。感謝老師佈置了這次的作業，讓我瞭解了我的外公，這個已經年過八旬的老人。

淡漠是外公目前最大的心境，也是他在經歷了戰爭和爭鬥後所保留下來的最為適合他目前的心情。在整個採訪過程中，外公的話很少，哪怕是我千方百計地引誘他說話，他的回答依舊非常簡單。但是外公的淡漠並不是對所有的事情都不關心，他依舊在每天吃完飯後坐在電視機前看新聞，遇上某些事件還會發表一下感慨。外公對我們這些後輩都非常關心，每次回家都會讓保姆做好愛吃的等著我們，然後再細細地詢問我

們的工作和生活是否如意，外公聽得很認真，卻不插話，因為他說過，兒孫自有兒孫福，未來的道路如何去走，應該是我們自己決定而不是由老人家來決定。

外公不願意回憶，不管是輝煌的或者是慘澹的，我也曾經問過為什麼，外公當時給我的答案很有些意思，「人生很長，要記的東西很多，有些東西是時候該放下就要放下」。可惜直到今天，我也沒有辦法領悟到這句話真正的含義，或許是經歷得還不夠，或許真的只有到了外公那個年紀，才明白放下對於人生的重要性。

外公已經八十高齡，但整個人依舊神采奕奕，比外公小三歲的外婆卻沒有這麼精神。外公依舊堅持和學校的老朋友一起每天外出散步，甚至是風雨不改。問及外公的養生之道，外公只跟我說了三個字：「莫生氣」。外公確實很淡定，外婆的脾氣不是很好，有些時候讓我覺得她老人家簡直小氣到了家，但是外公什麼都沒有說，依舊是給他買什麼用什麼，做什麼吃什麼。怒易傷肝，這個道理其實很多人都懂，但是卻很多人都沒有辦法做到，難道真的只有到了外公這個年紀才會去重視這個問題？

耄耋之年的外公依舊筆耕不輟，儘管已經沒有精力去寫長篇的論文或者是小說，但那一副副對聯、一首首詩詞依舊在抒發著他的情懷。採訪將要完時，網上的外公打過來了一行字：「你寫完的時候記得拿給我看看。」瞬間我就愣住了，要知道外公有輕微的帕金森症，手一直抖得厲害，但卻打下了這麼一行字，可見對這次的採訪還是很認真的。

真主的「小夏大夫」

王夢喬

1929年9月，我的姥爺夏崇廉出生在山東省濟南府德縣的夏家莊，1956年，德縣被撤銷，所屬的地方被劃入了今天的德州市。而彼時中華大地上還彌漫著戰火硝煙，日子過得並不算太平。

　　姥爺的父親名叫夏育三，是當地有名的中醫，全村上下老老少少，凡是經他治癒的病人，無一不稱讚他為「神醫」，望、聞、問、切後便能藥到病除。父親的技藝，姥爺自然從小就耳濡目染。母親名叫夏王氏，是一位慈祥的平民出身的小腳太太，體弱多病，也行動不便，因此總是曾祖父在外為生計奔波，曾祖母便在家照顧姥爺和他的一個妹妹還有四個弟弟，家裏的生活簡簡單單、樸樸素素。姥爺因是家裏的老大，也經常幫助母親分擔家裏的家務，除此之外，還跟隨父親潛心學習中醫醫術。「你曾祖父的醫書有滿滿一櫃，打我8歲上學識字起，晚上他在燈前看，我也蹲在一邊看，也不知是哪裡來的興趣，長年累月的，那些醫書不僅被我翻遍了，我父親做的筆記、開的藥方有的我也背了下來，有時候下了學，也去診所幫忙碾藥、抓藥，就這麼認識了一味又一味藥材。」

　　姥爺16歲那年，抗日戰爭勝利了，消息很快傳到了夏家莊，姥爺很興奮，覺得共產黨會給人民的新生活帶來曙光，於是興沖沖地決定參軍。可就在剛編入隊伍不久，家裏的親戚就找了來，告訴姥爺他父親在他離家不久後就暴病去世了。母親因傷心過度，也生了病臥床不起，妹妹和弟弟們都嚇壞了。原本的興奮被突如其來的噩耗衝擊得灰飛煙滅，他甚至連父親的最後一面都沒有見到就這樣匆匆隔絕離世。

　　母親臥病在床，弟妹年紀又小，家裏缺了頂樑柱，叫人怎麼能安心繼續待在這裏？姥爺狠狠地擦去眼角縱橫的淚，離開了那個讓他興奮不已的地方，重新回到了夏家莊，擔負起養家糊口的重任。少年時跟隨父親學習的醫術，如今成了一筆寶貴的財富，若不靠它賺錢養家，姥爺還真不知該怎麼辦才好。就這樣，姥爺繼承了父親的事業，為村上的患者看病，「小夏大夫」的名聲也漸漸傳開了。常言道「人往高處走」，僅

靠少年學到的手藝還不足以解決姥爺遇到的一些病例問題。在替人看病的過程中，姥爺越發意識到，中醫學是一個龐大的理論體系，必須逐一由淺至深研究才能統籌全局。就這樣，姥爺就像當年他的父親一樣，白天外出看病，回來帶著弟妹打點好家務後，就坐在燈前研究中醫學。姥爺回憶道：「一開始先研究『陰陽五行學說』，五行就是『金、木、水、火、土』，古人一直認為這五種物質總是處在一個不斷變化的過程中，那時候的天文學、氣象學、化學之類的都是在這基礎上發展出來的，當然醫學也不例外，尤其是中醫學。在中醫理論中，它用以說明人類的生理現象，病理變化，對於診斷和防治具有一定的指導作用。緊接著就是『藏象』，這是研究人體各個臟腑的生理功能、病理變化還有相互關係的學說。接下來就是剖析經絡，再學病因機制、四診、辯證、防治原則等等，最後就是中藥、方劑還有針灸，好些人看到那些長長的銀針嚇得腿都軟了，但銀針確實是疏通經絡最有效最安全的方法。」姥爺對於他的中醫研究體系說起來頭頭是道，我雖並不完全明白這些專業名詞，但著實能體會到姥爺對於這些知識的駕輕就熟以及一些小小的自豪與驕傲。

就這樣過了幾年，找夏大夫看病的人越來越多，家裏的情況慢慢有所好轉。24歲的姥爺風華正茂，一表人才，上門說媒的人漸漸多了起來，但多為漢族女子，都讓姥爺這位虔誠的穆斯林皺著眉頭回絕了。直到有一天，姥爺因醫術精湛而遠近聞名，就被請去青州的一個大戶人家出診，這一診，不僅治了人家的病，也結下了自己的情。

在那裏，姥爺第一次見到姥姥，溫婉和煦又落落大方，一顰一笑都不失大家閨秀的風範。那家人本就對姥爺敬畏三分，聽得夏大夫是回族穆斯林，而自家也信奉真主安拉，更是客氣得不得了。姥爺看到那家的小姐，早已臉紅心跳得有些不好意思了，加上對方的熱情相待，更是有些許不知所措。

後來姥爺回到家，繼續潛心研究，成家之類的事也就沒再多放在心

上。沒想到過了幾天，又來了牽線的人，竟是那家大戶的人來替她家小姐說媒。她說她家小姐小先生四歲，家裏人念在夏大夫為人正直又一表人才，更何況同為回族，敬仰真主安拉，二人的結合再合適不過。姥爺想到前不久那一面之緣，便答應了。

就這樣，姥姥過了門，成了夏家的媳婦，雖是大戶人家出身，卻勤懇踏實，絲毫不驕傲懶惰。姥爺出門看病，姥姥便在家伺候婆婆，照顧弟妹，做飯洗衣料理家務毫無半點怨言。過了幾年，曾姥姥去世，姥姥為姥爺生育了兩男一女，弟妹們也各自成了家搬了出去，過上了幸福的生活，日子雖過得平淡倒也安安穩穩。

1958年，寧夏回族自治區成立，全國尤其是華北地區掀起一股「大力動員各族群眾支援寧夏回族自治區社會主義建設」的工作，姥爺聽到這消息非常興奮，忙與姥姥商量：帶著孩子去支援寧夏的工作吧！起初姥姥有些為難，舉家搬遷到一個陌生的環境，無親無故，紮起根來肯定不易，自己倒不要緊，苦著孩子這做母親的可要心疼壞了。然而姥爺早已是一腔熱血，不論別的，念及是「回族自治區」也要去啊。拗不過姥爺的姥姥就打點了些行李，帶著大舅、二舅和大姨，和姥爺跟隨大部隊來到了寧夏的吳忠市——這個寧夏境內回族人口最多的城市。

姥爺回憶到，當他們第一次踏上這片位於「絲綢之路」的土地時，就愛上了這裏的風土人情。宏偉的清真寺、濃郁的伊斯蘭風情無不讓姥爺姥姥感到無比親切。「那時候走在街上，一吸鼻子是滿滿的油香（也叫油餅，回族小吃）味兒，別提多香了！」就這樣，姥爺姥姥帶著孩子在吳忠安了家，姥爺經人介紹在當地的中醫院坐診，收入相當可觀。即使如此，姥爺也一刻都沒停止過在中醫學理論的研究之路。現在姥爺家裏牆上掛著的寫有「救死扶傷」、「濟世救人」、「神醫再世」云云的牌匾和錦旗，都是姥爺在吳忠治癒的高危病人痊癒後送來的，這是他一輩子最值得驕傲的財富。

後來，二姨和母親相繼出生，家裏又添了兩雙筷子，更加熱鬧了。

等孩子們再長大些，姥爺退休了，一家人把家搬到了銀川市——自治區的首府，租下了市區的一個商鋪，在一樓開起了診所，二樓就成了溫馨的家，每一天姥爺起床下樓坐診看病，姥姥就在樓上洗洗涮涮，日子簡單而又快活。搬到銀川後，還總是有很多吳忠的病人念著姥爺高明的醫術前來求診，一直到今天，姥爺姥姥已經搬了好幾次家，還是會有很多病人輾轉找到家裏找姥爺看病。

之前我也有提到，姥爺一直都是一名虔誠的穆斯林，從小除了學醫外，就是自學阿拉伯語，只為通讀熟讀《古蘭經》，領悟真主安拉的旨意。身為穆斯林，有五項宗教功課，簡稱「五功」，即念功、拜功、齋戒、天課和朝覲。念功和拜功姥爺自懂事起就日日行，一日五次從未間斷過更不曾耽誤，並且堅持拜前大淨小淨，在身、心、衣都整潔的情況下與真主做最直接的溝通。穆斯林的齋戒月，是一年中最神聖的月份，姥爺自然也是年年堅持，每到齋月，日日從黎明開始到日落為止一直戒食、戒飲，我非常佩服姥爺頑強的毅力，可以做到一整天滴水不進卻還能堅持工作。除此之外，每一位有經濟實力和體力的成年穆斯林都負有赴麥加朝拜的宗教義務，一生至少一次，這就是朝覲。為了完成這門功課，姥爺早早就在清真寺報了名，一直排到1991年，分配下來的名額才有姥爺的名字，就這樣，姥爺登上了前往麥加的飛機，開啟了他的朝覲之旅。

「第一項儀式是受戒。我們在清真寺裏按照規定的程式沐浴然後換戒衣，按照規定的程式沐浴更衣。戒衣就是兩塊沒有縫製過的白布，一塊做圍裙，從腰部一直遮蓋到踝骨以上，另一塊做披衣，搭在肩上。這象徵著純潔、平凡，也表示在安拉面前，所有人都是平等的。然後要用阿拉伯語念應召詞『安拉啊，回應你的號召，我來了！回應你的號召，我來了！』這期間的儀式和活動非常多，但最重要的就是要環遊天房「克爾白」七圈，我不知道怎麼才能描述那樣的場面——數百萬人繞著克爾白環遊，在那片聖潔的土地上張開雙手虔誠地祈禱，甚至淚如雨下。雖然大家來自不同的國家，語言不通，文化不同，但在那一刻，彼

此的情緒可以互相感染，彼此的心境可以互相瞭解，不用開口講話，也可以從他們的眼睛裏讀到他們的想法。我也跟眾人一樣，繞著克爾白，心中默默向主懺悔自己的罪過，祈求獲得主的原諒，保佑我家人身體健康，一帆風順。這是我這一輩子記憶最深刻的經歷。」姥爺每每談到這一段經歷，深邃的眼神裏流淌出來的都是綿長的回憶。

2012年，姥爺83歲，還經常牽著79歲的姥姥的手，坐在電視機前悠悠地聽戲，兩個人閉著眼睛跟著節奏擺頭，姥姥還時不時抓起一顆葡萄讓姥爺「啊」然後塞進他的嘴裏。超過50年的金婚，簡簡單單，平平淡淡，卻安安穩穩地走了一輩子，而且會繼續走下去，我想他們也一定會手牽著手，一直走到時間的盡頭。

訪問：

1. 70歲或80歲意味著什麼？

意味著什麼？應該是對人生都通達明瞭了吧，行醫這麼多年，生老病死的情況也見得多了，真主賜予我生命讓我健康地活到現在，我已經非常的知足了。80多歲的人，擁有最多的是回憶吧，也意味著該回顧回顧過去，算是對自己一生的總結吧。有時候閉上眼睛，年輕時候的往事像演電影似地在我腦子裏放，也能給現在的生活解解悶兒。

2. 小時候有什麼樣的夢想？後來實現了嗎？年輕時候遇到的最大的煩惱是什麼？是怎麼解決的？

小時候哪兒想得那麼明白啊，只是一心想著能做個好人，做個對社會有用的人，後來慢慢長大、懂事兒了，總是眼睜睜看著身邊的親人被疾病折磨得苦不堪言，有的甚至很早就離世，才下決心要當個醫生，為患者解除病痛。再就是想去一趟麥加，這是每個穆斯林的功課，也算是我的一個夢想。我覺得真主一直都很眷顧我，包括我的家人，所以我幾乎沒有遇到什麼大的困難和煩惱，即便有困難，也總有貴人出手相助。

3. 認為自己哪些方面還不錯？

當然是我的醫術了，豈止是不錯，應該是我的驕傲才對。我父親留下來的那些醫書，每一本都翻閱了不下百遍了，再加上自己也喜歡琢磨、喜歡鑽研，我才解決了不少疑難雜症。

4. 喜歡誰？為什麼？

當然是你姥姥了。我父親去世得早，我又是家裏的長子，自然是早早就擔負起養家糊口的重任了，你姥姥從一個大戶人家嫁過來，和我一起擔負起家庭的責任，任勞任怨也不辭辛苦地這麼過了一輩子，她是我最喜歡最疼愛的人。

5. 我出生那年，您在做什麼？對這個孩子出世的感想？

那時候我和你姥姥還沒搬來銀川，還在吳忠開診所，也是在那一年，我坐上了去麥加朝覲的飛機，去完成了那個我小時候就有的夢想，穆斯林的五大功課也算做全了，自己心裏也算有個交代。那時候在醫院第一眼看見你啊，小臉兒粉嘟嘟的，小屁股胖乎乎的，就知道這肯定是一個有福氣的孩子。你是我最疼愛的小女兒的孩子，你的出生是她最大的幸福，也是我們的幸福，只希望你可以健康、快樂地成長，做個無憂無慮的小公主。

6. 對健康的看法？遇到過的健康問題？如何處理的？結果？

對於任何人來講，健康都是第一位的，沒有強健的身體，你有再多的錢、再光鮮體面的工作也是徒勞，而想要身體健康也非常簡單，只要時時刻刻都保持心情上的愉悅，克制自己的脾氣不輕易生氣發火就可以了。我的健康問題啊，就是高血壓，好多年了，因為我愛吃肉啊，沒肉就不愛吃飯，這你姥姥太清楚了。你肯定要問我怎麼不醫者自醫，我對待病人一直是精益求精，但是對自己就懶於診治了，實在難受就吃點藥，感覺好一些了也就不去在意了，人老了，難免有個小病小痛，不需要太放在心上。

7. 對工作看法？

幹一行要愛一行，可以從事自己喜歡的工作是一件很幸福的事不是嗎？像我就是兢兢業業，一切為患者著想。

8. 對財富的看法？

本來也是生不帶來死不帶走的東西，多了是負擔，但是少了也不行，至少生活能夠有一些富裕就夠了。

9. 遠行去過哪裡？有什麼印象？

我去過最遠的地方就是麥加了，《古蘭經》中提到「朝覲是每個伊斯蘭教徒必修的功課之一。凡是身體健康、理智健全、經濟能力好的穆斯林，一生中至少應當到麥加朝覲一次」。朝覲就是站在真主面前，感受信仰賜予我們的力量。印象最深刻的就是看到來自全世界的虔誠的穆斯林聚集在一起，沿逆時針方向環繞著天房「克爾白」聖殿步行七圈，那種場面相當的壯觀也相當神聖。

10. 有沒有讓你受益終身的至理名言，是誰說的？對你有什麼影響？

我自己總結了一條，就是不要把別人的好，看成是理所當然，要知道感恩。因為在這個世界上，除了家人會無償地對你好，別人都沒有這義務，所以一定要牢記別人對你的好，還要學會感恩。

11. 一生中最讓你感到幸福的事是什麼？

最幸福的莫過於把重病的病人從鬼門關拉回來，看著他們繼續感受生活的美好。生命對於每一個人都非常珍貴，不該輕易就被病痛打倒。而這樣的幸福我可以享受很多次，你說我是不是非常幸福？

12. 過往的生活中有什麼遺憾？

仔細想想真的沒有，兒時的夢想都逐一實現了，現在家庭幸福，兒女孝順，子孫滿堂，還有什麼不知足的呢？沒有什麼遺憾的。

13. 行醫幾十年，有沒有遇到棘手的病例，是如何解決的？

有啊，血小板減少症。我們的傷口為什麼能很快癒合就是因為有血小板，而血小板減少就會出現內臟血腫、關節出血、口腔裏長血泡等情況，這是非常可怕的，有時候會導致胃腸道大量出血和中樞神經系統內出血，甚至危及生命。這個病西醫很難治，有的醫生就會建議你進行內臟切除。我也是結合書上的內容，再結合自己多年的經驗，慢慢摸索出了一套治療的方法，只要堅持服用中藥就可以痊癒。

14. 理想中的養老模式？與現在相比？

就是和你姥姥在一起看看書、讀讀報、養養花、種種草，再聽聽戲，現在的樣子就是我理想中的樣子，甚至比我理想中的還要好。

15. 現在有什麼可供消遣的興趣愛好或特長？

特長除了給人治病之外就沒有了，愛好也就是聽聽戲，這是你姥姥帶出來的，她愛聽，我就跟著聽，久而久之就喜歡上了，只可惜我嘴太笨，不會唱，你姥姥會唱，唱得特別好聽。

16. 現階段最擔心的事情是什麼？

最擔心你姥姥的身體健康啊，她身體弱，年紀大了，恢復起來又慢，總看著她難受，我也心疼。

17. 你的缺點是什麼？

首先有一個缺點，就是不願意直視自己的缺點，再者就是性子急，脾氣暴躁，而且難以控制。

18. 作為一名虔誠的穆斯林，信仰伊斯蘭教於自己的收穫是什麼？

收穫就是我越發地相信伊斯蘭教不僅僅是一個宗教，也是一套非常完整的非常完美的生活制度。真主無私地教授我們如何待人接物、如何生活、如何面對所遇到的艱難困苦，最重要的是如何做人。

19. 現在覺得對於自己最珍貴的是什麼？

就是我的信仰，對伊斯蘭教的信仰，對真主的信仰和敬畏，這於我是一種精神世界的寄託。

20. 作為祖父給孫輩的忠告？

就像我之前所說的，無論做什麼，健康永遠是第一位的。你們年輕人喜歡奮鬥喜歡打拚，但千萬不要拿身體健康來當籌碼，否則積勞成疾，最後受罪的還是自己。趁著年輕，也該多出去走走，看看外面的世界，免得到了我這個年紀，再想去旅遊也走不動了。還有就是，一定要快樂，心情愉悅也能事半功倍。

採訪手記

我一直都覺得，深夜非常適合思考，在別人均勻的呼吸聲和鬧鐘的嘀嗒聲中，白天紛亂的思緒慢慢隨著一個節奏被理清，靈感也如泉湧一般。每每在這樣的夜裏劈裏啪啦敲下那些關於姥爺的文字時，我腦子裏都在不停地問自己一個問題：倘若沒有這一次以作業的名義與姥爺進行近距離的接觸，我究竟會不會主動去進入姥爺的內心世界，去聆聽他的故事？我問了自己無數遍，答案都是：不會。居然堅定地道出這樣一個答案，也著實把自己嚇了一跳，仔細反思了自己，我想是因為——自私......吧。好像越長大，越自私，越變得以自我為中心，除己之外的事情已經很難提起興趣主動去探尋了，但是此次的經歷讓我意識到，這樣子的我好像錯過了很多精彩的瞬間。

我開始非常欣慰能擁有這樣一個機會，走入一個人的內心，去傾聽他內心深處的回憶、感慨以及忠告。我開始發現，這樣的過程我收穫到的不僅僅是動聽的故事，而是故事中蘊含的濃濃的情感和對於幸福的詮釋，這些美好的東西融化成一筆寶貴的財富，從一個人的口中傳遞到下一代人的心中，暖暖的，也很飽滿，而且對這樣的美好充滿了景仰和嚮往。想到這裏，忍不住罵自己是個大傻瓜，總是熱衷於去翻閱些溫馨的故事、看溫馨的電影，被那些情節、畫面煽動得心潮澎湃，也不知是真是假，但終究是離我很遙遠的。然而周圍的人身上就有些故事會讓我們

覺得生活很美好，只是我們懶於去發現、挖掘罷了，所以我說，這樣忙忙碌碌以自我為中心的日子，好像讓我錯過了很多精彩的瞬間，而這些瞬間很可能成為永恆的回憶。

從未想過要琢磨琢磨姥爺究竟是怎樣一個人，每每提及他好像用兩個關鍵字就可以概括：看病、禮拜。從小到大，基本上保持著一月兩次的頻率和母親去姥爺姥姥家坐坐，如果是我病了，那就是一周兩次。直到現在，我將近21歲，幾乎沒打過針，從未打過點滴，無論大病小病，坐在姥爺面前，伸伸舌頭，挽起袖子把胳膊遞過去讓他把脈，再掰開手指看看指頭上的血管，兩分鐘內就可以準確地判斷出病因、病情，十分鐘後就拿到手一張藥方，二十分鐘後，姥姥就在藥房抓全了所有需要的中藥。然後姥爺交代母親，熬藥時先放什麼，再放什麼，熬多久，分幾次喝下。只要照了姥爺的囑咐做，再難受的病第二天起來都會好一半，不出幾日就又恢復到活蹦亂跳的狀態。

我在故事中提到，姥爺是一位非常虔誠的穆斯林，一天五拜從未有所耽誤，因為禮拜是與真主對話，必須保持身體與心裏的清潔、乾淨，所以打記事兒起不管什麼時候去姥爺家，都會有機會看到他在衛生間裏大淨和小淨，他恐怕是世界上最愛乾淨的人了，我一直都這麼覺得。

突然有一天我就明白了，姥爺對於醫學的鑽研和對真主的虔誠都可以歸結為愛，有愛才有堅持下去的動力，他不願人們忍受病痛折磨而潛心學醫，這是愛；他幾十年如一日一天五次與真主對話，這是愛；他願意將一生的經歷傳遞給我，這是愛，波瀾壯闊卻又潤物細無聲的愛……

屬於軍人的「志向」

趙斯亮

祖父已經年過八十，稀疏的頭髮與彎曲的背影，身上滿是歲月留下的痕跡，祖父已經老了，很老。

　　對於祖父的出生地，一直是一個未知的話題，因為我的祖父是孤兒，甚至連自己詳細的生日都已經記不得了。據祖父說，從他記事起就生活在河南省南樂縣，吃著百家飯，穿著百家衣，一直到14歲時，輾轉幾個地方只為生存，到抗戰爆發，隨即跑去參軍，從此就離開了這個地方，並且再也沒有回去過。

　　據祖父講，那些年是我永遠體會不到的一段歲月，不論祖父講得多麼仔細與認真，畢竟我們生活的年代相隔太遠，一個16歲就踏上戰場的孩子與今天的我確實是兩個世界的生活，我也真的無從體會。祖父說那是一個殘酷的年代，今天與你並肩作戰的戰友，明天可能你就會親手將他埋葬，而且部隊裏與那時祖父年齡相近的人並不在少數，與今天我們這樣安逸的生活相比，只能說我們太幸福。我雖能想像卻始終不能體會一個不到20歲的少年是如何經歷戰場的血雨腥風，殺過敵人，也親眼看到自己的戰友倒在自己的身邊，那是何等的痛苦與煎熬，只是生活要求祖父那時的兒童，沒有享受快樂的條件，想活命，就必須經歷殘酷的現實。當提起這段回憶時，祖父總是驕傲地對我講起，他們依靠著落後的武器裝備，與侵略者不斷地搏鬥，自己曾殺了多少日本鬼子，對於祖父來說，部隊是一個能吃到飯的地方，相比之前的16年，部隊是生活條件最好的地方，每日不用為食物擔心，雖然吃不飽也是常有的事，但已比依靠鄰居與四處流浪的日子多了一份穩定。

　　尋訪祖父的秘方屬於軍人的「志向」就這樣，祖父一直在戰爭中成長，不斷地戰鬥、殺敵，祖父講當時根本不可能想到會有今天這樣的生活，起初參軍的那幾年，畢竟那時也只是一個孩子，從未想過未來會是什麼樣，只知道日本人殺了太多的同胞，無數個戰友也在戰場上犧牲，只是為了他們，為他們報仇，拚命地與敵人搏鬥，只為告慰那些死在日本人手裏的同胞和戰友。祖父告訴我他曾負傷的故事，祖父已經記不清

時間了，只知道是在山東境內，一次戰鬥中炮彈在身邊不遠處爆炸，之後就什麼都不知道了，再次醒來時已經不知道過了多少天，只是口乾舌燥，想喝水，想吃飯，聽戰友講祖父已經昏迷了十幾個小時，在清理戰場時差點被當作犧牲者埋葬，幸虧有位老鄉多看了他一眼，才發現祖父並沒有犧牲。祖父說在這次之後再也沒有感覺遇到過離死亡如此接近的時刻，或許是上天的眷顧，或許是這一次離死亡太近，之後已經沒有能夠超越這次而靠近死亡。

隨後一直到抗戰勝利，祖父說當時認為戰爭就此結束，平靜的生活即將到來，可是沒有多久內戰爆發，甚至連喘息的機會都沒有，又開始了戰鬥，而這次不同，更為殘酷的是這次的敵人是中國人，是跟我們說一樣話的同胞，但戰爭就是戰爭，沒有殘酷也就不能稱為戰爭了。就這樣又是在戰火中的三年，直到全國解放，中華人民共和國成立，生活逐漸安穩下來，遠離了戰火與硝煙。這樣的日子僅有一年而已，祖父所在的部隊在1950年10月作為第一批入朝部隊進入朝鮮，與美國人作戰。就這樣又是七年多的時間戰鬥在朝鮮，祖父從16歲到36歲的前半生一直在槍林彈雨中度過，用祖父的話說：「那是咱們運氣好，才從這麼多年的戰爭中活了下來。打仗這東西，沒人知道自己明天的生死。」

抗美援朝結束後，祖父由於身體原因不能繼續參軍，轉到地方工作，而後回應祖國「開發大西北」的號召，在1960年遷入我的出生地，青海省西寧市，並在這裏紮根。

在來到青海的第三年，我的父親出生了，後來大多數的事情都是聽父親向我講起。由於祖父從小是孤兒，吃了太多的苦，對於自己的孩子向來是愛護有加，父親總會對我說起在那個物質生活極其貧乏的年代裏，只要自己的願望不超過家庭條件的允許，祖父一般都會滿足他。當我來到這個世界以後，這一點在祖父的身上體現得更為明顯，當我還很小的時候，祖父非常疼我，經常帶我出去玩，我走累了他就背著我，每次出門都會買很多我喜歡的玩具回來，媽媽經常對祖父說不要老慣著

我，會慣出毛病來的，可祖父總是笑呵呵地說自己的孫子咱不疼誰疼。一直到現在，我已經21歲了，每當我去看祖父時，他依舊什麼都不讓我幹，而是替我把一切都操心好，看著祖父彎曲的背影，我越來越深地體會到了至親的愛。

每當我向祖父問起當初為什麼會選擇來到青海的時候，祖父的回答深深地印在了我的心中，甚至將會影響我的一生：「當時的青海很窮，很落後，沒有人願意來，所有人都不來開發這裏，這裏就永遠是一個貧窮、落後的地方，有些事沒人願意做，但必須要做，我就會去做。」

祖父的身體一直不太好，前些年查出肺癌，對於一個古稀之年的老人，身體對於這樣一個大手術多少有些難以接受。好在手術成功，但祖父的身體已經大不如前，但我每次見到祖父時都能感受到一位風燭殘年的老人對於生活充滿了期望。當我瞭解了祖父過去的生活時，我只覺得祖父經歷得太多，對他來說世界變得太快，一位慈祥的老人，經歷了太多，為我們創造了太多。我們今天的生活，是無數像祖父這樣的老人一步一步為我們走出來的，那條路上，有汗水，也有鮮血。當他們回頭看到我們今天生活得如此幸福，也會露出滿意的笑容，因為這是對他們一生的肯定，與這個現實的社會相比，他們是那樣的無私。這來之不易的一切，都是他們為我們而創造，而他們自己卻顧不上享受，忙碌一生，最終看到自己辛勞所收穫的果實時，他們已跟不上時代的節奏，每天依舊是簡單的生活，卻又很樂於看著我們享受著他們所創造的一切。就是這樣一代人，開創了一切，「偉大」二字已經深深融入他們的身體，流淌在他們的血液之中。

訪問：

1. 80歲對您意味著什麼？

現在爺爺真的老了，身體也不行了，80年來我吃了苦，享了福，有了我的兒子、孫子，現在只要你們過得好，我就滿足了。

2. 您小時候有什麼樣的夢想，後來實現了嗎？

我小時候的夢想很簡單，就是吃飽飯，賺到錢，然後有一個屬於我的家庭。

3. 那您遇到的最大的煩惱是什麼？後來解決了嗎？

最大的煩惱就是年輕的時候打仗，不知道什麼時候是個頭，看著戰友們的離開，只想著戰爭能早點結束，過上平靜的生活，現在一切都解決了，也都實現了。

4. 我出生那年您在做什麼？

你出生的那年全家人都忙著等你呢，我和你奶奶連班都上不踏實。

5. 您對健康的看法？當您知道自己得了癌症以後是怎麼想的？

雖然現在身體不好，但對我這80歲的老頭子來說，你們能常來看看我，我就高興，我高興了，身體就健康得很。當時查出是癌症的時候你奶奶和你爸媽都不告訴我，瞞著我，等手術成功以後他們才告訴我得了什麼病，手術之前沒有什麼負擔，我以為是小病呢，哪想到這麼嚴重，現在也挺好的。

6. 您對工作的看法？

我們那個年代，工作就是為了建設國家，心裏就這麼個想法，沒白沒黑地幹也不知道累，哪像你爸他們現在，工作就是為了掙錢然後養你，你們以後是什麼樣我就想不到嘍。

7. 您對於財富的看法？

我這麼大歲數了，最大的財富就是你們，不論我活著還是走了，這筆財富永遠都不會失去。

8. 您遠行去過哪裡，有什麼印象？

當年打仗的時候，走遍了大半個中國，還去了朝鮮，可惜當時是在

打仗，那不是遊山玩水，現在老了，也出不去了，你們現在條件好了，爺爺沒去過的地方你就都替爺爺去看看，多拍點照片寄來給爺爺看看。

9. 您當初為什麼會選擇去開發大西北，為什麼來到青海？

那是國家的號召，青海苦、窮、條件差，可當時國家指到哪兒我們就打到哪兒，不像你們現在，都挑好地方才去。越是艱苦、困難的地方願意去的人就越少，如果當初沒有人來，青海怎麼能發展，弄不好你們也得去放羊，過過苦日子。

10. 對於您當初的選擇，您後悔嗎？

不後悔，我現在的生活很好，你們也都很好，我就滿足了，沒有什麼可後悔的。

11. 當您離開了生活20多年的部隊時，您有什麼感慨，當初為什麼會做這樣的決定？

離開了生活20多年的部隊，肯定會捨不得，那麼多年一起經歷了生死的戰友，到今天我都忘不了他們。當時離開部隊是因為身體原因，不能再繼續服役了，不然我也不願意離開的。

12. 對於我的人生，您有什麼建議和忠告？

未來都是屬於你們的，要好好學習，以後才能有更大的作為，你們現在和爺爺那時候的年代不一樣了，生活好了，國家和社會對你們的要求也高了，你一定要努力，爺爺相信你以後一定是好樣的。

外公的人生簡歷

洪州穎

1938年7月28日，外公出生在銅偉寺腰構村的漢山李氏家庭，六兄

妹中第五個。上有兩位哥哥和兩位姐姐，下有一位弟弟。母親和父親各在外公7歲和5歲時先後去世，因此家庭情況極其貧窮。

外公每天上學要走5公里的路。被保送到和龍市頭道中學後每天要走7.5公里的路。後來由於長兄在銅偉寺區政府工作，不得不搬家，轉學到銅偉寺中學。之後，外公先後順利考上了吉林市朝鮮族高中，延邊醫學院。畢業後被分到延邊醫院耳鼻咽喉科，至今一直從事於一線醫療事業。

我所認識的外公是一位粗糙、淡定、沉默寡言的人。他不會甜言蜜語，但用實際行動來表達他的溫馨。外公從來不把自己的心事透露給別人，也從來不說「難」，所有事都要自己思考、自己決定、自己解決。因此，我們這些家人們也無法得知外公到底在想什麼。外公真的是不屈不撓的強悍嗎？難道外公是不會傷心流淚？他為何如此冷酷、淡定？我從小就對外公有無數個疑問，但一直沒有機會，也沒有勇氣去問他。隨著時間的流逝，這樣的疑問也逐漸被遺忘，在頭腦中把外公定義為「他就是這樣的強悍」。

但，我錯了。這次的訪問完全顛覆了我的這個定義。通過這些問題，我瞭解到外公艱苦的人生經歷，重新認識了外公，發現了外公深深隱藏著的痛處。他並不是我想像中的天生強悍，外公比誰都要脆弱，需要安慰。差點一生都無法得知外公的故事，讓我感到深深地懺悔，重新看待我的外公。尋訪祖父的秘方外公的人生簡歷訪問: 1. 70歲對您意味著什麼？

我今年75歲，老人之間也算是個中老人。但至今視力、聽力、記憶力、行動能力都非常良好，每天還上班看10～15名患者並治療，偶爾也還親自做一些手術。這對我來說是一件很有意義的事情，也是讓我感到自豪的一點。按現在情況來看，今年應該很順利地堅持下去。但有歲數的老人們都不能斷言他的明天，隨時隨地都能發生意外事故，一瞬間就會終止自己的人生。因此我只希望，一直為我的患者，為我的家庭、

後代做些更有意義的事，度過無遺憾的生活，直到那天為止。

2. 小時候有什麼樣的夢想？後來實現了嗎？年輕時候遇到的最大煩惱是什麼？是怎麼解決的？

我從小就失去了父母，生活在極其貧困的家庭，並沒有受到長輩們的教育或關照。所以吃好過好就是我唯一的夢想。基於這個夢想，我有了好好學習，要離開這個農村地區的想法。在付不起學費的貧窮家庭裏，在長兄的支持和社會上毛主席和共產黨的關照下可以讀完大學。雖然沒人指導、督促，但我自己克服各種困難，並奮鬥去實現這個夢想。現在來看也算是成功實現了這個夢想。年輕時候最大的煩惱也是貧困的經濟情況。為了解決它，我戰勝了無數次挫折和挑戰，從不放棄，最後就能解決這個煩惱，同時也實現了我的夢想。

3. 認為自己哪些方面還不錯？

如果讓我自我評價的話......我比較善於人際交流，善於處理人際關係。我從不驕傲，但實話實說，不會說謊話。事業上看望高處，在生活上勤儉節約，不喜歡欠別人，儘量多幫助別人。我在醫院幹了幾十年，沒有人說我的人品怎麼怎麼不好。不會因為身份、地位的差異擺架子，對各級各部門各種社會地位的人都同等對待，並跟他們相處很融洽。所以不僅對患者還是周圍的人，都說我是一個善良的好人。（這個可以問你媽媽）4. 喜歡誰，為什麼？

也沒什麼特別瘋狂地崇拜或喜歡的人。長時間相處，認識後就會發現除了少數人以外，大部分人都是好人，所以我都喜歡。我喜歡不說謊、誠實、爽快、開放型的人。我一生也沒有瘋狂地愛過誰，周圍人都同等的喜歡。如果一定要讓我選一個值得我崇拜的人的話應該是我的老朋友——裵教授。在職別、經歷、醫術、服務態度等各方面都是一流的全延邊最有名氣的內科醫生。我在醫院工作時，他特別關心我，相處得很近。

5. 我出生那年，您在做什麼？對這個孩子出世的感想？

當你出生的那年，我已經54歲了。當時看到你出生，我突然想起我的父母和兄弟姐妹們都無法看到你，只剩了我一個活到現在還有了這麼一個可愛的孫女，很高興的同時也覺得這都是他們的功勞。沒有他們的支持和輔助，我是無法走到今天的。同時也有了「我已經成了爺爺了，看來我也已經老了」的想法。

當時我擔任我們科副主任，所以熱衷於工作，又要準備韓國研修方面的事，那一年我非常繁忙。我記得剛出生的你，也不哭，抱著也不會鬧，是個很乖的小孩。

6. 對健康的看法？遇到過的健康問題？如何處理的？結果？

很高興你關心我的健康。我今年75歲，但比起其他同齡的人算是健康的。也許是因為從小就沒有什麼監督，自由生活；也許是因為小學到中學一直走幾公里的路上學；也許是因為從小喜歡運動，擅長於運動（學校裏一直參加校足球隊，大學時也參加過全國滑雪大賽，滑冰、體操、田徑，幾乎沒有不會做的運動）……種種條件下，老了後幾乎不怎麼生病，至今都很健康。並且也沒有家族遺傳之類的病。母親和長兄都患了癌症去世，但我應該不會。

中學三年級時，在體育課上做運動時，弄壞了右臂。當時沒有去醫院，直接在當場自己接了骨頭，好像當時沒有接好，現在也是太用力的話會稍微有痛感，但對寫字、拿些小東西之類的正常生活沒有太大影響。

還有一次大事故是1985年10月20日，至今還明確記得那一天。當時我去了火車站，在四五米高的貨車倉庫上搬冬天的白菜。那時旁邊的人不小心把一大包白菜扔到我身上，結果我從倉庫上掉下來。還好沒有傷頭部，但肋骨骨折。當時也不是能手術的狀況，所以只能休息15天。

1995年，54歲時候那年，我得了急性盲腸，做了個手術。我一生

都沒有拍過CT，過著很健康的生活。但隨著年齡的增大，也開始發一些老年病。容易緊張，有偏頭痛和失眠症，所以好像被去痛藥———安定丸中毒了。今年我們醫院會做退休人士體檢，這次我一定要去檢查一下。不管怎樣，希望儘量多活著，享受這美好的日子。

7. 對工作的看法？

直到高中畢業，我還沒考慮到自己的職業前途，只是有一定要考上大學的想法。所有的決定都是由我自己來做，家人或其他人都不干涉，也沒有地方去諮詢。1957年全國大學招生人數是10萬7千名，當時吉林高中生都報上漢族大學，而我們朝鮮族是極少的。當年由於延邊是少數民族地區，延邊的三個大學（延邊大學、延邊農學院、延邊醫學院）是用朝鮮語提前考試。

我本來在準備考漢族大學，聽到朝鮮語考試會提前考的消息，我就嘗試著考一次。當時也沒什麼特別遠大的眼光，就用直覺報上了延邊醫學院。考完朝鮮語考試後，我還是準備要考漢族大學，但不久後，得到了我考上延邊醫學院的消息！當時吃飯錢也快沒了，覺得隨便考上哪裡就選哪裡，因此拿著行李回到家，之後入學通知書寄到家。

可惜家人們不怎麼歡迎這個消息，只有長兄鼓勵我說當個醫生應該會很好，但又擔心學費和生活費問題。當時我還沒有弄清醫生這個職業到底好不好，只是有這樣的機會，我就先狠狠地抓住它而已。

畢業後分配工作又是一個很大的挑戰。當時我的成績並不是太優秀，又不像其他富裕的孩子認識有權力的人士，因此我就報了長白山氣象局醫生這個職位。雖然生活條件稍微惡劣一些，但至少不用擔心其他經濟、求職負擔（半年後就能直接進到延邊醫院）。1963年7月，我終於正式成為延邊醫院耳鼻咽喉科的醫生，一直當到60歲，退休後還返聘了10年。

我真的沒有任何遺憾，也不後悔我的選擇。醫生這個職業是一個又

有意義又值得尊敬的職業，雖然我當初並不知道這一點，但隨著時間的流逝我慢慢發現它的魅力，並更加愛上它，我非常願意給下一代推薦這個職業。我希望我的後代能接上我這個職業。

8. 對財富的看法？

依我理解，你說的財富應該就意味著經濟能力。理論上也說經濟屬於基礎，政治相當於上層建築。如果沒有基礎或者基礎不牢固，不管什麼樣的政策或理論都無法發揮它的價值，最後脆弱地倒在地上。我們的俗語裏也有：「人心出於大米桶。」這意味著父子之間或兄弟之間也要相互送吃送穿，才能產生情感。日常生活中也是，你能拿出實質性的能力才受到信賴，不然光憑著口頭無法得到別人的信賴。

錢像一雙翅膀一樣，只要你有翅膀隨時都能飛到你想去的地方。我聽說我母親是一位個子很矮的女人，但她是那麼的堅強和靈活。她為了維持家庭生活，又賣魚，又去市場賣自己在山上採的山菜等，做了她能做的一切苦活。父親和哥哥們在地主家裏做了雇農。

我也是從小在這麼貧窮的家裏長大，沒有經濟基礎，也沒有傳家寶，後來在社會生活中面臨了不少障礙。就說你們吧，如果我和你外婆都沒錢沒房子的話，你們也會像現在這樣經常來看我們嗎？這是一個看似很不可思議，但的確很現實的問題。所以也就是這個原因，我到現在一直重視經濟能力，努力去掙到儘量多的財富。儘量給子女更多的遺產，如果哪天生病了也不向子女求助，自己解決，這樣子女們也能更好地伺候父母。

9. 遠行去過哪裡，有什麼印象？

首先，在中國，「文化大革命」期間1967年10月18日，我跟醫院的同事和幾個護士一起去了北京串聯，在北京市中心觀看毛主席和劉少奇、周恩來、朱德、鄧小平等幾位中國最高層領導們的閱兵儀式。當時我恰好帶了相機，但由於太快了，無法拍好，只能等閱兵結束後拍下他

們走過的地方。住宿、吃飯、交通、遊覽等所有的費用都是免費的。我只帶了30元人民幣在北京待了15天。

1978—1979年，我在廣州中山大學附屬第一人民醫院研修了一年。那期間我參加了桂林、昆明等地進行的一些學術會。在那裏我認識了很多國內有名的耳鼻咽喉科教授，並在各種學術雜誌和學術會上發表了30餘篇論文。

其次，是國外。1992年，在韓國第二大醫院——延世大首爾Severnce醫院（地位相當於北京協和醫院）研修了三個月。當時由於中國沒有那麼全面的輔助政策，所有的費用都由韓方支出。那期間，我在各個醫院和醫學院給他們做了關於中國耳鼻咽喉科的發展史和延邊大學現狀的演講，當時收到的演講費大概有20多萬元。那次韓國研修期間我積累了更厚實的學術經驗，那次掙到的演講費還用在兒子的結婚準備上。

1994年9月17日，一句英語都不懂的我被美國鄭教授邀請到美國研修。我先去了美國加利佛尼亞州 San Diego，參加4天的國際學術會。之後在美國中部的俄亥俄州一家醫療中心進修了一年。

1996年5月，參加了在日本福岡市開展的一次學術會（日本96會），順便去看了當時兒子和媳婦留學的弘前市，在那裏待了十多天後再回來。

1998年再次去了美國，但這次是被邀請去旅遊。這時我能走遍美國幾個主要大城市。

1983年到2005年期間，我總共去了11次朝鮮。主要都是為了看望在朝鮮的大姐和她的子孫們。

2007年，去俄羅斯海參崴旅遊。

我去過的國家並不少，我的最大印象也就是都比我們國家發展了很多，人們素質也很高。我覺得比起宅在家裏的英雄，出去逛逛的傻子更

有出息。而我就是那個傻子。

10. 在外國，您得到的教訓是什麼？

我一生中去過世界最發達的國家——美國和日本，發展中國家——俄羅斯、韓國，還去過世界最貧困國家之一的朝鮮。可以說是走遍了世界幾個重要核心部分。美國在很多方面條件都相對優越，又發展，又文明，又乾淨，服務又好，但民族歧視很厲害。美國和日本20年前就開始用黃色公車接送小學、中學生；在醫院裏也是，老年人們都能免費看病，並且門診候診室裏都會提供咖啡等各種服務。在日本，護士們都在跑來跑去地為患者們服務，特別勤奮。街上的員警們也特別熱情，我第一次到美國機場的時候，一句英文都不會，不知道在哪裡取行李，當時那裏的保安一看到我恍惚的樣子，直接跑過來幫到我完全解決問題為止。

在美國我學到了很多，也深深感受到了離開家，必定面臨各種各樣的苦難。不管多麼貧窮，還是自己的家、自己的家鄉、自己的國家是最溫馨，最舒服，最好。但年輕時候出去大開眼界，瞭解發達國家的那些文化和發展經歷，吸取生活各種方面的教訓，也是一種很值得推薦的做法。

11. 您夢想中的結婚生活是什麼樣的？您滿足現在的生活嗎？

我一生就談過一次戀愛，就是你的外婆。也沒有仲介人，只是小學同學。高三的時候給她寫了情書，之後大一，正式開始談戀愛。但由於兩個人身在異地，所以也沒有太多的接觸，大學畢業後稍有了曲折，但在長輩們的勸告下決定了結婚。當時剛好認識了報社的攝影記者，所以也留了結婚紀念照，這是一件很幸運的事。結婚第二天開始，由於兩個人單位不同，你外婆在圖們工作，而我就在醫院住宿樓裏生活。我的結婚生活也沒什麼可說的，現在的情況你也在旁邊有見有聞的。兩個人性格相反，相處得也不怎麼理想。

12. 您夢想中的子女的形象是什麼樣的？他們按照您的心願長大了沒？

我有兩個子女，一男一女，至今兩個都沒什麼大挫折，順利地過著他們自己的生活。他們也已經都過了四十，不知道他們怎麼想我這個父親。你媽媽和舅舅都一大部分跟我很像，你媽媽跟我一樣性格開朗，很樂觀，但也跟外婆一樣不喜歡人際交往，她的開朗只限在家庭成員當中，還會撒嬌。你舅舅跟我一樣不會說溫柔的話，說話直接，實話實說，冷淡，但也跟外婆一樣內向。

我們當然都望子成龍、望女成鳳，但實際上，從小他們也沒有受到什麼像樣的家庭教育，也都因為我這人就這麼長大的，不知道怎樣去教育孩子。所以大部分情況下，都讓他們自己去決定自己的路，我可以幫上忙的就幫，其他一律不管。現在，我也慢慢老了，對他們希望的也就是比我們活得更久，夫妻之間和諧相處。

尤其是對於你和你表弟，我一直希望你們倆健健康康地長大，成為一個優秀人才，不管在經濟上還是其他方面，希望能助你們一臂之力。你已經是成年人了，可以決定、計畫你的未來，現在最擔心的就是你的表弟，他竟然成了日本國籍的朝鮮族人，擔心我們這個家族會不會遷移到日本，也同時擔心他以後會不會被日本人歧視。希望你在旁邊多多照顧他，關心他，幫助他。對於子女們還有一件愧疚的事就是我和你外婆都是堂堂正正的大學本科畢業生，但由於沒有給予好的家庭教育，卻讓兩個子女都只上到大專，這一點我至今還是很內疚的。

13. 印象最深刻的一次落淚是什麼時候的？

第二次在美國待了兩三個月的時候，我為了賺錢，隱瞞著醫生的身份，在一家小餐廳做了後廚洗碗工，幹了兩個月。當時沒少受到當地人的歧視，已經都50多歲的人了，家裏也有醫生這個很好的職位，就為了賺點錢，卻在那種破地方受盡各種苦難。一想到這兒，眼淚就掉下來了。那天晚上回家後，我給在日本留學的兒子打了個電話，說：「我幹

了活之後發現打工真不是一件容易的事，對不起我沒有給你們充足的經濟條件，害你們在外地留學也要自己打工賺錢。」兒子一聽到我的哭訴，就很生氣地對我說：「爸你不是去參加學術會了嗎？在那裏到底幹什麼？！趕緊回家吧！」

晚上偶爾失眠的話，我會回想起我的家庭歷史，想念父母和兄弟姐妹們，也回憶走到現在所經歷過的艱難事蹟等等，不知不覺掉下眼淚。如果弟弟沒有去朝鮮，留在延邊的話也許兩個老人一起回想這樣那樣的往事，這樣該多好。1994年2月，弟弟為了來看我，偷偷遊過圖們江來我這兒的時候，只過了兩夜就不得不重新送回朝鮮（因為在朝鮮他有妻子和3個子女）；由於非法跨國，弟弟被朝鮮當局抓到，送到環境極其惡劣的農村幹活；2005年，跟你爸媽三個人去朝鮮探訪的時候，被當地員警沒收了所有的財產（現金五六萬元和帶上去的一些食物和衣服，甚至連個人物品都被他們搜走了），還熬夜被審問......想到這些事情，都很氣憤，眼淚就掉下來。

14. 一生中最艱難的時候是什麼時候？

回想起來，我一生中也沒什麼太艱難的事情，已經都熬過來了，也沒什麼大不了的。我當醫生這個職位後有了唯一的一次醫療事故。當時我剛從美國回來，上班第一天，有個醫生跟我說自己手太抖了，無法做手術，拜託我幫他做一個手術。當時我並不瞭解患者的病情，就爽快地答應了他。後來發生了醫療事故，之後有一陣子患者家屬們說要訴訟什麼的，向醫院抗議。那時如果真的扯上經濟方面的問題的話，打死我也要證明我的無辜，但最後醫院處理好紛爭，對我也沒什麼損害，就到此為止了。當時的確為這事傷了不少心，但還好順利地過去了。

15. 一生中，最後悔的事是什麼？

首先是，本來想再要一個孩子，很遺憾沒有做到。

其次是，弟弟提出要去朝鮮的時候，沒有攔住他，同意他去朝鮮的

事。如果再攔住幾個月，等到「文化大革命」的話，他也不能去朝鮮，就跟我一起在延邊。

最後是，關於大嫂的事。她為了養活沒有父母的我們幾個小孩，吃了不少苦頭。大嫂37歲時，我的大哥就早逝了。之後再婚了也沒有過著安逸的生活，得了中風，下半生一直以半身不遂的狀態艱難地生活著。我很後悔當時沒有好好對待她、伺候她，讓她就那麼淒涼地結束了一生。

16. 您對外孫女的忠告？

我一直想好好地寫一篇我自己的人生故事，以便於代代相傳，但由於各種原因一直沒有做過。然而這次，外孫女給了我這樣的一個機會，讓我認真地回憶自己的歷程，總結了自己走過來的路，能讓後代們知道我們這一家族的來歷和一些祖先們的情況，對此我非常感激我的外孫女，並感到非常的高興。希望你繼續熱衷於你的學業，找一份好工作，成為一個社會上有貢獻的優秀人才。一定要健康，找一個好伴侶，過著幸福的生活，這就是我對你的期望。

採訪手記

我記憶中的外公是一位很冷酷的人。他從來不對家人說出溫馨、溫柔的話，一直都是那麼的冷淡、沉默。如果用現在流行的話來比喻，他就是現在的「酷男」。但有一個例外，那就是我。外公對我一直都是那麼的慈善。雖然語氣還是蠻橫，不太會表達自己的心，但每時每刻都為我著想，有什麼好吃的好玩的，第一時間給我打電話催我趕緊來拿，外公一直尋找著有什麼更好更多的東西要給我。從小外公比父母還要積極參加我的一系列學校活動（運動會、各種比賽、各種演出）；外公見過的、認識的我的朋友比我父母還要多；代替工作繁忙的父母，外公經常帶著習慣於城市生活的我去體驗一些農村生活，並讓我感受到自然的滋味。我周圍的所有人每次都跟我說：「我們不難看出來，你外公真的很喜歡你，珍惜你。」我一直覺得這是理所當然的，因為他是我外公，因

為親情是無條件的。

然而，在這次問答中第八個問題：您對財富有什麼看法？看了外公對這個問題的解答時，眼淚突然湧上來。它不是什麼很感人的話，更不是打動我心的那種話。反而是狠狠地打擊我所信仰的人生觀和價值觀的話。外公說，經濟是解決萬事的基礎，甚至親情也是建立在經濟基礎上的。他說得很淡然，因為是這樣，所以我受到的打擊更大。

當然我也知道外公從小生活在貧困家庭中，所以對財富有所渴望。但我並不知道外公竟然把經濟看成萬能鑰匙。至今，我所學到的、得知的、信仰的教育、道德倫理是正相反的，它們一直都教導我雖然沒有金錢是萬萬不能的，但金錢不是萬事的基礎，人情是所有人間活動的最基本的道理。我一直信仰著這一點，並且努力按這個價值觀生活了20多年。所以當我第一次看到外公的這個解答時特別的受打擊並迷惑。但外公的最後兩句又一次尖銳地刺了我一下：「如果我是一個沒錢沒房子的老頭，一直拖累你們，你們還會像現在這樣歡迎我、尊敬我嗎？父母應該要給下一代傳下儘量多的遺產，不給他們添麻煩，這樣子女們也會更好地伺候你。」第一次讀到這句話時心裏不斷地喊出「不是！」但讀了一遍又一遍，漸漸感覺到有一把針不斷地刺在我心中......從小就那麼的喜歡去外公家玩，外公說要去哪兒就跟著去哪兒......我一直以為這是我對外公的愛，是我們之間的親情。但如果外公真的身無分文，勉強謀生的狀況，我們會不會真心去迎接外公，去精心照顧他、伺候他？會不會被那些道德倫理、信仰所困擾，並不是出於真心的、機械式地去照顧他呢？

值得思考一下外公的這種思想到底如何形成的。雖然外公一直強調經濟是最重要的基礎，但實際上，外公卻沒有這麼做到。當我們出生的那時起，外公應該不會是為了幾十年後得到我們的精心照顧，才養我們，給我們父愛的。外公是給了我們無條件的愛。那外公為何形成這樣的價值觀呢？難道真的只是因為外公貧窮艱苦的童年經歷？還是......還

是因為我們所做的言行中不知不覺地透露出我們心中某一黑暗自私的一面？會不會我們就是讓外公形成這種想法的主謀？越想越感到愧疚、抱歉，我一直以為這20多年我還算是一個乖乖地遵守我的道德倫理的人，但事實上卻不是，現在非常懷疑我到底是怎麼走過來這條人生路的。外公的解答讓我深深地重新懺悔我自己，給了我真正成為對自己對外公毫無慚愧的人的機會。

外公也是一位非常堅強的人，已經進入高齡，但從來沒有得過什麼重病，到現在還在每天上班。不久前，還親自把水泥、玻璃、鐵欄等搬到一個山上，給自己的父母和兄弟姐妹做了墳墓，還立了石碑。外公健壯的身軀散發著一股不可侵犯的威力，再加上他那冷淡的表情和語氣，一看就能知道他是一位不會被感情控制的人。當然，我也一直這麼覺得。

讀完外公的家庭史，才懂得為何外公那麼地執著於朝鮮，還那麼精心地照料家族墳墓。這麼看來，其實外公並不是什麼鐵人，他是一位一直思念著家人，渴望著愛的純真又脆弱的人。雖然嘴邊一直掛著自己沒有什麼特別艱難的經歷，都能熬過來，沒什麼了不起，但這只是長年來無數次苦難中積累的內功，當時外公孤單一人要克服那麼多磨難，那是一件多麼需要堅強意志的事！想到這兒，我突然發現外公的背影是那麼的脆弱和渺小。

外公又是一位非常自由的人。也許是因為從小就在沒有干涉的環境下隨自己的意願生活，外公具有非常自由的靈魂。自己想要做的事，他無論怎樣都會做到；直話直說，實事求是；喜歡外出活動......同時，外公的好奇心隨著年齡的增長，更加旺盛。他到了60歲以後還開始學騎摩托車、學電腦，甚至學會了開車。

外公還是一位善於分享、有恩必報的人。他常常抽出時間來拜訪那些親戚、患者們和年輕時給他這樣那樣幫助的人。每次到一些節日或者是生日當天，外公都會拿著大大小小的禮物去拜訪他們。雖然那些禮物

也就是一些吃的和生活用品，但人們都很佩服外公這樣的行為，贊他是一位真正的好人。當然，也有人說都七十多歲的老人整天到處跑來跑去，不是什麼好事，但現在看來這也都是基於外公那仁慈的心。外公並不是冷酷、自私的人，即使他的價值觀極其重視金錢，但這也並不意味著他是一個只要錢不要人的那種人。

外公一直記著自己所受到的幫助，盡力去報答那些關心他的人，給貧窮的人儘量多的幫助，把自己所擁有的分享給周圍人。說不定這就是人在世上活著最有意義最成功的事例。原來我外公是一位這麼偉大的平凡人。

少尉的一生

董寄舟

我爺爺叫董銓，他1932年9月出生在湖南省桃江縣。

1932年是一個久遠的時代，它的含義是魯迅、愛因斯坦、西貝柳斯、德國皇帝威廉等等都還在世，而列儂、比爾·蓋茨、胡錦濤等人都還沒有出生。那時候天上還沒有衛星，人類還沒有撬開原子獲得裏面的能量。我們已經難以想像那個時代了，雖然時間僅僅過了80年。電影裏對舊時代的還原都是不對的，因為太簡單、太乾淨、太像現在。我們難以想像久遠的年代，就像是難以想像我們的祖父曾經也是柔軟的嬰孩一樣。

我爺爺的家鄉在他口中是個美妙絕倫的地方，風調雨順，水草豐美，清澈見底的枝江穿流而過，甚至「連日本鬼子都沒有打到過」，而可以做對比的是幾十公里之外的常德卻是因為像史達林格勒一樣慘烈的會戰而聞名的。他直到現在都非常關心他的家鄉，以至希望我在湖南上

學時可以順便去看一看。我並沒有去過。

他的家庭並不貧窮，有幾十畝地，還有雇工。他在家裏排行在二，上面還有一個大哥，至今仍然在世。據說那老頭身體倍兒好，精力充足，滿頭黑髮，仍然能夠天天轉戰於麻將桌之間。他哥哥和他小時候都是受的新式教育，很早就學過英語。20世紀90年代初我爺爺的大哥來過我家，據我媽回憶，他寫的英文相當好看，比我這個學英語專業的寫得還要好。他們的英文老師是在美國生活過的，也許是因為抗戰期間的混亂才流落到那地方的吧。可見當時的教育含金量是不低的。我爺爺的童年生活在當時來說應該算是富足而幸福的。

尋訪祖父的秘方少尉的一生我爺爺15歲那年離開家，去參加革命。當時的情況是這樣的：他的初中老師是個到過延安的老共產黨員，我爺爺算是他比較偏愛的一個學生。他走了三十多裏的山路，到我爺爺住的村子裏鼓動他和另一個學生跟他一起投奔共產黨。另一個學生恐怕是因為戀家而拒絕了，而我爺爺從此就離開了家鄉，在此後的60年間也只回去過兩次。對於這次離家，我爺爺感到他很是幸運，因為他之所以能夠有機會到北京來生活，能夠獲得離休待遇，而不是終老家鄉，全都仰仗於此。因此他不無語重心長地跟我說：「人哪，就是這個機會非常重要，一定要抓住。」

他1948年參軍。大隊人馬先到了長沙住了幾天，而後有一定文化基礎的又到衡陽軍政大學繼續學習。讓他印象比較深刻的是，從長沙到衡陽這段現在無非需要兩三個小時的道路，他們居然坐了一整天的火車。我爺爺在「軍大」主要學習通訊兵那一套，接發電報、莫爾斯電碼。他此前向來沒出過什麼遠門，因此說的也都是家鄉話，以至很多同是湖南人的戰友們聽不懂，當眾向上級提意見，說他說話我們聽不懂。上級也很爽快：你們說話他也聽不懂。當時發送莫爾斯電碼很多還要使用英文，比如覺得對方水準不佳，就發一個「change hand」，讓他們換人。他說到這些，還頗有點驕傲。記得我很小的時候他就教過我怎

麼用電碼發數字，比如一長四短就是1，二長三短就是2，諸如此類。他在1948年的照片也是我看到過的他最早的照片。發黃的照片裏，我爺爺穿著當時的土布軍裝，胸前掛著「中國人民解放軍」的牌子，面相上仍然是個孩子。

我爺爺雖然當過兵，但是卻沒有真打過仗。正式入伍沒多久，就迎來了全國解放。因此他們成了最幸運的一批人。當然這主要是就退休待遇而言的。新中國成立前參加革命且以幹部身份退休的享有離休待遇，醫療等等全都免費，還總是有各種補貼，拿的錢比一般上班的人都不少。我爺爺說，這個「解放前」是有標準的，好像是一直算到1949年10月1號早上9點以前。如果差了一個小時，狀況就不一樣了。所以這就再次驗證了機遇的重要性。爺爺在部隊裏一直就幹通訊兵，後來是排裏的文書，一個排有四個軍官，排長、排副、指導員跟文書，我爺爺就是這一個排裏的四號人物。據我爺爺說，他當兵的時候還配一支五四式手槍。1955年授軍銜的時候，得的是一杠一星的少尉軍銜。我見過一張爺爺穿軍裝配少尉軍銜的照片，確實英武，而且不知道是照相館所為還是自己所為，照片還上了色——衣服綠色，臉還是黑白的，估計是沒有合適的顏色塗臉吧。爺爺倒是差點上了抗美援朝的戰場，部隊都駐紮到了鴨綠江邊，突然電報來到，說是停戰了，其時是1953年。我不得不說，我爺爺他老人家的運氣可是真夠好的。

我爺爺的軍官沒做幾年，連中尉還沒有升，就集體轉業到了地方。爺爺和奶奶經介紹相識。奶奶是東北人，在天津長大，過去經常愛吃口蝦醬什麼的，做飯也很是好吃。我媽跟我說，她曾經是不吃肉的，自從到了我奶奶家吃過了她炒的菜，才知道肉原來是如此之好吃的。他們1957年結婚，到如今已經將近60年了。

1962年，已經有了一個女兒的爺爺才第一次回到了自己的家鄉。可是此時他的父母已經全都故去了。我爺爺的爹本來就有幾十畝地（大約是30畝），新中國成立以後分土地，這老頭果斷出手又買了一部分

地，還多雇了幾個人，結果自然是成了地主，1951年死在了監獄裏。他母親幾年後也撒手人寰。他們去世的時候，我爺爺都沒有得到消息。這次回鄉之行主要紀念的是我爺爺、奶奶和大姑在武漢長江大橋的橋頭照的一張照片。照片上天氣非常晴朗，水泥地面非常潔淨。

轉業後的爺爺跟隨工程隊專門建設石化設施。十餘年間到過大慶，建設舉世聞名的大慶油田及其配套設施。那時他們一家人就住在一節卸下車輪的火車車廂裏。冬天溫度低到零下30攝氏度，撒尿都能立刻結冰。而後又到了湖北荊門，建設的是現在的中石化荊門石化總廠。於是一家人就跟到了湖北。在湖北這個四口之家發展到了六口人，多了我的叔叔和小姑。建設石化的地點純屬蠻荒之地，臨時房屋都是從地上加起來的，一防潮氣，二防蟲蛇。據我爸講，那時地裏經常能看見幾尺長的蛇。不過偏遠地方也有好處，那就是在物資憑票供給的年代，很多副食可以直接從農民手裏買到，比如雞蛋五分錢一個，又不要票，這點不得不說比城裏還要好。

1973年，爺爺又轉戰北京的燕山石化，於是全家人又坐上火車北上。先到武漢，「吃了頓熱幹面」後又轉車開往北京。燕山石化建在房山區的一個山溝裏，北、西、南三面全是大山，最高峰有1300多米。60年代末，工程兵用人拉肩扛的方式開始了這座巨型工廠的建設。而後，各個建築隊也參與進來。我姥爺當時是北京六建的工人，曾經參與修建過北京地鐵，也在這個時候來到燕山。那些現在是封閉式廠區、高層社區、超市和學校的地方在那時是綿延的小山丘陵和無邊無際的酸棗樹。從廠區出來到居民區要翻過好幾道石頭山才能到達。現在所有的平地都是用炸藥開拓出來的，直到我上小學時還時而能夠聽到遠處炸山的巨大迴響。

爺爺在新建的石化公司裏重新又做起了文書工作，終於坐到了辦公室裏。一開始用的是油印機，後來就用上了影印機。爺爺不僅會用，而且會修。到了燕山之後，他的生活終於平靜了下來，再也不用四處奔

波，一家人住上了兩套單位分給的樓房，樓房的後面就是公園——唯一一座沒有炸掉的石頭山。他的子女，也像那個時代所有國有企業職工的子女一樣，進入工廠工作，在那裏找到他們的伴侶，組成一個個境遇相近的家庭。

當年最初的建設者和管理者們開始步入老年。我出生的時候我爺爺還在上班，1992年，在即將離休之前，單位還給他們安排了一次旅遊，爺爺奶奶一起坐著嶄新的波音767去了廣東，到了深圳、汕頭，在深圳「世界之窗」的各種縮小景點前面合影留念。這唯一一次坐飛機旅行讓爺爺到現在都難以忘懷。這一年，爺爺又回了一趟家鄉，距上次回鄉又過去了30年，迎接他的是他的侄子侄女們。在回北京的路上，還在長沙站被小偷割破褲兜丟了錢。當時員警在邊上一個勁地喊，我爺爺也沒聽清楚到底喊得是誰，上了車才發現褲子上一個大口子，錢包不翼而飛。按我奶奶的說法：「沒拉著你的屁股就好。」

我爺爺退休後的生活稱得上是不錯。90年代的時候他一度非常熱衷於養花，陽臺上、屋子裏到處都是各種植物，開花的時候還給花朵照相，有時候就讓家裏人站在花的旁邊照，造成一種「她在叢中笑」的局面來。爺爺還搞過無土栽培，具體而言就是用一堆陶粒代替土壤，中間泡著水和營養液，還買過一個能調噴嘴的噴壺，把陽臺上整得像個植物園。

我爺爺是個很創新很講時髦的人，什麼潮流他也不會落下。1978年電視一普及就買了14寸的電視，原來還看到過好多80年代末流行的碳酸飲料的包裝（多是廣東那邊出產的，而且，我沒喝過），90年代時興各種治療儀，他是一個沒落挨個兒買回家，療效如何倒是未曾可知。當年剛剛重新興起看三字經的時候他就給我買過一本，還是精裝版的。到現在，他的裝備包括LED電視（之前那一臺是在90年代算是很大很大的38寸電視機）、數碼相機、數碼攝像機、滾筒式洗衣機。前些天還找外面的數碼店刻了一張照片DVD，其中的老照片都是他自己用數碼相機

翻拍的，一張一張甚是工整，照片的說明也自己重新寫了一遍，一併照進了照片裏。老頭兒還經常心向外部世界。前幾年不顧我奶奶的反對，愣是自己去了一趟武漢會老戰友。

我爺爺很是注重健康，雖然年已80歲但是沒有什麼問題。南方物產豐饒，他家裏又比較殷實，小時候的底子自然就不錯；後又跟著部隊，經年訓練，伙食有保障，老來也沒有什麼好操心的，兒女個個可以自給自足。老爺子生性很是獨立，很不願意為兒女管孩子。因此我小時很少在他家居住。我媽原來對這種做法非常不滿，現在隨著她自己年齡增長，竟然也開始逐漸理解起這種做法來：還是得先把自己這一輩子過好。

我爺爺為了把自己這一輩子剩下的部分過好，是頗下了一番苦功的。他堅持鍛鍊，跑步堅持到將近60歲，而後改為走路，每天繞著社區走兩圈，至少也有五公里上下。吃飯也很講究規律，每頓都要吃蒸南瓜，晚飯吃得極少。爺爺極少喝酒，絕不吸煙。據他說他也嘗試過買煙。1949年的時候受戰友蠱惑，花8000塊（等於後來的8塊）買了一條煙抽，但是只吸了一口便嗆得七葷八素，從此再也沒碰過。說來奇怪，有人吸了一口便飄飄欲仙從此戒不掉，也有像我爺爺這樣的一口便從此絕緣的。不才我也嘗試過，也是只吸了一口便懶得再碰了。我父親非到萬不得已也絕不吸煙。恐怕這也是一種遺傳吧。

他除了各種自然養生法之外，保健品也不少使用。80年代時興喝紅茶菌的時候他就喝過，據說時興打雞血的時候他也打過。以後市面上見過的他也大多用過，但倒是少有一直常用的。現在一般是吃一點蜂膠。爺爺很少生病，現在也沒有什麼老年人常見的病症。心臟病、糖尿病都沒有，稍稍有些高血壓，但是並不嚴重，唯獨牙掉得非常早，50多歲就戴上了滿口假牙。這兩年來，爺爺經常出現一些自己嚇唬自己的狀況，有時晚上突然驚醒，做疑神疑鬼狀，去年上半年有一次居然連夜把全家人都叫了去，仿佛是要見最後一面，而最後當然是虛驚一場。這也許就

是老年人的慣常現象：惜命。不過人生已近尾聲，不知何時就可能回去見列祖列宗，所以估計不論何許人到這般光景也是不能免俗的。

我爺爺腦子很是清醒，只要一說起來，幾十年的往事往往歷歷在目，然而卻有一回犯糊塗讓我印象很深。2007年春節，一家人圍坐吃年夜飯，大家一致讓老爺子說兩句。我爺爺舉起酒杯，說：在過去的1976年......大家哄堂大笑。我就此忽然想到，老年人們總不是活在當下的，而是活在過去。他們的思緒、他們的情志乃至他們屋裏的陳設都永遠停在了過去的某一年裏。那時候他們還處在鼎盛的年代，人們需要他們、兒女仰望他們，生活還充滿著希望，倒計時還沒有開始。

老年並沒有一個明確的界限，只要一個人的生活定格下來，他就步入了暮年。有人很喜歡老人，覺得他們和藹可親，像個孩子一樣快樂，然而那卻是因為歲月的負擔不再是一個能夠拖動的物件，而只能存放在老箱子裏，鑴刻在發黃的家譜上，塵封在記憶的最下層，再也不用提起因而再也不會提起。你怎麼可能從一個老人的笑容中看到他少年的意氣風發、青年的躊躇滿志和中年的憂鬱困頓呢？這些都已經過去了，昨天的自己其實比今天的別人還要遙遠。

人們提起老人，有時總是唏噓不已。然而老人們擺脫了社會的牽絆，遠離了情感的糾葛，不再有事業來操心，也不再有未來值得憂慮。總而言之，老人們才是真正的「人」，一個可以只作為個體的人。《辛德勒的名單》裏說，拯救一個人，就是拯救全世界。那麼留下一個人的歷史，也就可以等量代換為拯救一個世界的歷史。因而，我們為老人作志，也算是一種拯救世界吧。

訪問：

1. 您今年已經80歲了，有何感想，對於您意味著什麼？

意味著什麼？不意味著什麼。活了80歲，就是活了80歲啊。

2. 小時候有什麼樣的夢想？後來實現了嗎？年輕時候遇到的最大煩

惱是什麼？是怎麼解決的？

夢想談不上。沒有。年輕的時候四處跑，到過大慶，到過荊門，（你當時想安定下來嗎？）沒有太想過。

3. 認為自己哪些方面還不錯？

我覺得我做事情還比較認真。那當年做通訊兵的時候發的東西都不能錯。我們那時候發電報有的時候還用英文。你要是發得不好，對面就給你打一個「change hand」（我一開始也沒大聽懂），就是讓你換人。後來在燕化公司我在辦公室，做的事我都記下來，有那麼個小本子。到現在我在檯曆上（還有檯曆）還是記事情。你比如說那個洗衣機，洗什麼用多少，怎麼放洗衣粉我都給寫下來。這些事你都得弄明白。做事情還是得認真，你做事情也是得認真起來。

我也比較喜歡寫字，可能字寫得也不錯吧。原來還買過那個用水寫的反復的那種字帖。就是現在不怎麼用了。原來我還寫過那個字軸送給他們。原來玻璃板下麵有一個「莫生氣」也是我寫的。字還不錯。

我這個人就是不懶，到現在也不懶。

4. 喜歡誰，為什麼？

你們我都喜歡。家裏人哪有喜歡不喜歡的。

5. 1989年您在做什麼，您對我出生有什麼感想？

1989年在燕化機關辦公室啊，那時候還沒有退休呢。我原來穿一個灰的西裝打電話的那個照片就是1989年。你出生我當然是高興啊。我有孫子了啊。咱們家那個家譜上都專門寫了這個事啊。寫我的那個都寫的是「樂得長孫」。你從醫院出來就先來的你奶奶這兒啊。

6. 對財富的看法？

錢啊，不要看得太重，錢就不如健康重要。到頭來錢也不是自己的。好多東西你不能跟人家去比。你就自己生活得挺好就行，也不發愁

吃也不發愁喝，都挺好就可以了。你要那麼多錢你跟別人比，怎麼你也比不過，要我說乾脆就不比，夠生活的就可以。

7. 遠行去過哪裡，有什麼印象？

我原來在大慶啊。東北到冬天冷啊，撒尿都能凍上。有一回從大慶到天津。本來只有坐票，後來還是直接到的臥鋪車廂，直接跟列車員補的睡鋪票。後來去過深圳，跟你奶奶，坐的飛機，波音767啊。你叔爺爺（他堂弟）現在也在深圳啊，後來也沒有去過別的什麼地方。我們原來沒有現在的旅遊什麼的，都是工作出差。到了衡陽就爬一趟衡山，到了北京這麼多年故宮我還沒去過一趟呢。

8. 您的家鄉怎麼樣？

桃江那是好地方。我們那裏（的河）就是枝江，我們那時候水非常清，河也不寬。從來也沒說鬧什麼災荒，連日本人都沒有到過我們那裏。前些天我還看說桃花江要修一個核電站，說的就是我們那裏。（我說上回坐火車還碰上一個益陽人，說是沅江的）桃江、沅江這些都是屬於益陽地區的，都不遠。

9. 那您是怎麼離開家鄉的？

我們中學的老師是共產黨，當時他特別喜歡我，走了30裏山路到我們那個村子，勸我跟另外一個同學跟他走。1948年（也可能是1949年），那個人回去了以後就說不走啦，我是跟著出來了。先到的長沙，住了十幾天，然後到的衡陽軍大，軍政大學。

10. 那您後來回過家鄉嗎？

回過兩次。頭一次是1962年，跟你奶奶你大姑。我回去一看我爸媽都沒了，就我哥他們還在那兒。原來我也沒聽著過通知。後來再回就是1992年，一下就是30年。在長沙車站排隊，員警就站在邊上喊：我看你就要完！我也沒看喊誰。後來上車發現褲子後面一個大口子，錢全拿走了。（我奶奶說，怎麼沒拉著你屁股）11. 您對健康的看法？

那健康是最重要的。原來都說身體是革命的本錢嘛。這話一點都不假，你不注意健康到這個歲數就完啦，歪在那兒啦。所以必須得注意身體。你在學校也是，多吃一點，就別太胖像原來那樣就行。多鍛鍊。（我說我經常走走，我爺爺還是比較欣慰的）12. 您遇到過什麼健康問題嗎？

有高血壓啊，高壓有時候一百六。你奶奶有糖尿病，我沒有。我一直也不怎麼鬧病，就是那年檢查說的是肝不好，上醫院住了也是沒什麼事，就是都沒叫你們來過年那一年......2003年吧。

13. 您對我有什麼健康建議嗎？

起居必須得有規律，得早睡覺，你最好11點之前就睡覺（我說這辦不到啊，都不睡我怎麼好意思睡），早飯要吃飽，晚上少吃，多運動，再長胖點，就是千萬別太胖了。你看我一直都是134斤136斤左右。

14. 您對我有什麼忠告？

那就是一定得知道抓住機會。我能夠有現在的生活，能夠拿離休工資，基本上沒什麼發愁，主要是因為出來的機會非常對。如果不出來，就得跟我哥他們那樣，在家裏種種地打打麻將，一輩子也就過去了。你必須得看准哪個是你的機會，有了好的機會一定要抓住，不能錯過去。

採訪手 記

雖然我寫的是我爺爺的故事，寫他的話，然而我一直不能停止想到我的姥爺。我姥爺1936年出生在大興，年輕時沒有當過兵，只當過東奔西走的採購員，後來做建築工人，參與修過最早的北京地鐵，後來建築隊到了燕山修石化，於是這兩個家庭（以及我奶奶家）才有了碰面的機會。我姥爺是個胖大的老頭，最胖的時候有二百來斤，好吃一口油炸的東西。我小的時候住在姥爺家的時候比住在奶奶家的時候多得多。他早上帶著我爬山，回來的路上買上油條和豆腐腦。他時不時就給我買一

點小玩意兒，鍍金的帆船啦，青銅小手槍啦，老爺車形狀的打火機啦。有一回他給我和表弟一人買了一個口紅形狀的糖，叫做「香吻糖」，可是他連「吻」字都不認識。還有一回我就要從他家走的時候，他拿著一個快要化了的蛋卷冰激淩追著我給我。他年輕時愛交朋友，花錢大方，工資全都花在請客吃飯上，年老了卻節儉到摳門的地步，很多年都穿著同樣的衣服，春夏秋冬年復一年地，總是那個樣子。

　　我看到這個題目，我最想去問的人就是我姥爺，然而不可能了。2007年，我姥爺因為心臟病去世，至今已過去了五年。

　　我由此第一次面臨失去一個熟悉的親人的情境。實情是，我姥爺去世的時候我正在準備高考，於是我媽就沒有把這件事告訴我。直到我高考結束的那一天晚上我才知道了這個遲到了兩個多月的消息。在那以後有一段時間我時常夢見他。有一次我夢見家裏人又把他接了回來，他坐著一輛轎車回到我們面前。但別人告訴我，他不能在人間久留，因為人間對於去世的人來說就像是高輻射環境對於普通人一樣，是不能待久的。還有一次我夢見他用縹緲的聲音給我打來電話，仍然不忘跟我討論時事──他生前最愛就著昏暗的燈光「侃大山」。

　　2007年春節，我最後一次與我姥爺聊天，他給我講起了許多他年輕時北京城裏的境況，什麼哪條街原來叫什麼、哪裡有什麼機關等等。然而我萬萬想不到這樣的普通的談話確是無異於訣別的，我到最後也沒有聽完這個老人的故事，一個人和他的全部歷史，永永遠遠地失去了。

　　於是說起記錄老人的歷史，我第一個就想起了我姥爺。我有一種感覺：歷史的概念不是遠，而是深，過去的日子就像是深埋在地底，或是沉在深深的水下。現在，我和我姥爺之間已經隔了深厚的歷史的地層或水層，然而每當想起過去的一幕幕來，仍然不敢相信我再也沒有機會見到這個我曾經最最喜歡的老人了。所以，將在世的老人家們的故事記錄下來，讓我感到也是一種彌補。還是那句話，拯救一個人的歷史，就是拯救全人類的歷史。趁我們還來得及，不要留下任何的遺憾吧。

陰差陽錯的體育老師

李景怡

　　我家不是一個人丁興旺的大家族，從祖輩開始就一直如此。爺爺說，他的爺爺只有一個親兄弟，人口最多的太爺爺一輩也只不過是三個孩子而已，這樣「節儉」的家庭在那個年代的北京農村是並不多見的。鄰居家成群結夥的兄弟姐妹下地幹活的時候，我家的孩子們總是少數派的那一撥。到了我爸爸這一輩，雖然近親的堂表兄弟有不少，但直系的孩子依然只有兩個——爸爸和姑姑。不過，精簡有精簡的好處。因為直系親屬少，所以家庭裏的每個人關係都是很近的，從來沒有分家的煩惱。爸爸媽媽和爺爺奶奶同住在一棟樓裏，是二層到五層的距離，對我來說，「家」就等於我們一家五口，玩伴們口中的「爺爺家」在我看來是沒辦法理解的概念。

　　也許是太親近太熟悉的緣故，爺爺在我心裏是個沒有任何特點的老年人。他退休前是個中學老師，每天騎著他的大「二八」車朝九晚五地到一個叫做「六一中學」的學校做管理工作。從我上學開始他就退了休，每天和奶奶一起：上午出門遛彎兒為午飯買菜，中午一個小時午覺，下午和鄰居老太太們打麻將，晚上看球賽，到後來又增加了一個遛狗的工作，其餘就是永遠不變的流程。他不像院裏的王爺爺一樣會親昵地抱著我轉圈玩遊戲，逗趣似的在院子裏大喊我的名字，也不像隔壁的高爺爺那樣拽著我東扯西扯八卦聊天。他不是老頑童，也不是老古董，他並不可愛，也並不過分嚴肅，他只是在循規蹈矩地過著他的生活。或許是代溝的障礙，又或許是兩個人共同的沉默性格，我和爺爺天天住在一起，卻很少聊天。他對我說的最多的話是「好好學習」、「寫作業要認真」，再者的就是買菜倒垃圾一類的瑣碎囑咐。雖然每到過年，親戚們都會成群結隊地到我家來送禮拜年，這讓我知道了爺爺在家族裏有

著不同尋常的顯著地位。但是對我來說，爺爺始終沒有任何特別之處，他生來就成了「爺爺」，沒有歷史沒有故事。我在他的身邊不親昵也不生疏地成長到了今天。

尋訪祖父的秘方陰差陽錯的體育老師　「爺爺，我們老師留了個作業，是要採訪您。」

「哦。好。我是1958年從師範畢的業，1961年……」

「我還沒問呢？您怎麼就開始了？」

「我的年輕時候的事還能用你問？！聽著就得了！」

「可是……有規定的問題的……得從老家的事開始說。」

「哦。我1958年從師範畢業……」

我爺爺屬牛，今年77周歲，在老北京的順義縣大孫各莊出生長大。家裏成份雖然是中上農，可經濟上卻窮得叮噹響的。家裏有三個孩子，一個哥哥一個妹妹，如今只有他一個人還在世了。記得我小時候，一次意外機會知道了我竟然還有一個大奶奶，就好奇地想去找爺爺問個究竟，結果被表姐使勁拽著給拉住了，她神神秘秘地跟我說，在家裏不能提這個事，那是爺爺心裏的一道傷疤，問不得。原來，爺爺的妹妹是在三年自然災害的時候死的，不是餓死，而是撐死的。1961年的那天是幾年來少有的高溫天氣，恰好是辦廟會的日子。那時候的人很少能吃飽飯，總是半餓著的狀態，難得趕一次廟會，大奶奶就多吃了些東西。結果在積食的狀態下中了暑，回家的時候人就不行了。「那年你大奶奶剛從師範學院畢業，非常優秀，馬上就分配工作了。就這麼沒了。那年不知道熱死了多少人。」

那個年頭，師範學院是個非常非常難考的學校，考中比例是低於十分之一的，因為那是個可以分配到好工作的重要途徑，也是一個不需要繳納任何費用，又可以得到生活補助的求學方式。爺爺一直都以考上師範為自己的童年夢想，不為別的，就為了能給家裏省些錢，能讓自己輕

50

鬆分得一個養活得了自己的工作。憑著一股牛勁，爺爺在少年時期一直都是個非常刻苦認真的學生，成績永遠排在年級的前幾名。按照他自己的說法，那個年代的刻苦和我們如今所說的刻苦完全不是一個層級的概念，那時候絕對是「兩耳不聞窗外事，一心只讀聖賢書」，拼了命一般奮力學習的狀態。總聽人說，窮人家的孩子是容易出好學生的，因為強大的生活壓力就是他們最好的動力，不好好讀書就沒有好出路。這話不假。但想想也能知道，一邊顧及家裏的農活一邊上學，還要考出引人注目的成績，這絕不是件容易的事，沒有強大的信念和意志是無法做到的。爺爺說他在學生時代養成的很多好習慣和刻苦精神對他未來的工作生活有著很大的影響，也正是由於那幾年吃了那麼些的苦，才讓他在日後避開了同時代人受到的那些罪。

每次提到考上師範這段故事的時候，爺爺都會激動得兩眼放光：「我是整個村，整個大孫各莊，整個地區第一個考上大專的學生！那個年頭，師範學院還只能算是個專科，要是放到今天，那可比大學生要值錢得多！師範學校管吃管住還有補助，那是所有人都想上的學校！我可是那時候第一個考上的學生！」老爺子刻苦的勁頭即便是上了「大學」也沒有減弱一絲一毫，在尖子生雲集的師範學院裏，爺爺的成績依然是班裏數一數二的好，「不是第一，就是第二，從來沒有下去過！」也正是因為成績好，他有機會做班裏的學生幹部，於是他成了班級的體育委員。他說連他自己都沒想到，這樣一個做學生幹部的小事會從此影響了他的整個人生軌跡，在接下來的幾十年裏，爺爺的生活都與體育掛上了鉤，至今都沒有分開過。

1961年爺爺畢業。那是師範學院最後的一屆畢業生，此後學校就改了名，漸漸沒落了下去。那時候正是「大躍進」時期，全國緊缺教師，每個師範學校的老師都成了搶手貨，供不應求。爺爺被分配到了北京市海澱區的盲人學校，月工資32塊錢，那在普遍工資都只有幾塊十幾塊的60年代是罕見的高工資。教課教什麼呢？「那時候學校領導跟我說，你是體育委員，那肯定體育好啊！就教體育吧！」班裏的優等學生

竟然陰差陽錯地因為一句話成了教體育的老師。「當時心裏還是有些不平衡的，畢竟成績那麼好。不過還能怎麼辦呢？領導發話了，就只能好好去做了。」

　　那時候爺爺年輕氣盛身體好，體育能力是很強的。但要是做專業的體育老師，去訓練學生訓練運動員，他並不是很懂行，尤其是培訓盲人，他更是一無所知。為了做好工作，入校後不久爺爺就脫產到北京體育學校上了半年的田徑教練員培訓班，專門學了體育教育的課程。回來以後，爺爺就正式開始了培訓盲人運動員的工作。

　　「每天都是起早貪黑地到學校去訓練運動員，沒有假期沒有休息。那時候住在你姑奶奶家，因為離盲校近。搬過去幾個月了，鄰居沒一個人見過我！走的時候還黑著天，回來時候星星都老高了。也不是說沒有假期，只是訓練這種事情不能間斷，斷了就沒效果了，自己給自己弄沒假了。」說到這時一家人正在飯桌上吃飯，奶奶忍不住插進話來：「有天我正在外面晾衣服，隔壁張家老太太著急忙慌地跑過來跟我嚷，你快回去吧！你家進生人了！我嚇了一跳，趕緊往家跑。回去一看，什麼生人啊，那是你爺爺回來拿東西。那時候忙得連隔壁家的都沒見過。」

　　憑著專業的訓練技術加上不惜力的拚搏精神，爺爺帶領著盲校運動隊從一個不知名的普通校隊蛻變成了一個歷年全國盲人體育運動會團體、個人第一的優秀團隊，在各項田徑賽事中囊括了無數大小獎項。甚至在國際賽事上，北京盲校運動團也開始有了自己的地位，中國第一個在國際體育賽事上取得冠軍的殘疾人運動員平雅麗就是爺爺的門徒。2008年北京殘奧會開幕式上，當雅麗牽著導盲犬點燃聖火的時候，爺爺在電視前故作平靜卻兩眼放光地扭頭跟大家說：「瞧，這是我學生。」

　　從這樣的描述中看，爺爺似乎是個努力嚴苛到有些不留情面的人，自己沒黑沒白沒假期的工作，盲孩子們也得跟著沒黑沒白沒假期地訓

練，這才讓學校在短短幾年裏達到這樣的成績。但是根據奶奶的說法，我家老爺子倔是倔了點，人卻是極好的。六幾年的一個冬天，冰凍三尺的晚上，兩個盲孩子一不小心掉進了十多米的深水井裏，摔破冰面落到了冰水中，命懸一線。習慣性晚走的爺爺聽到了消息，外套都沒穿拔腿就跑到了井邊開始救人。「我找了根拔河的繩子綁在腰上，叫幾個人在上面拽著，也沒多想就下井了。那天冷啊，井下更冷，那麼棒的大小夥子凍得手都不會動了，實在是冷。繩子還不夠長，兩個孩子就在兩米外的水裏，一點動靜都沒有。那時候真是挺害怕，要是掉下去了就只有死了，孩子又不知道是生是死，急得我那叫一個......我就讓上面人順個梯子下來，牢實地靠在井壁上，踩著梯子這才把兩個孩子送了上去。其中一個當時就死了，另外一個皮實，到現在還每年來拜年呢。就那樣凍，第二天照樣上班去了，一點事沒有。」

北京盲校體育隊的名聲慢慢大了起來，爺爺也在他二十幾歲的年紀裏成為了圈內揚名的大人物。「那時候周圍沒人不知道我的，沒見過我的也聽過我的名字，絕對是個大紅人。」因為工作成績突出，又因為人品好，年輕的爺爺開始以優秀體育教師的身份在各大院校為體育老師們授課，分享他的成功訓練經驗。市教育部要求學校以他為核心，組成教學大綱小組，編寫全市的體育教學大綱，甚至到後來，80年代中期，爺爺自學盲文，成為了全國盲校語文、數學教材的編寫組成員。他漸漸成為了管理層一把手，三十幾歲就以書記的身份擔當起了校長的角色。這對於一個老師來說，算是一個很難達到的水準。

除了事業，爺爺的愛情也在盲校裏實現了圓滿。雖然是傳統家庭出身的「40後」，但是老兩口卻十分新潮的是通過自由戀愛結合在一起的。奶奶是在1959年進盲校做的老師，負責生活方面的工作。因為要照顧盲學生日常生活學習的方方面面，就難免要天天與學生們「廝混」在一起的爺爺打交道，一來二往，就熟悉了起來，三來四去，就日久生情了。1961年兩個人結婚了。學校的氛圍終歸要比閉塞的農村開明許多，爺爺說學校裏通過這種方式在一起的老師有好幾對，他們並不特

殊。畢竟是自己相上的對象，性格秉性都是很隨心的，如今兩口子金婚已過，雖然天天拌嘴（為了打麻將出錯牌，為了看球賽支持錯球隊，因為買白菜買貴了一塊錢，因為做飯做多了吃不了），但是從來沒有鬧過大矛盾，標準的夫唱婦隨，常常是羨煞我們一幫小輩孩子。

兩個人結婚那天，老頭子身上發生了一件事情。若是放到今天看，那完全算不上是什麼，只是丟了點東西而已，但是在那個物質生活極端匱乏的時代，這卻是個極其重大的要命事。以至於到了今天，小輩們不管是出遠門旅行還是到樓下買瓶飲料，爺爺都要不厭其煩地囑咐「小心錢包，別丟了」。結婚當天，學校給爺爺發了該月的糧票、布票、糖票——他自己的還有學生們的，那些票若是算在一個人身上，就是一個人半年生活的保障。爺爺揣著那一遝票去了車站，準備買票。「我一掏兜，壞了！！糧票沒了！被人給偷了！我當時腦子嗡了一下，糧票丟了那可是要人命的事！那時候可不像現在，想買什麼掏錢就行，那個年代沒糧票有錢都沒用！又是那麼多學生一個月的糧票！我覺得肯定是站我旁邊的那個人偷的，丟東西人是有感覺的，肯定就是他！剛發的就被人偷了！這可怎麼辦！」沒辦法，回去後爺爺向學校借了幾個月的糧票給學生們還上，自己則用了半年的時間才把借的空缺給補上。「那時候窮，還住在9平方米的小房子裏呢，3塊錢一個月。你說說剛結婚就發生這種事，丟了這麼多糧票，你說說！」奶奶這個時候忍不住又插了一句。

1966年「文革」開始，一向平靜安詳的盲校也開始了風起雲湧的鬥爭運動。盲孩子雖然眼睛看不見，但是心裏明白，都依然緊跟著革命步伐參與到革命浪潮中，學校裏批鬥事件不時發生，幾個最高層的校領導因為生活作風問題被「揪」了出來。那時候爺爺年輕，雖然能力出眾，卻還沒有來得及坐上領導的位置，因此幸運地躲過了那一代人生命裏最艱苦的鬥爭。「主要也是因為我膽子小，老實，從來不敢傷人，所以也就沒有仇家。」相比正常校園裏的學生，盲人孩子心地更加溫和柔軟一些，而且這一弱勢群體始終都沒有受到社會的重視，很多運動領導

都「懶得」叫上這些不健全的人。因此對比來看，「文革」對於盲校的影響是比較小的，這對爺爺來說也是命中註定的幸運。那時候全國的「紅衛兵」大串聯，老頭子作為帶隊老師第一次有機會到全國各地四處走走看看，南京、上海、武漢、湛江、廣東，去過的地方比我去過的還要多。

爺爺的事業第一次也是唯一一次出現大的轉折，是在1983年。其實早在10年前，「文革」還未結束的時候，矛盾就已經產生了。那時候爺爺已經成為了盲校的一把手，全面管理起學校的教育教學工作，而當時的市教委因為看中了盲校面積可觀的大校園，決定將盲校的一部分區域劃分出去另作他用。爺爺性子倔，完全不知道阿諛奉承，當著領導面直截了當地拒絕了，甚至不知深淺地放出了狠話：「讓我鬆手可以，但那樣做了我可不保證盲校還能經營得好。」領導沒有哪個是吃素的，不久，爺爺和另一個負責人就直接被降了級，而且是一降到底。碰上這種情況，若是換個懂得人情世故的人，提上幾瓶好酒到領導家求求人情，說兩句好話，看在多年來勞苦的份兒上，領導一定會顧及老人兒的臉面不會太過為難的。可是我爺爺的性格倔強的像頭牛，面對自己覺得對的事就堅決不低頭，一點溜鬚拍馬的功夫都不會，又極其愛面子。那時候爺爺若是少些硬骨氣，沒有一氣之下離開盲校的話，如今早就是教育局的元老級人物，退休金也會比現在的高出一倍還要多。可是爺爺說，相比錢財，名聲和良心才是更重要的。於是為了書生的傲氣，爺爺在1983年離開了盲校，離開了他事業最光鮮輝煌的平臺，到北京市六一中學做了老師，並在那裏一直待到了1997年退休。

爺爺自己很少會提起他過去的事情，那些少年得志的驕傲、揮斥方遒的銳氣，都是到了今天我才知道的。因為在我的印象裏，爺爺一直是個平常到不能再平常的老頭，而且和大多數老年人一樣，身上有著不少的上歲數人慣有病症，沒有什麼英雄的氣場。爺爺第一次生大病是在他52歲的時候。他常常說自己年輕的時候身體如何如何的棒，體質多麼多麼的好，直到52歲的某天，他頭暈到了站不起身的地步，才意識到歲月

的痕跡已經怎樣不留情面地印刻在了自己的身體上。那次大病住了半個月的院，沒查出來具體是什麼毛病，就是嚴重的頭暈虛弱。「現在回想起來，那就是頸椎病的症狀。那時候頸椎就不好了。」從那年開始，爺爺的身體狀態呈現出了下降的趨勢，幾年來住過兩次院，有一些腦淤血，有一些血黏稠。但相比同年的老頭老太太，爺爺的身體還是相當硬朗的。

1990年，一家人正住在八裏莊街道的一個不算小的平房院子裏，聽說要搬遷的傳言，家裏正在忙活房子的事情。在那一年，我出生了。對於我是女孩這個問題，爺爺很坦白，「想法還是有的，這是有什麼說什麼，當時的確有想法。不過總還是得面對現實，又是獨生子女，沒什麼好抱怨的了。好在親戚裏面女孩們都很爭氣，工作好能力好，倒是你那些哥哥們都不怎麼拿得出手。心裏也就沒什麼了。」爺爺對於小輩們從來沒有太多的干涉或是教育，對於孩子們的教導最多就是「你要好好學習」「你應該考重點高中」，從沒有說過「想當年我怎樣怎樣」之類的話，十分的謙虛謹慎。這也是我在此之前對於爺爺的故事一無所知的原因之一。 採訪結束，爺爺從飯桌前站起來，準備去客廳看球賽。雖然退休以後他就沒有再接觸過訓練運動員的工作，身體不再允許他參與體育運動，但是老頭子從來都沒有遠離過他熱愛的體育。只要是體育頻道轉播的比賽，不管是什麼類型的運動，他都會準時坐到電視機前好好欣賞，並且時不時地做出一些專業評論，從大眾的籃球到偏門的沙狐，他都能說出點什麼來。趁著比賽前幾分鐘的廣告時間，爺爺抻著脖子對臥室裏整理筆記的我說：「如果要寫人物，我的指導思想是，一定要把這個人最重要的性格特徵寫出來，就比如我吧，就要寫我這個人很倔，不管怎麼寫，都要寫出這個特點來才行。」

我想，爺爺的心裏其實從來都沒有忘記過自己是好學生的這個角色，也從來都沒有離開過教育這個行當。

訪問：

1. 70歲或80歲意味著什麼？

沒什麼呀，人生的另一個階段吧。誰都得老，過幾十年你也得老，這是現實。得面對，還得開心地面對。

2. 小時候有什麼樣的夢想？

小時候就想好好學習然後上師範學院，那時候上師範就等於有了鐵飯碗了，不僅不要學費還有生活補助。怎麼實現的？好好學習唄！現在不是也一樣，想上個好學校，除了好好學習沒有別的辦法。

3. 認為自己哪些方面還不錯？

專業那肯定沒得說了，訓練運動員、給人家講課，我的水準還是很高的。其餘的，為人方面，雖然我這個人膽兒小了點，可是有助人為樂的好品質，這一點還是比較突出的。

4. 喜歡誰，為什麼？

這個......要非得說喜歡誰的話，那肯定是你奶奶呀！這還能有為什麼？幾十年了一塊過來......5. 1990年在幹什麼？對於我的出生有什麼感想？

1990年還上班的，那時候正是要拆遷的時候，家裏琢磨著怎麼分到更多的房子呢。1990年，那時候你多大了？哦，那年出生啊！感想？挺好的小孩，（是女孩有什麼想法？）雖然最開始心裏有點想法，但人總是要面對現實嘛，女孩也挺好的。

6. 遇到過什麼健康問題？

第一次生大病是52歲那年，頭暈，住了半個月的院，結果也沒查出到底是什麼問題。現在知道了，就是頸椎病造成的，壓迫血管了。現在偶爾也會頭暈，所以不能出遠門，有時候遛彎兒遛遠了，就得站會兒，不然就頭暈。

7. 對工作的看法？

工作就是不能太計較個人得失，什麼他比你多休息一天啊誰又比你少幹什麼啊，這都不能計較。工作嘛，老老實實做好自己的本職工作，只要夠認真夠努力，就一定可以有成就。我們那個年代是這樣的，我相信現在依然是這樣的。

8. 對財富的看法？

以前我的工資雖然比較高，但是你奶奶的工資少，老家還有親戚需要幫助，所以我一個人的收入是要養一大家子的，溫飽是可以保證的，但絕對不是富裕。到90年代拆遷的時候，沒要那麼多房子，要了一部分現金，這才寬裕起來了。現在對於錢的概念跟以前不一樣了，過去沒那麼多要求，夠用就行。現在出國啊，學習啊，都得要錢，收入不夠真是不行的。

9. 遠行去過哪裡，有什麼印象？

去過好多地方，坐火車，天南海北的哪兒都去過。不同的地方生活方式挺不一樣的，但還是北京好，還是家好。

10. 兒時的玩伴都是什麼人？現在在哪裡？

親兄弟姐妹不多，但是親戚裏的哥們兒還是有不少的，那時候住在老家，都是鄰居，最遠也就是村東頭到村西頭的距離。現在同輩的人有不少已經過世了，你認識的還有你福成爺爺，現在還在燕京當董事長，你大爺爺也就是我哥哥前年去世的，還有個嫂子，住在你姑奶奶家，過年時候還去見過，再有的就都在老家了。

11. 最喜歡哪種運動？

都喜歡，沒什麼特別喜歡或是特別不喜歡的。只要是體育臺放的比賽，一般都會看。

12. 最喜歡哪個學生？

做老師的其實不應該太偏愛哪個學生，應該一視同仁。但相比來說

還是更喜歡平雅麗，刻苦，認真，刻苦的孩子都是有前途的。

13. 最喜歡哪個孩子？

你都這麼問了，那只能最喜歡你了！

14. 為什麼身體那麼好？有什麼秘方？

年輕時候身體基礎好，能跑能跳能投能扛，底子好。那時候又天天鍛鍊，訓練運動員看起來是老師督著學生練，其實老師自己也是要保持身體狀態的，不然怎麼讓學生信服你的話？估計就是年輕時候鍛鍊得好，雖然吃的不怎麼樣，但也沒太缺過營養。可能就是這個原因。

15. 現在最大的願望是什麼？

現在一把歲數了還能有什麼願望？就希望孩子們都平平安安順順利利的，自己身體能維持現狀，就行了。

16. 兩口子能維持到金婚，怎麼做到的？

嗨，我們那個年代根本沒有離婚這一說，腦子裏從來就沒有過這種念頭，雖然也吵架，年輕時候吵，可是因為腦子裏沒有過要分開的念頭，互相忍忍也就過來了。一家人生活難免磕磕絆絆的，誰家不這樣？剛吃點小虧就想著離婚，那還怎麼過日子？

17. 最喜歡奶奶哪一點？

你奶奶人好，厚道。主要就是人好。這麼多年了。

18. 如果再來一次，還會選擇這個職業嗎？

那時候職業根本不是自己能選擇的，都是領導分配的，也沒有什麼能如果的。對於我以前的經歷，總體來說還是滿意的，雖然也遇到過幾次大的選擇，但是現在看來也沒做錯什麼。

19. 對我媽媽的印象？

非常好，非常能幹。你得聽你媽的話。

20. 對我的忠告？

好好學習，一定要好好學習。不過是什麼年代，只要認真刻苦，就肯定會有好的收穫的。

採訪手記

從小時候起，我身邊的同學朋友就都說，我的性格裏一定是住了一頭牛，因為只要是我認定了事，我就會不聽勸地堅持做下去，不撞南牆不回頭。而且我是一句軟話也不會說的那類人，一點阿諛奉承、屈膝討好的功夫都沒有。按我媽的說法，「這哪是個姑娘？性子比男孩還硬！」我一直都沒有想明白為什麼我會生就這樣的一副性格：爸爸是個典型的老好人，脾氣溫和得就像只大兔子，雖然不太容易被說服，但並非是頑固如石頭；媽媽的熱情圓滑是在朋友圈子裏出了名的，北京話裏的「有眼力勁兒」是對她最好的描述。我的性格裏怎麼會一點都看不到他們倆的影子，反倒有了這麼一身又臭又硬的骨頭呢？這個問題著實糾纏了我很多年。

直到這次，為了完成健康傳播的作業，我採訪了我的爺爺，有生以來第一次仔仔細細地瞭解了一下從我出生起就和我住在同一屋簷下的爺爺，聽他講他年輕時候的故事，聽他講自己的為人和性格，我才突然明白，原來我這一身倔強剛正的DNA，是來自更上一輩的他。

我們一家子人丁不算太旺，爸爸一輩只有兩個孩子，所以從來沒有過分家的吵鬧，我們三口人一直都和爺爺奶奶住在同一棟樓裏，天天一起吃飯一起看球。對我來說，「家」就等於我們一家五口，玩伴們口中的「爺爺家」在我看來是沒辦法理解的概念。

作業剛剛佈置下來時，其實我的心裏充滿了抵觸感的。也許正是因為關係太近太緊、整天抬頭不見低頭見的，我從沒有想到過要去問問爺爺奶奶他們年輕時候的故事，也沒有意識到他們心中對於世界的認識會與我不同。於是當老師要求大家進行這次採訪的時候，我心裏冒出了無

數個不情願，「這該多難為情啊！」

　　找了個週末回家，一個人在臥室裏醞釀了整整一下午，終於在晚飯的飯桌上提出來了採訪的要求。那時候爺爺正在起身盛米飯，聽見我的話愣了一下，有十秒鐘沒說話。「要採訪你呐！」奶奶看不得冷場，用胳膊肘捅了一下爺爺。「哦，採訪啊？行啊！」說著坐在了桌前，夾了一口米飯，沒等問就自己說開了，「我是1958年從師範學院畢的業，1961年進的盲校……」老爺子記憶力極強，不管是年代、地址還是瑣碎的人名、錢數，也不管是10年前的事還是50年前的事，都能精精確確有零有整地說出來。「那之後那年……」「你先別說，聽我說完！」一開啟了話匣子，爺爺就像是在講一個與自己無關的故事一樣，滔滔不絕繪聲繪色地說開了。對於這個情景我實在是很意外的。因為爺爺平時並不是一個多話的人，對我說過最多的就是「好好學習」一類的尋常囑咐，或是開電視倒垃圾一類的家長裡短，從沒有和我分享過他自己的人生歷程。我本來還有些擔心，爺爺會不會因為什麼歷史的原因、情感的原因而不願意多談，草草兩句就結束採訪了，我還為這種情況作了充分的準備，提前想了很多激勵他講歷史的方法。沒想到我完全是多慮了，爺爺似乎非常高興於我會對他的過去感興趣，完全不讓我插嘴地講了整整一個鐘頭。

　　這次難得的採訪讓我對我的爺爺有了完全不一樣的認識，這個每天就在我身邊的老頭竟然有過如此輝煌的過去。同時我也開始意識到，我的血液裏其實不僅僅流淌著我父母的血液，每一位前輩的性格和命運都早在我出生前就化成了小小的DNA奔騰在我的血管裏，讓我生來註定擁有了某些性格和特點。而我們也會通過這樣的方式，世世代代永不停息地存在下去。

江南水鄉的園丁

翟豪

　　我的外祖父是安徽宣城人，出生在這座江南小城邊陲的雙橋鄉。李白的詩句「兩水夾明月，雙橋落彩虹」說的便是這裏。外祖父的祖籍是在湖北，20世紀30年代時，外祖父的爺爺一輩人划船沿長江來到宣城，見此處水草豐美，人傑地靈，於是落戶雙橋。外祖父的父輩靠船運為生計，將上游的煤炭運到下游，再把績溪、涇縣一帶盛產的毛竹運回。雖然航船辛苦，收入卻也可觀，還可以雇用些船員幫工，直到解放初期，家庭的經濟情況尚好。因為家庭還算寬裕，外祖父的兄弟姐妹很多，兄弟九人，還有一個小妹（我的姑奶奶，小學時是我的數學老師）。

　　外祖父說，童年的時光是一生中最美好的，無憂無慮，天真爛漫。外祖父常常可以回憶起一幅畫面：一個月亮很大很圓的晚上，一群小夥伴在草垛邊捉迷藏，滿臉興奮的神采。在那個沒有電視、手機、互聯網的時代，童年的快樂卻不比現在少。那時上小學比現在的孩子輕鬆許多，沒有各種興趣特長班的束縛，放學後就是夥伴們的遊戲時間。外祖父常常和同學在放學路上，用池塘裏的泥巴捏成各種各樣的玩具。對小男孩來說，最拿手的還是捏成飛機、坦克的樣子，然後互相模擬著對打，直弄到滿身泥巴，回家挨上一頓不痛不癢的罵。那時的很多遊戲樂趣在於自己動手製作道具。比如較為流行的打「下流胚」，也就是一般所說的陀螺，用一根較粗的樹枝，截下大小粗細適當的一段，去皮後削尖一端便成陀螺，細心時還用毛筆畫上一些紋飾（不過玩不了多久花紋就面目全非了），然後在竹棍的一端套上繩子作為抽打的工具。再如用鐵條圈成一定尺寸的鐵環和鐵鉤子，用鐵鉤鉤上鐵環發力使鐵環滾出去（據說技術難度相當高），比誰滾的距離遠。學校運動會還開展滾鐵環比賽，各自帶著自製的寶貝來參賽，想來頗有些意思。遇到有人家蓋房子，一堆堆的磚瓦便提供了做小推車的原材料：把兩塊磚頭磨成六邊

形的模樣，中間鑽洞，用木棍串起做成車軸轆，再綁上另一根木棍和把手，便能推著跑，若是技術高些的能加上木板供腳踏，就能像玩滑板似的滑行了。折紙是那時孩子們的拿手好戲，各式飛機不在話下，折青蛙比誰跳得遠，有時能跳出將近兩米的距離，可見在折法上很是花了一番工夫。

尋訪祖父的秘方江南水鄉的園丁快樂的時光總是短暫。到1956年時，先是家庭遭遇變故，外祖父的父親病故，家裏的頂樑柱倒下了。緊接著三大改造中，將家中最重要的財產——輪船收歸國有，一時家境破敗，經濟窘迫起來，加上兄弟眾多，生活難以為繼。外祖父的兄弟們紛紛輟學，年長些的在運輸社參與勞動謀生，年幼的隨母親靠撿柴禾賣賺取一些生活費（外祖父回憶這段往事，尤其遺憾我的七爺爺連一年學也沒有上成）。唯有外祖父，因為當時考上了縣城最好的中學（也是我初高中所在的中學）才得以繼續念書。1958、1959年是最艱難的時期，正是全國大災荒的年頭，真的是饑寒交迫。所幸外祖父那時在縣城念書，還能分到些口糧，一個月也就十幾斤米，對於一個正在長身體的男生來說還是太少。外祖父對那時的印象就是，沒一頓覺得吃飽了，總覺得餓。外祖父小時候很挑食，很多蔬菜不吃，愛吃魚和豆製品，在那個時候習慣改了過來，能吃到菜葉煮的稀飯就算不錯了。外祖父記得那時是初三，下課後召集全校師生，在學校附近的樹林裏采樹葉，挖樹根，然後在教室門口堆放。後來知道是等曬乾以後，從樹葉和樹根中提取澱粉，做成糊食用。具體的提取澱粉的方法也不記得了，只記得那樣做出來的粥有種很苦澀的味道。後來連樹葉都被採光了，幾近斷糧。好在那時正趕上地裏的胡蘿蔔成熟，當地很多人依靠胡蘿蔔果腹，保住了性命。那時一年就穿一套衣服，根本沒有換洗的衣物。中學畢業後外祖父報考了宣城師範，為的是早日分配工作，減輕家庭的經濟負擔。

1963年夏天，外祖父到現在還記憶猶新，那是他剛剛從師範畢業分配工作的時候。當時的師範畢業生是國家包分配的，雖說沒了就業壓力，也沒有了選擇的餘地。外祖父還記得那是8月28日，他被分配到文

昌鄉小學，距離市區80裏路。那時還不通車，外祖父和幾個同學租了一輛馬車，載上簡單的行李包袱（一床被子，幾件衣服），一路顛簸到了該鄉所在的寒亭鎮，然後挑上行李，在田間陌上步行了二十餘裏來到了文昌。所謂的文昌小學本來是一間寺廟，四合的庭院，年久失修，拆拆補補後草草地改作一座小學，房屋很是破舊。住宿條件極差，男女住所沒有分開，於是外祖父一行人砍來毛竹切片，用竹片製成竹簾隔開男女宿舍。那時學生數量少，老師和其他教學資源更少，就將兩個年級並成一個班來上課，外祖父當時教三、四年級的語文、數學。那時條件雖然艱苦，工作卻很認真，一群年輕的教師晚上點著煤油燈集體辦公常常到深夜。外祖父印象中，他帶的第一屆畢業生有6個人考上了市區重點中學。有些學生到今天還和祖父保持著聯繫，其中包括後來在市政府任職的老幹部。在文昌中學開始工作後不久，外祖父通過學校的老教師介紹認識了我的外祖母。

工作穩定下來後，到了1966年「文革」開始，又進入了人生一段波折磨難的時期。那個時候知識份子的地位低，受到種種不公正的待遇甚至仇視。搞好教學工作的同時要參加各種政治活動，接受貧下中農再教育。文昌小學原校長被撤職，上級派來工人、農民當校長，管理學校。那時外祖父每天早上4點多要起床參加勞動，割稻子、修馬路等等，學校假期還要參加社會集體工業勞動。1968年暑假被調進城修鐵路，挑土打地基，都是繁重的體力活。1970年時沒收糧卡，停發工資，靠拿工分吃飯。身體上的勞累還不算什麼，更讓人難以忍受的是精神上長期處於緊張不安的狀態，那時人人自危，說錯一句話都會引來災禍。老師們常常晚上都嚇得不敢睡覺。外祖父回憶他同事的一個慘劇：有一回市裡召開所謂的語文老師座談會，會上派人檢查學生作文，發現一篇讚頌偉大毛主席的作文《毛主席走遍全國讀後感》，裏面寫道：「中國歷史上哪有這麼好的皇帝......」這下可不得了，可憐的學生連同他的語文老師被打成反革命，遭到非人的批鬥迫害。這位語文老師後來便從人間失蹤。那時家家戶戶要供奉「保書臺」，專門供奉毛主席的著

作；毛主席的塑像也當做菩薩供起來，「早請示」，「晚彙報」，集體誦讀毛主席語錄。一天夜裏，外祖父家附近一戶人家不小心打碎了自家供奉的毛主席像，情急之下趁夜色用布包裹著扔入河中。可惜紙包不住火，事情敗露後，全鄉的人民群眾聚於河沿岸，開展聲勢浩大的「救援」行動，終於將毛老爺子救上了岸。那場面，當真是鑼鼓喧天、鞭炮齊鳴，紅旗招展，人山人海。至於那戶人家，後果不加詳述。外祖父說那個年代，整個世界是扭曲的，他看不到前途，看不到生活的意義和價值。

「十年浩劫」後，外祖父的工作和生活進入了一個較穩定的時期。外祖父的辛勤工作也得到了回報，在他和同事們的努力下，重建了新的文昌小學，外祖父任校長。任職期間多次獲得上級部門表彰。1989年，宣城市教育局進行教師（教育部門幹部）考核，外祖父因多年工作表現較好，在教育事業上取得了一定的成績，被調入城裏工作，在西林區教委辦公室工作了三年後，委派主持宣城市第二小學的建設工作。原第二小學在「文革」時期被拆除了，1990年後籌備重建，1994年正式動工建設。1995年外祖父任第一任校長。不久，校址因與地區政府的選址有衝突，第二小學遷往城南。我的小學生涯就是在新的二小開始的。小學低年級時因父母在外工作，我就住在外祖父家。年過半百的外祖父依然保持著年輕時對籃球的酷愛，常常傍晚和老師們在球場酣戰。外祖父也有心侍弄一些花草，我印象比較深的是那盆葉片肥厚青翠的寶石蘭和結只能看不能吃的果實的石榴花，以及經常被我拿到樓下和夥伴們打水戰用的噴壺。

我小學畢業後，外祖父退休了，在城郊敬亭山山麓的住宅區購了一處二樓小居，和外祖母種上幾平方米的蔬菜，飯後閒遊詩山，每天按時上網看看新聞，當然還有幫著兒女照看孫女兒，頤享天倫之樂。就用一句古老而溫馨的話作為結束語吧，從此，外祖父和外祖母過上了幸福的生活。

訪問:

1. 70歲或80歲意味著什麼?

過完明年就是古稀之年的人了,想想時間真的過得特別快。到了這個年齡就像夕陽西下,距離離開這個世界不長了。這是一種自然規律,沒什麼可悲傷的,現在要做的就是盡努力過好每一天,珍惜生活,樂觀地生活,積極的生活態度是最重要的,注重提高生活品質,多休閒多運動。同時,人到了這個年齡也進入到了一個反思一生、總結一生的過程中,在這個過程中獲得一種安寧和快樂。

2. 小時候有什麼樣的夢想?後來實現了嗎?

小時候國家剛剛解放,雖然國家的經濟環境較差,百廢待興,不過當時的生活相對是有保障的,因此童年更多的印象是無憂無慮的快樂。如果說夢想的話,就是聽老師的話,長大當科學家,建設強大的祖國,或是當軍人,保家衛國。現實總是跟想像不同的,那時除了玩,就是好好學習,天天向上。

3. 年輕時遇到的最大煩惱是什麼?是怎麼解決的?

年輕時煩惱很多,最大的煩惱是二十到三十歲之間的時候社會不穩定,「文革」十年浩劫,度過了艱難的時期。還有初中高中時期,國家社會「左傾」錯誤肆虐,經濟崩潰,生活苦;1959、1960年沒飯吃,每個月的口糧不到20斤,在學校吃澱粉糊、稀飯、胡蘿蔔,最困難的時候摘樹葉堆在教室門口,提取澱粉,吃樹根,天天吃不飽。整整一年就一套衣服,沒有換洗衣物。到了秋冬季節當真是饑寒交迫。這是個社會性的問題,度過了這個歷史階段也就解決了。

4. 認為自身哪些方面還不錯?

自身最大的優點是在工作中有上進心,盡心盡力做好工作,因此受到國家政府的嘉獎多次,多次評為先進工作者、優秀黨員。同時在改善當地學校環境、學校基礎建設上取得了顯著的成績,這也是令我感到欣

慰的。

5. 在子女中最喜歡誰？為什麼？

在情感上對子女一視同仁，同時視子女各自的家庭和經濟情況給予不同程度的幫助，年紀大了也盡力量為子女做點事，比如照料孫輩。

6. 我出生的那一年，您在做什麼？對這個孩子出世的感想？

你出生時我剛從文昌調到宣城市區不久，在教委辦公室工作。你作為家中第一個出生的孫輩人，你的誕生自然是當年家庭中的一件大喜事。我希望你可以在這個和睦安寧的家庭中健康快樂地成長，也希望你將來成為有用的人才。

7. 對健康的看法？遇到過的健康問題？如何處理的？結果？

年輕的時候從沒考慮過健康的問題，那時我酷愛籃球，有空閒的時候一天能打好幾場球，隨時累了倒地就睡，不愛護身體。好在那時因為年輕，身強體壯，沒有出現身體健康上的問題。直到上了年紀後，逐漸認識到健康是第一位的。年紀大了身體難免出現一些不適，前幾年還在體檢中發現肝上生長了泡狀物，醫生建議手術，因為沒有明顯的病症，沒有接受手術，好在幾年下來情況一直良好，沒有癌變的徵兆，可以說是虛驚一場。最近幾年覺得身子骨也不如以前硬朗了，有些骨質增生的症狀，不過總體來說身體狀況還好。現在也比較重視身體的健康，認為關鍵是要保持好的心態，注意生活品質，做適宜的運動。

8. 對工作的看法？

首先工作有其必要性，為了生存，為了有一份維持家庭生活的經濟來源，需要工作。不過，工作不僅僅是為了生存，更是要體現一個人的價值，通過工作，人們得以拿出個人的能力和本事，得到社會的認可——不僅僅是對工作業績的認可，也是對個人努力、勤奮精神的認可。

9. 對財富的看法？

在過去的年代，對財富的要求是能保障基本的生活需要；現在能夠保證較好的生活品質足矣。對現在的年輕人來說，財富能在基本生活條件上給自己創造一個更好的工作環境，提供一個創業的物質基礎，從而為實現人生價值打下基礎。同時也要認識到，金錢多了也有負面影響，要學會怎樣對待，怎樣處理，這也是一門學問。俗話說「富不過三代」，所以對現在的年輕人來說，有財更要有才。

10. 遠行去過哪裡，有什麼印象？

我是個樂於四處走走增長閱歷的人，多年來去過國內較多地方，尤其是長江以南地區居多。印象比較深的有江南名城蘇州、杭州，湖南旅遊勝地張家界，熱帶風情的海南島，歸來不看嶽的黃山等等。旅遊偏好的一是自然風光，二是名勝古跡，對於現代大都市景觀沒什麼興趣。如果說自然景觀，首推張家界，那裏當真是山清水秀，讓人流連；若是人文景觀，推薦無錫的古城，在太湖邊感受古色古香的人文氣息。

11. 飲食的偏好？

小時候挑食，很多蔬菜不吃，常常吃豆製品。到1960年沒飯吃的時候，學校用菜做稀飯吃，真是饑不擇食了，挑食的習慣才改變過來。從小喜愛吃魚，因為家裏有船，航運之餘也方便捕撈些魚蝦，所以小時候經常吃魚，到現在還難忘小時候醃製的鹹魚的味道。

12. 有什麼感到遺憾的事？

最遺憾的是子女沒有進入高等學府深造，你的母親和兩個舅舅當年成績都很優秀，不過當時出於對早日跳出農門拿到城市戶口的打算，選擇了報考師範和衛校。雖然說現在子女也都有較穩定的經濟收入，若是當初做了不同的選擇，或許能有更成功的人生道路。

13. 讀過哪些方面的書籍？

中學時代讀過一些作品，主要是關於國內革命鬥爭的長、短篇小說，以及中國古代名著等等，相對於《紅樓夢》，更喜歡讀《水滸傳》

和《三國》。對國外的翻譯過來的作品沒有興趣，那時讀過《鋼鐵是怎樣煉成的》，現在已經沒有多少印象了。

14. 現在有沒有想要去旅行的地方？

年紀大了出行不如過去方便了，又要忙著帶孫女兒，沒有空閒時間了，不過仍然想出去旅遊，想跟著「夕陽紅」旅行團，去西安看古城文化名跡，或是體驗雲南的雨林風情。

15. 對當代年輕人的印象？

你們現在這代人是幸福的一代，社會相對穩定，一般家庭都有較好的經濟條件，多是獨生子女，接觸到的東西多，知識面廣，思想活躍，缺點是很多人責任心不強，以個人為中心，我聽聞大學的自殺現象，認為是對家庭不負責任，完全個人的情緒化。

16. 給我們這一輩人的忠告？

在掌握知識技能的同時，要有成熟的思想，對於國家、社會和個人，都要樹立責任觀念，通過對社會的貢獻來體現人生價值。

採訪手記

外祖父是個挺健談的老人，說話邏輯清楚，措辭也相當準確，於是我就知道了我的優點是從哪裡遺傳來的。

外祖父是個熱愛生活的人，我發現他有一顆年輕的心，樂於接受新事物，始終樂觀豁達。

外祖父對工作的態度和理解讓我真的受教了，我發現這些可貴的精神不只存在於愛說空話的教科書裏，而是確確實實地存在於我們的身邊，甚至就存在於我們至親的家人身上。

我發現我開始崇拜我的外祖父了。

感謝老師給予我這樣一個「從心認識」我的外祖父的機會，在這個

過程中，我感受到了一種真實的可貴精神與智慧的存在。

我也認識到，有時候因為親近所以習以為常，竟不能感受到家人身上的閃光點，甚至自以為太熟悉卻從不曾瞭解過他們最真實的人生。真的需要一次深入的交流，讓我們發現就在我們身邊的明星和愛。

姥爺的旅行

譚晨菊

在我很小的時候就聽姥爺講給我的他的人生經歷裏，我並不覺得像一篇文章或者一本書，卻更像一次豐富多彩的旅行，因此我想到了這個題目。

從姥爺出生開始說起吧，姥爺出生於1939年，陝西省周至縣的一個小村子裏，姥爺的媽媽一共生了四個孩子，姥爺排行第二，在姥爺的後面還有一個弟弟和一個妹妹。

聽姥爺說過，他從小就和別的兄弟姐妹不一樣，不太喜歡玩，比較安靜，到了上學的階段，別的孩子都還是貪玩，只有姥爺能很快地投入學習當中，那姥爺的成績自然也是四個兄弟姐妹中最好的了，兄弟姐妹們都對學習沒有興趣，一個接一個地離開了學校，只有姥爺，從小學一直堅持讀到了初中畢業，考到了一所中專院校。大家一定不要小看中專啊，可能在現在中專已經很少有人去讀了，但在姥爺那個時代，中專生就像大學生一樣，很少有人能考上。

記得那次我問姥爺：「姥爺，您上學的時候，中國不是正在和蘇聯建交嗎？而且中蘇關係那個時候是最友好的，所以中國學生都被要求學俄語，那您為什麼沒有學呢？」姥爺是這樣說的：「我們當時所在的那所學校，確實要求學俄語的，但是那一段時間中蘇關係突然惡

化，變得緊張起來，所以那段時間學校又要求改學英語， 一時間， 俄語教學停止， 短時間內又找不到英語老師，所以影響到了我們對語言的學習，導致我們哪種語言都沒有學！」每次說到這些的時候，姥爺都習慣性地點上一支煙，一邊抽著，一邊喝著杯子裏的水，和我娓娓道來，仿佛在回憶一場與眾不同的經歷......尋訪祖父的秘方姥爺的旅行姥爺上了中專以後，不僅對數學有興趣，同時對地質勘探的興趣也日益加深，因此在中專選擇了地質勘探的專業，中專一上就是三年。畢業後姥爺因為在學校裏專業成績名列前茅，畢業後立刻被西藏駐格爾木地質五隊看中，因此姥爺有了一份讓從小長大的兄弟姐妹，以及村子裏的人都羨慕的穩定的工作，用現在的話就是國家機關的正式員工，從這兒，姥爺的旅行也就到了最精彩的時候......因為是地質隊，所以免不了要有各種地質勘探的工作，也免不了要到各地去考察，有時候是喧鬧的大城市，有時候也會是偏僻幽靜的小山村，有時候會在一些環境優美的大森林，也有時候會在寸草不生的大沙漠，但是無論到什麼地方，姥爺總有一些令人回味悠長的故事。

這個時候，姥爺已經二十多歲了，按照家裏的習俗，也到了結婚生子的時候，於是姥爺聽從家裏的安排，回到陝西周至，娶了親戚介紹的一個女孩，也就是姥姥了，雖然沒有像現在人那樣談一場轟轟烈烈的戀愛，沒有九百九十九朵玫瑰的浪漫求婚，但是姥姥和姥爺就好像有緣，是上天註定了兩人一定會在一起一樣，他們結婚之後同樣過著很幸福的生活。

姥爺和姥姥結婚的時候，單位正接到任務，要在新疆烏蘇建立地質勘探小組，並且要有一段時期待在那裏，所以他們結婚之後，姥姥毅然決然跟著姥爺一起到了那裏。

聽姥爺和我說過新疆，他們中途去吐魯番考察的時候，看到吐魯番到處都是葡萄，坐在大轎子車上，打開車窗，伸手出去就能隨便摘到一串甜如蜜的馬奶子葡萄，也許這樣比喻有點誇張了，但是姥爺的話，足

以讓我明白吐魯番為什麼是全世界都有名的葡萄生產地。

也就是在新疆烏蘇工作的時間裏，姥爺得到了上天賜予的最好的禮物——我的媽媽出生了，媽媽因為出生在新疆烏蘇，所以姥爺給她取名為——蘇利，「利」就代表著勝利，進取，喜悅，這個名字也足以表達姥爺當時的喜悅之情和對媽媽寄予的厚望。

其間姥爺給我講過媽媽小時候的故事，姥爺說：「你媽媽，小時候特別可愛，無論喜歡吃什麼，從不貪心，每次我帶她到商店裏去買零食，買一包是肯定不行的，必須要再買一包，這樣媽媽一邊吃，一邊還拿著，才滿意，但是你媽媽又不貪心，每次只要兩個，如果再給她買的話，她也不會要！」姥爺每次說到這些的時候，都喜歡慢慢撫摩著我紮起來的馬尾辮，我心裏也在想：也許媽媽小的時候，姥爺也是這樣撫摩她的頭髮吧！

因為工作性質的要求，姥爺在新疆烏蘇工作到媽媽5歲的時候，又接到命令，要到甘肅敦煌考察當地的地質狀況，姥爺立刻帶著姥姥，隨著單位的同事，一起到了甘肅敦煌。

我急著問姥爺：「那您去敦煌莫高窟了嗎？」姥爺想了想說：「當然去過了，那時候敦煌莫高窟還沒有作為很著名的旅遊景點開放，人也很少，而且我們的工作性質，可以讓我們免費遊覽這些地方，並且還有專人給我們講述，可有意思了，沒有現在旅遊業的商業化和庸俗化！」說到這裏的時候，姥爺的表情很輕鬆，嘴角也在微微上揚。

過了一段時間，又一個孩子出生了，也就是我的大舅，因為出生在敦煌，姥爺給大舅起名叫——敦宏，至於「宏」的意思，我問過姥爺，姥爺說，這是家譜上排下來的，這一輩的男孩名字裏都要帶著這個字。

聽姥爺說，大舅的性格和姥爺非常像：都喜歡安靜，喜歡學習，而且脾氣非常地倔，也聽姥爺說過大舅小時候的一件趣事......大舅小時候最討厭吃的蔬菜就是香菜，每次涼菜裏的香菜絲，肯定一個也不會

吃，又一次姥爺就讓姥姥把香菜剁成了碎末並且和肉末拌在一起，當涼菜，用饅頭夾著吃，也許是肉末的味道遮住了香菜的味道，大舅並沒有嘗出來，相反他那天吃了好多，還不停地說：「用饅頭夾這個菜真好吃！」這時候姥爺、姥姥和媽媽都相視一笑，什麼都沒有說，吃完飯後還不停地問這是什麼菜，這時候大家才對大舅說：「你吃的就是香菜！」大舅一愣，趕忙變了語氣，說：「我就說嘛，這怎麼這麼難吃啊！」

說到這裏，姥爺就對著我感歎道：「那時候，家裏有兩個孩子多好的，還能一起玩，你看你現在，爸媽一上班，就只能一個人待在家裏，連個玩的伴都沒有！」不知不覺，在敦煌待了兩年多以後，姥爺接到單位的命令，要回到青海格爾木的地質五隊總隊工作了，而這個時候也因為格爾木那邊沒有完全安排好，所以姥姥如果帶著媽媽和大舅一起去的話，很可能連住房問題都解決不了，所以就讓姥姥暫時帶著兩個孩子先回陝西，等安頓好了，再接他們過來，就這樣，團圓美滿的家庭暫時地分開了。

但是姥姥回到陝西以後，並不孤獨，有家裏人陪著，媽媽和大舅在身邊，也就在這個時候，最後一個孩子出生了，他就是我的小舅，小舅起名為——養宏，具體意思我也不知道，姥爺只是說，在老家生的，所以隨便取了個名字吧！

姥爺一回到格爾木，還沒有安頓好，單位就決定派出一個比較精英的團隊，去全國各地做一個巡迴似的考察，作為業務精英的姥爺毫無懸念地被選中了，然而接姥姥他們回來的事情也就暫且擱了下來。

這也是我最羨慕姥爺的地方，姥爺由於工作性質的特殊，需要到各地去考察，其中也就會遊覽那些地方的風景名勝，姥爺對我說：「現在全中國，除了東三省沒有去過之外，剩下的地方，我都去過了！」

姥爺繼續講道：「還記得有一次我們去山東那邊考察，有一段要坐輪船，走水路，本來六天就可以到達目的地，但是那段時間海上的暴

風很強烈，輪船只能在海上很慢很慢地前進著，船上的很多人都受不了長時間的海上顛簸，於是在輪船中途靠岸的時候，都下了船，選擇了別的交通工具，但是我和我的幾個同事就沒有下船，我們的時間也比較寬裕，就繼續坐著輪船前進，又過了兩天之後，船上儲存的很多食物都吃完了，比如肉啊，雞蛋啊，米飯之類的，只剩下了青菜、豆芽、豆腐和饅頭，但是我們又對吃的要求不高，所以就當一次旅行了，因為終日在海上漂著，工作人員怕我們悶，就在船上放電影給我們看。有一次晚上我們正在看著電影，突然海上又起了一陣大風，輪船顛簸得很厲害，我們坐都坐不穩了，等到工作人員趕到的時候，就看到我們幾個乘客都快貼在牆上了，哈哈！又過了兩天，輪船終於到了目的地，我們走下船的時候都感覺自己頭重腳輕，輕飄飄的，這次海上旅行，我一輩子都忘不了！」這時候我真的聽得入了神。

姥爺拍拍我，走，咱們到樓下小花園轉轉去。

走到小花園，我和姥爺一邊散著步，姥爺看到了雙杠，兩手撐在杠上，兩腿一躍，雙腳便離開地面，在杠上堅持了幾秒以後，才落了下來，我不禁感歎到姥爺的身體還是那麼好，這就是年輕時工作的性質決定的吧！

接著姥爺繼續和我講道：「記得在內蒙古錫林郭勒草原考察的時候，有一天我和同事向當地的老鄉借了兩匹馬，他的那一匹黑馬叫什麼我忘了，我騎的那匹白馬叫長白忠，具體名字什麼意思我也不懂，但就記著我和同事兩個人騎著馬在草原上比賽，我騎的那匹長白忠跑得特別地快。在那次內蒙考察之後，我到別的地方也騎過很多馬，但是再也沒有一匹能比得上長白忠的速度了。所以，都說內蒙的馬性子烈，但也是一等的好馬！」

接下來姥爺又從內蒙到了青海，去了青海湖，看到了美麗的「鳥島」，去了塔爾寺，看到了世界上最漂亮的酥油燈；從青海又到了四川，見識到了四川人做菜，也許只是做一道炒肉絲，但是調料就有好幾

十種，聽姥爺說，四川人幾乎每家都有一大筐的調料；從四川到了湖南，談到了湖南人吃辣椒的恐怖，據說每一道菜裏都會放乾辣椒，那個辣確實過癮；從湖南又到了廣西，感受到了廣西那種典型的南國氣候；最後從廣西到了海南，海南盛產熱帶水果，特別是香蕉，又便宜又實惠，那時候一塊錢可以買一大串呢，剛好那次考察海南是最後一個地方，考察完姥爺可以休一段時間的假，姥爺正打算在那段休假的時候到老家看看，順便把姥姥和媽媽、舅舅們接過去，姥爺想著家裏人肯定沒有吃過香蕉，就買了一大把沒有很熟的，路上也不敢耽誤很久，帶回家去的時候，剛進村，就遇到一個認識的孩子，姥爺便掰下一個給了那孩子，那孩子高興地走了。結果姥爺剛進家門，那孩子就拿著香蕉來了，對姥爺說：「伯伯，這個怎麼吃啊，我拿回去以後，我們家裏人都不知道這是個啥，讓我來問問你！」姥爺笑了笑，告訴孩子這種水果叫香蕉，便剝開外面的黃色的皮，裏面露出白色的瓤，讓孩子嘗嘗，孩子嘗了一口，便開心地笑了，接著便一陣風似地跑回家，姥爺說他明白，那孩子是想把香蕉拿回去給家裏人都嘗嘗！

　　這次探家，姥爺也把姥姥和媽媽、舅舅們接回了格爾木，這樣一家人終於能夠團聚了。此後，因為姥爺有了家庭的責任，單位上也就很少安排姥爺去各地出差了，因此一家人彼此相互照顧著，生活著……接著，姥爺姥姥看著媽媽和兩個舅舅不斷長大，考大學，工作，結婚，生子，接著，姥爺慢慢年齡大了，退休了，回到了孩子們的身邊，過著富足且快樂地生活……現在，姥爺已經七十多歲了，有時候和姥爺聊天，就問姥爺：「您這一輩子是不是很快樂啊？」姥爺點點頭，說：「我這一輩子過得富足，快樂，充實，在我年輕的時候，我有足夠的經歷去闖蕩，拚搏，你姥姥也很支持我；到了中年，能有一家人的陪伴，永不分離，永遠開心地在一起；到老了還能回到兒女身邊，得到無微不至的關心，還有你和弟弟、妹妹這麼可愛的孫子、孫女能依偎在我身邊，聽我講著以前的故事，每逢週末，過年過節，咱們全家十幾口人還能團聚在一起吃團圓飯，還有什麼能比這些更讓我覺得幸福呢？」

姥爺說人這一輩子，最可貴的就是樂觀，不管什麼時候，遇到什麼樣的事情，都要坦然地面對，不要逃避，因為該來的總會來的，經歷過了就知道人生其實就像一條拋物線，有低落的時候，但是更多的是巔峰！喜歡做什麼就不要猶豫，喜歡的東西不要怕花精力、花時間、花錢，一定要得到它，要不然錯過了，你就很難再會遇到，就算再次遇到，也許已經失去了對它的嚮往！

姥爺就是這樣一個樂觀的人，對於任何事情從不計較，沒有顧慮，沒有悶悶不樂，相反姥爺的每一天過得都是那麼多彩，永遠充滿了陽光，並且在不停地繼續著自己人生的旅行！

訪問：

1. 70歲或80歲意味著什麼。

七、八十歲意味著人生已經快走到了盡頭，也意味著人生最多彩、拚搏的時間已經過去，意味著孩子們都成家立業，不用自己再為他們擔心，每天可以鍛鍊身體啊，散散步，下下象棋，打打麻將，不會再有什麼不順心的事情，全家人能夠團聚就是最好的！

2. 小時候有什麼樣的夢想？後來實現了嗎？年輕時候遇到的最大煩惱是什麼？是怎麼解決的？

夢想就是長大以後能當個地質學家；應該算實現了，雖然現在不能稱為地質學家，但是也和地質息息相關；年輕的時候就是自己的脾氣比較倔，有時候對自己這個倔脾氣很煩惱；後來覺得也沒什麼，只要平時注意一點就行了，有時候學會控制一下。

3. 認為自己哪些方面還不錯？

自己的心態不錯，無論遇到什麼事情，都不會急躁，想好接下來的每一步應該怎麼做，對待物質方面要求不高，吃得舒服，穿得舒服就行，錢夠花就行；自己的手藝不錯，做的煎餅啊，丸子湯都是孩子們最愛吃的。

4. 喜歡誰，為什麼？

沒有說喜歡誰；因為每個人對自己都很好，喜歡自己的每一個家人、老伴、兒子、女兒、孫子、孫女，還有自己的父母、兄弟姐妹，老伴的照顧，兒子女兒孝順，孫子孫女的陪伴，父母的撫養和兄弟姐妹之間的團結。

5. 我出生那年，您在做什麼？對這個孩子出世的感想？

1992年，你出生的時候自己還在格爾木工作，等到女兒和女婿打電話告訴我說我有了一個可愛的外孫女時，我很開心，希望孩子可以健康成長，長大以後像她媽媽一樣漂亮，像她爸爸一樣有才華。

6. 對健康的看法？遇到過的健康問題？如何處理的？結果？

健康對於自己來說是最重要的，由於年輕的時候是搞地質工作的，所以從來沒有遇到過什麼健康問題。現在老了，身體依然很好，但是我會時不時地看一些養生方面的書，平時注意一下也是很好的。

7. 對工作的看法？

工作最重要的是自己要有興趣，工資不需要多高，只要自己工作得快樂，和同事相處得融洽就再好不過了，平平淡淡就挺好的。

8. 對財富的看法？

錢是身外之物，不能太貪心，我是一個普通人，不是大老闆，也不是高官，每天也就是日常生活所必需的費用，其他的就無所謂了，無論財富多少，只要自己活得開心，可以滿足日常的需要就可以了。

9. 遠行去過哪裡，有什麼印象？

全中國除了東三省沒有去過，其他的地方都去過了，每一個地方都有獨特的風土人情和地域風貌，各種各樣的建築，多變的氣候，當然最深刻的應該是各個地方的特產和小吃，印象最深的當然是吐魯番的葡萄溝啦！

10. 平時在家的時候最喜歡幹什麼？

有時候喜歡養養花啊，坐在陽臺上看看書，看看報紙，幫老伴做做飯，偶爾也打一會兒電腦遊戲，孫子在電腦上裝了個推箱子的遊戲，挺有意思的，沒事就玩玩。有時候看看電視，比較喜歡聽聽戲曲什麼的。

11. 如果兒女一週都沒有來看您，您會生氣嗎？

當然不會了，我已經退休了，肯定很輕鬆啊，但是兒女們都是在事業最頂峰的時期，他們有很多的工作要忙，還要操持家，帶孩子，也得照顧女婿、兒媳婦家的老人，他們也很累，所以我非常理解他們，畢竟我也是從那個時候過來的。

12. 最喜歡吃什麼菜或者食物呢？

要說最喜歡吃的菜，還是老伴兒做的那些家常菜，什麼辣椒炒肉啊，青菜拌豆芽啊，都挺好的，我不是很挑剔，對吃上沒什麼要求，簡單點就挺好；食物的話，還是喜歡吃麵，女婿做的拉麵確實很好吃，有時候週末他們來家裏都會主動地做給我吃啊！

13. 和以前工作過的老朋友來往多嗎？在一起喜歡幹什麼？

比較頻繁的，隔上一兩週，我們那些老朋友就喜歡聚在一起，在一起吃吃飯，打打麻將，有時候也會在外面一起轉轉，邊轉邊聊聊過去的事情，聊聊自己最近的狀況，有時候大家夥還商量著一起報個旅遊團，出國去轉轉呢！

14. 現在的您對接下來有什麼打算？

現在住在大城市裏，有時候過於喧鬧和擁擠，空氣也不好，如果可以，真的想和老伴一起回農村去，蓋上幾間房子，在後面搞個小花園，養點花啊，蔬菜什麼的，遠離城市的喧囂，過著安靜、悠閒的鄉村生活！

15. 作為姥爺，對孫子、外孫女的忠告、期望？

希望孫子、外孫女現在都能努力地學習、拚搏，為著自己的目標去奮鬥去努力，一定不要做讓自己後悔的事情，記住：開弓沒有回頭箭，既然選擇了，就堅持走下去；也希望孫子、外孫女可以健康成長，快樂生活，有一個更美好的未來！

採訪手記

通過這次對姥爺的深訪，真的讓我知道了很多姥爺年輕時候的故事以及姥爺對人生的看法，讓我明白了他們那一代人的不容易，無論是從出生到學習再到工作，包括成家立業，生兒育女，都有著各種各樣的坎坷，但是姥爺那種樂觀的心態，讓我明白了，無論有什麼樣的艱難險阻，一定不要畏懼，更不要退縮甚至大哭大鬧，那些都是無濟於事的，該來的總會來的，還不如樂觀地看待一切，把困難看成是一次不可多得的人生教育課，為自己積累更多的經驗。

姥爺平時的話不多，有時候脾氣有點倔，其實有時候我也對姥爺的脾氣感到不滿意，但是通過這次的談話，我改變了這些想法，讓我更深刻地體會到姥爺的不容易和藏在心裏的愛。

姥爺的話也對我有著很大的啟發，無論是從哪一方面，姥爺對孩子們看似嚴格，卻透著很多很多的關愛，對我和表弟更是有著無盡的期望和愛護，這讓我深深地感動。

我也明白了，以後應該盡可能地多陪在姥爺的身邊，哪怕是和他聊聊天，散散步，聽他講講年輕時候的故事，他都會非常的開心，他並不需要什麼物質方面的給予，只要孩子們在身邊就是最好的。

總的來說，這一次的採訪還是很成功的，讓姥爺打開了心扉，和我說了很多的故事，也讓我更深刻地瞭解到姥爺的內心，這應該是和姥爺最深刻、最全面的一次談話吧，真是受益匪淺，我也知道了，以後應該如何關心姥爺，怎麼樣才會讓他老人家更加開心！

我覺得自己在慢慢長大，沒有以前的幼稚，更多的是對家裏人的無

微不至的關心和理解！

精彩從指尖展開

周韻荷

　　我們都愛看充滿傳奇色彩的人生故事，因為它讓我們找到生活的另一種可能性。然而這世上有很多人的人生故事並沒有那麼轟轟烈烈、驚天動地，可我們還是願意去聆聽，因為這個人對我們很重要，重要到即使再平凡的事情，在我們眼中也是獨一無二的。有時候我們為一個故事感動，不是因為故事本身，而是因為我們的心境。

　　今年回老家過年的時候，奶奶說，大姑姑臘月裏心血來潮，自己做了點心，可是沒有得到爺爺的「真傳」，做得不夠好。等正月裏哪天大家都回來的時候，讓爺爺好好教教我們怎麼做點心。我立刻對奶奶的想法表示積極贊同，因為以前常聽姑姑們說她們小時候爺爺做的點心、餅乾有多好吃，可是自己從來都沒有吃過，趁這次機會，我可以好好嘗一嘗爺爺的手藝了。過完年，日子一天天過去。一天，我接到奶奶的電話，說讓我們正月十五回老家時記得帶上烤箱，要做點心。這種隆重的家庭活動，當然要所有人都出席了。於是，正月十五，大姑姑、二姑姑、三姑姑、爸爸、二爸、三爸、我和妹妹們都回到了老家。家裏一下子熱鬧了起來，在爺爺的指導下，大家有條不紊地進行著做點心的各種工序，一會兒我和妹妹們問：「爺爺，您看這個芝麻碾好了嗎？冰糖要不要也碾碎啊？」一會兒姑姑問：「爸，麵裏的油該放多少合適？」爺爺這邊看看，那邊瞧瞧，耐心地教我們。我們這些孩子都是第一次做點心，覺得很新鮮、很興奮。爸爸他們也很高興，姑姑說，這種感覺就像回到了小時候。

　　尋訪祖父的秘方精彩從指尖展開我們家那邊，外面賣的點心都要印

上自己的標誌。我也想給我們做的點心印上標記，於是找了蘿蔔來刻章，刻了半天總是不得要領。最後，爺爺拿來了他的雕刻工具，在一旁指導我，總算教我刻好了「周氏」的字樣，還刻了一朵花。之後，爺爺又不知道從哪裡拿來了上色的染料，於是，略顯笨拙的花和字就這樣躍然點心之上。印好記號的點心被送進了烤箱，經過一段時間的烘烤，第一撥帶有印花的點心出爐了，香噴噴的十分誘人，大家都迫不及待地開始品嘗自己的勞動成果。經過一番品評不得不感歎，在爺爺的指導下做的點心，味道就是好！爺爺說，最幸福的事就是有孝順的兒女，一家人在一起享受天倫之樂。對於爺爺來說，這種幸福一點也不難，因為爺爺奶奶把孩子教育得很好。爸爸、姑姑他們都非常孝順，而且關係都非常和睦。我們這些小輩跟長輩的關係也都特別好，一大家子人經常會其樂融融地聚在一起，從來不會有人去計較什麼、爭搶什麼。這種和睦美滿的大家庭對我來說也是人生中最重要的財富，它讓我感受到了最真摯的親情，讓我相信這個世界的美好，願意用一顆善良的心去面對一切。

有一年，我回老家，發現家裏換了一個新條桌，上面刻滿了鏤空的雲紋、花紋，比以前的精緻好看，就問爺爺怎麼換了個新的。爺爺說：「我一直想給你們留下點什麼當作念想，就找了一些好木料，做了個條桌。」我記得自己當時很吃驚：「爺爺，您還會做這麼高難度的桌子呀？」「對啊，爺爺會的東西還多著呢！」爺爺說他小的時候，特別好學，不僅喜歡學習各種文化知識，還喜歡學習他感興趣的其他技能，別人會的他都想要學會。爺爺很聰明，也很勤奮，所以學起東西來很快，別人也都願意教他。有時候，我覺得爺爺像哆啦A夢一樣，有一個百寶箱，能變出各種神奇的寶貝。可能對於很多人來說，這些技能並不算什麼，但是對於我來說，爺爺的這些技能帶給了我很多快樂，而這些快樂也會一直留在我心裏。

每年我都會回老家和爺爺奶奶一起過年，農村過年是很熱鬧的。我上小學的時候，每逢過年爺爺都要自己做豆腐。洗黃豆、泡黃豆、磨黃豆，再把磨好的汁倒在鍋裏煮，於是黃豆汁就煮成了豆漿，再通過加工

豆漿又成了豆花、最後成了豆腐。爺爺一般都會在臘月二十八做豆腐，因為我是臘月二十八出生的，他說這樣就可以讓我在過生日時吃到好吃的了。過年時，爺爺還會做麥仁酒和米酒，這樣有人來拜年時就可以給客人喝。爺爺做的麥仁酒和米酒都超級好喝，所以每次都會被我們一搶而空，每當這個時候，爺爺總是特別高興。臘月二十九的時候爺爺總是會特別忙，因為爺爺寫得一手好毛筆字，這天會有很多人來找他寫對聯。爺爺會很認真地幫人家一一寫好，因為，爺爺常說，鄉里鄉親的，能幫別人的就一定要幫忙。

我小時候過年時特別喜歡玩燈籠，爺爺每年都給我糊不同的燈籠。龍年糊龍燈，兔年糊兔燈，有大的要掛在門廊上的，有小的拎在手裏的，有時糊個蓮花燈，有時候還會糊走馬燈。點上蠟燭，一圈一圈地旋轉，投影出各種圖案，小時候的我覺得特別神奇，特別好玩。

農村裏過年有敬神祭祖的風俗，所以要上香點蠟。每到年前爺爺都要自己灌蠟燭，灌蠟燭是一件很費時費力的事情。要削竹子做竿，要用棉花纏芯，爺爺每次都要忙大半夜。雖然很累，爺爺的這種習慣卻一直延續到了現在。爸爸常跟爺爺說現在買起東西來很方便，就不要自己做了，這樣太累了。爺爺卻總是堅持要自己做，他說趁現在手腳還靈活要多做點事情，以後萬一不在了，想做都做不了了。

爺爺家有很多田地，種了各種穀物和蔬菜。夏天麥子成熟的時候，爺爺就喜歡用麥稈編各種東西給我玩。有時是一只螞蚱，有時是一只蝴蝶，有時一個裝著蛐蛐的籠子......普普通通的麥稈在爺爺手中就會變成各種好玩的東西，而這些東西成了我童年最不一樣的玩具。

爺爺非常重視教育，他說，一個人要是有機會就一定要多學點知識。所以他盡可能地給爸爸、姑姑他們創造學習的機會，可是爺爺自己卻兩次與繼續學習的機會失之交臂。爺爺的爸爸是鄉鎮衛生院的醫生，從小的耳濡目染，讓爺爺立志長大也要成為一名醫生。自小爺爺就跟在爺爺的爸爸身後，學習醫學的基本知識。爺爺很聰明，加上對醫學很感

興趣，學得很快。到了爺爺中學畢業那年，剛好趕上三年自然災害，那一段日子對我們來說真的是難以想像，草根樹皮都可以用來吃。本來爺爺可以繼續讀書，可是在這種環境下，爺爺只能選擇先工作，於是20歲的爺爺開始了自己的行醫生涯。此後，爺爺開始自學更加難的醫學知識。奶奶說，那時候，爺爺經常會看書看到大半夜，非常用功。大概二十七八歲的時候，爺爺考上了蘭州醫學院，在當時來說這是很不容易的事情，可是爺爺最終卻沒有去上學。我在採訪的時候問爺爺為什麼沒有去。爺爺沒有說原因，只說不想去了。我又問爺爺覺得遺憾嗎，他說沒有遺憾，不上醫學院，還可以自學。只要有心，自己也能學得很好。而且這些年來他當醫生也都當得很好。我還是想知道爺爺沒去的原因，於是又問了大姑姑，才知道爺爺當年是為了孩子放棄了這個機會。爺爺非常想繼續去學習，可是那時候爺爺已經有兩個孩子了，於是去還是不去成了一個難題。能夠更好地學習醫學知識是爺爺的追求與夢想，可是如果真的去讀書，就要離開孩子好幾年。在讀書和孩子之間，爺爺最終選擇了孩子。其實父母在面對孩子的時候，真的是可以捨棄很多東西的。「誰言寸草心，報得三春暉。」這種愛是天生的，我們報答不了，而父母卻也從未想過要得到什麼回報，對他們而言，孩子的幸福是最重要的。

我五歲以前的大部分時間都是在爺爺奶奶家度過的，爺爺就是我的第一個啟蒙老師。小時候爺爺會手把手地教我寫字，不僅要寫鉛筆字，還要寫毛筆字。偶爾爺爺也會學王羲之，突然來抽我的毛筆，看看我有沒有握緊。因為握得好筆，才能寫得好字。除了練字，爺爺還會教我背詩，那時候爺爺教我背了好多好多古詩。爺爺對於禮節也會嚴格要求。小時候爺爺總是跟我講吃飯時不可以大聲說話，不可以用筷子亂翻菜，不能灑得滿桌都是，見了長輩一定要問好，跟長輩說話一定要有禮貌……總之，爺爺非常注重文化知識和言行舉止的雙重教育。記得有一次跟同學們說我小時候挨過爺爺的打，他們都很吃驚，因為爺爺奶奶一般都很寵愛小孩子，連批評都不捨得。我的爺爺奶奶也很愛我，但是遇

到我做得不對的地方他們還是會嚴厲地批評我。雖然每次被批評都會哭得很傷心，可是我還是很愛我的爺爺。現在想想，真的應該好好感謝我的爺爺，讓我從小就養成了良好的學習習慣和生活習慣。

　　爺爺不僅注重對自己孩子的教育，還經常主動為村裏孩子們的教育做貢獻。以前村裏小學要維修的時候資金困難，爺爺就會捐錢給學校。爺爺總是說，教育是造福後代的好事，能幫上忙的地方就一定要幫忙。2008年汶川地震，摧毀了很多地方。我們家處在甘肅和四川接壤的地方，也受到了影響。村裏的小學在地震中受到了嚴重損傷，後來一場大水讓學校徹底被摧毀。村裏想要建新的學校，建在原來的地方，怕不安全，再找新地方又找不到合適的。村裏有一戶人家有一大片土地位置很好，爺爺就用自己更多的土地換來了那片位置很好的土地，之後又把換來的土地無償捐給政府建學校。現在，學校已經建好並投入使用了。爺爺說，能夠聽到孩子們琅琅的讀書聲，他再多捐點土地也願意。爺爺就是這樣，能夠幫到大家的忙一定會幫，能夠為群眾辦的好事一定會去辦。

　　爺爺20歲開始行醫，到現在已經有50年的行醫生涯了。他憑藉著自己的鑽研精神和善良的心地，贏得了周圍人的敬重。在鄉下人們住得都比較分散，有的人住在山這邊，有的人住在山那邊，加上交通不便，有時要走一個小時的路程才能到。爺爺經常要出診，就要走很遠的路，而他就這樣從年輕的時候一直走到了現在。有時候半夜有人來找他，爺爺爬起來披件衣服就得走。有時候回老家，半夜醒來還能看到爺爺在燈下看醫書。我曾經問爺爺辛不辛苦。爺爺說辛苦是辛苦，可是看到一個個病人被自己治好，心裏更多的是高興。爺爺常說，行醫之人就要活一輩子，學一輩子，要不怕辛苦，要有善良的心。爺爺年齡大了之後就不在衛生所幹了，不過還是有很多人來找爺爺看病，爺爺也樂意幫助大家，而且爺爺看病從來都是免費的。有一段時間，爺爺還在家裏備了一些常用藥，要是有人家裏太窮買不起藥，爺爺就會送藥給他。爺爺就這樣懷揣著一顆善心，救死扶傷，積德行善，直到現在。爺爺說，雖然現

在體力大不如從前了，但他依然會盡自己的力量為大家服務下去。

養花也是爺爺的一大愛好。記憶裏，小時候家裏到處都是花花草草。通往家裏的路上和院牆上鋪滿了迎春花，如綠色的瀑布一般傾瀉而下，特別好看。尤其到了春天，綠色的底子上綴滿亮黃色的小花，人的心情也會跟著明亮起來。爺爺有四個花園，裏面種滿了各種各樣的花。有月季、梅花、紫藤蘿、凌霄花、繡球花、芍藥花、冬青樹等等，還有好多盆栽，每天傍晚爺爺都要給盆栽澆水。然而爺爺種得最多的還是牡丹花，家裏現在牡丹的品種應該已經超過了四十種，五一時節，牡丹齊放，姹紫嫣紅，爭奇鬥豔，特別漂亮。除此之外，爺爺還種了好多果樹，蘋果樹、梨樹、桃樹、杏樹、李子樹、櫻桃樹、桑葚樹……這些果樹開花時也是一道風景，所以家裏總是一年四季花香不斷。直到現在我還很懷念小時候吃著各種新鮮的蔬果，跟花花草草一起成長的日子，而這種貼近大自然的體驗也將是我一生中最美好的回憶。

本來是要寫爺爺的人生經歷，結果不知不覺好像寫成了自己對爺爺的回憶。也許這篇文章中有關爺爺的成長經歷不夠詳盡，不夠波瀾壯闊，可這就是我的爺爺，我平凡的，心靈手巧、心地善良、樂於助人的爺爺。

訪問：

1. 70歲或80歲意味著什麼？

步入老年，意味著身體和精力不如年輕的時候，但是幫助大家，為群眾服務的思想仍然沒有改變，會繼續盡自己的能力去幫助大家。

2. 小時候有什麼樣的夢想？後來實現了嗎？年輕時候遇到的最大煩惱是什麼？是怎麼解決的？

小時候想學很多很多的東西，別人會的都想學，比如美術、木工、醫學等等，後來成了醫生。年輕的時候考上了蘭州醫學院，因為當時已經有兩個孩子了，去還是不去成了一個難題。最後為了孩子放棄了，沒

有去。

3. 我出生那年，您在做什麼？對這個孩子出世的感想？

正在當醫生，覺得不管是男孩還是女孩都一樣，希望孩子可以健康地成長，接受良好的教育。

4. 對健康的看法？遇到過的健康問題？如何處理的？結果？

在平時生活中要注重健康，不光要注重自己的健康，還要注重他人的健康。胃病，注意少吃刺激性的東西，喝藥。現在恢復得還不錯。

5. 對工作的看法？

醫生可以說是行藝之人，是靠手藝吃飯的，所以一定要多學習，要有好的醫術，還要有善良的心，要通過自己的工作多去幫助他人，要多行善，救人一命勝造七級浮屠。

6. 對財富的看法？

不看重錢財，認為夠用就行了。

7. 遠行去過哪裡，有什麼印象？

北京，北京的古建築很宏偉，北京是一個相當文明的城市。

8. 有什麼愛好？

很多，比如書畫、做菜、拉板胡等等。

9. 為什麼要種很多花？

對自己來說，算是一種愛好，對別人來說，看到自己種的各種花也會心情好。

10. 覺得什麼時候最開心？

兒孫滿堂，一家人都在一起的時候。

11. 心情不好時會怎麼排解？

喝杯茶，去田壟裏轉一轉。

12. 有沒有特別討厭的人？

沒有特別討厭的人，沒有人是完美的，要多看看別人的優點。

13. 如果再選一次，還會當醫生嗎？

會，我喜歡這個工作，做醫生是一種善行，能幫助別人我很高興。

14. 最後一個問題，作為祖父，給孫輩的忠告？

要多學些知識，各種知識，要盡力給社會做貢獻，希望有人可以繼續學醫。

採訪手記

一開始接到這個作業，真的不知道該怎麼去採訪爺爺，很多問題也不知道該如何去問。雖然以前也經常跟爺爺交流很多問題，可是從來沒有這麼正式地採訪過爺爺。再加上遠距離的溝通也讓我擔心採訪能否順利進行。但是當採訪正式進行時，卻發現並沒有想像的那麼難。

我採用的是電話採訪的方式。打通電話後，我先跟爺爺寒暄了一下，然後告訴爺爺我要做一個作業，需要採訪他的人生經歷，並根據採訪內容寫成一篇文章。爺爺很高興地就答應了，說讓我儘管問，而且每個問題爺爺都回答得很認真。第一次採訪大約持續了一個小時，結束時爺爺說要是哪裡不清楚就再打電話問。之後我又給爺爺打了幾次電話，有時就問一兩個問題，爺爺每次接到我的電話都很高興。總之，我的採訪過程還是很順利、很愉快的。

老師說，老人，尤其是不知名的老人會很希望被採訪的。真的是這樣的吧，對於每一個老人來說，這幾十年來的人生經歷都很豐富，有時候很想跟別人分享，卻沒有機會。要是有人願意聆聽，他們還是很願意傾訴的。雖然我和爺爺的感情很深，以前就聽爺爺講了很多他的故事，也從爸爸、姑姑們口中聽到過一些，可是經過這次的深度交流我還是有

很多新的發現與感觸。

　　爺爺他們那一輩的生活真的跟我們有太多的不同。我們一出生就是和平的年代，物質充裕，所以有時候我們很難理解他們的那種堅持與信仰。每次我過生日，爺爺都一定要堅持給我炒雞蛋。以前我總不明白，炒雞蛋這麼平常的菜肴為什麼一定要在生日時吃。後來，我知道了，爺爺他們那一輩曾經歷過解放戰爭、新中國的成立，經歷過人民公社、「大躍進」、「文革」，經歷過改革開放。他們的一生中經歷了太多的磨難與變化。那時候，物資極度匱乏。尤其是三年困難時期，沒有糧食可以吃，草根、樹皮都被搶光了。所以對爺爺來說，炒雞蛋是一種奢侈品，是最珍貴的食物。現在條件雖然好了，但是對於爺爺來說炒雞蛋已不單單是一道菜，而成了一種符號，一種珍貴的象徵。爺爺很愛我，所以想讓我在生日時吃到最珍貴的東西。後來，每次過生日我都會把爺爺給我炒的雞蛋全部吃掉，因為爺爺的愛是世界上最美味的生日餐。

　　最後一次打採訪電話時，爺爺說，你要寫我的文章，我也寫過一篇文章，是要作為遺書留給你們的，現在我先念給你聽，你要記下來，別人還都沒聽過呢。於是爺爺一邊念，我一邊聽一邊記，聽著聽著就哭了。人和人之間，最重要的就是溝通。即使是最親的人，也需要多溝通，這樣就會有更多發現與感悟，讓我們更加瞭解。通過這次採訪，我明白了，如果我們愛我們的家人，一定要多和他們進行深度的溝通與交流，其實他們很願意跟你分享自己的秘密。

歲月有情

懂很多的外公

龔思璿

我採訪的外公，是一個故事很多的人。

外公感覺是一個很儒雅的知識份子，有一次去他家的時候，我看見牆上掛一冊山水的水墨畫，外公看我有興趣，就走過來故作神秘地問我：「你知道這是怎麼弄的嗎？」我很奇怪，這明明是一冊畫冊，有什麼怎麼弄的。後來他跟我說，那是有種大幅月曆上面不印著山水畫嗎，他看著這畫挺不錯的，就裁剪了下來，加以裝訂，成了一個做工精美的畫冊。

我以前高中的時候學的是理科，當然這其實也說明不了什麼，可我天生對這些東西不太感興趣，當外公這麼一弄的時候，心裏特別吃驚，我覺得，會這麼做的人一定是有閒情逸致而且是懂得欣賞畫作的。而他就是那麼一個人，平常最喜歡看的書就是詩詞類的，還有歷史類的，特別是大歷史。

外公是個知識份子，在他的那個年代算是很不容易的事情了。外公出生在四川省某個可能是比較窮的地方，不過說實話，那個年代怕沒有什麼地方特別富裕吧。外公是紅軍長征的那年出生的，大概也能從這個時間推算出外公經歷了哪些歷史事件。1959年的時候他考上了雲南的某個大學，讀的是冶金。之後從我母親算起都沒有人考上過大學，我算是他之後的第一個了。所以我心裏特別佩服他。據他以前跟我說的，他

那時成績可好了，什麼數理化的樣樣都很拿手。關於這點，有一件事也讓我印象很深刻。那時我正在上初中，剛接觸化學，什麼都不是很懂，也就剛知道點氧化還原反應。有天外公幫我洗衣服，是把以前那些有頑固污漬的衣服拿出來，去掉那些污漬。我問外公他拿什麼去除污漬，因為那些衣服拿漂白水漂過也沒什麼明顯效果，外公有什麼辦法能弄好呢？他拿出了一包東西，叫「烏雞淨」。現在想想這名字很怪呀，越想越不對頭，哦，我想起來了，外公跟我說的是帶著四川口音的普通話，可能是「污漬淨」吧。這污漬淨就是以小包塑膠包著的東西，裏面有兩小包，一包是深紫紅色，一包是白色晶體。具體先放哪個我忘了，就是先放一個泡一會兒，然後放另外一個，等它們充分反應之後沖水就可以了。我還記得廁所地板上全是紫紅的水，特別好看。我就問外公，這到底是什麼東西呀。外公這時已經六十多歲了，他說「這個我也不是很清楚，不過你看這紫紅色，應該是高錳酸鉀，那麼這白色晶體可能是草酸，或者是草酸鹽，這高錳酸鉀不是有強氧化性麼，草酸有強還原性，兩個在一起就發生劇烈的氧化還原反應，就可以去除污漬，很多洗衣用品都是利用這個原理的，不過這更加強烈了，具體的我老了，也不是記得很清楚了。」衣服在經歷了紫紅色跟白色的洗禮之後果然乾淨了很多。

尋訪祖父的秘方懂很多的外公在後來高中的時候我就學到了這個化學原理，高錳酸鉀加草酸發生劇烈的氧化還原反應。我現在才讀大學兩年，高中時很多的化學原理早就忘了，可是外公已經畢業那麼多年，甚至人生都過了大半了都還記得如此清楚，實在是讓我佩服。

在我報考大學的時候，外公千叮嚀萬囑咐千萬別選什麼地質呀，冶金、冶煉、石油什麼的，說那些工作就是一天到晚在山裏工作，他好不容易從山裏出來了，別我又進去了。既然如此他當時為什麼要選擇冶金呢？借這個機會我也問了他。其實在那個年代哪有人懂要選什麼專業呀，就知道數理化建設國家，還有一個更直接的原因就是冶金專業招收得多，比較容易考上。也因為這個專業，外公在大學畢業之後，國家就

直接分配他去礦上工作，之後的工作很順利，從業務員到主任一直慢慢做到了礦長。

在這期間不得不提的是「文革」。我外公其實背景不好，祖上算是富農（其實當時打土豪分田地就把他們家弄得很窮了，但是背景還是算富農），再加上是知識份子，按理說要受批判的，一般來說下場都不好。那時候外公的官不大，是個小車間主任。當我問及他關於「文革」的事情時，他卻說自己倒是挺平穩的，用他的話來講，就是：「熱愛勞動，積極接受工農兵再教育。」雖然他的話這麼簡單，可是能看出來，外公做事是極其縝密周到的，為人平和，和周圍的人關係也好，所以也沒有人要舉報他什麼的。之後他的仕途就越來越好，一直做到了礦長。

小時候就聽我媽說，他們生活挺好的，其實也挺富裕的。那個時候他們住在礦山，很多東西都是發的。每每現在說到什麼食物的時候，我媽就會說這他們小時候吃多了。甘蔗，每到節日一捆捆的買回來，還有各種好吃的。那個時候巧克力算是很珍稀的東西，外婆床下就藏著一大盒的巧克力。那時候的巧克力真材實料，現在那麼多種都沒那麼好吃，特別香濃，味道濃郁。

外公是分配到礦山的時候遇見外婆的。外婆在醫務所工作，做的是財務。那時的外婆，工作好，背景好，這還不止，外婆還是個大美人，身材好，樣貌也美。然後他們就相識相愛了。他們不是奉媒妁之言，而是自由戀愛的。但是，這樣的結合卻不一定是好的。外公生性文靜，內斂，而外婆好動，潑辣。年輕的時候一切都是好的，你覺得她充滿活力，活潑可愛，嬌貴，但是人年紀大了以後就給人感覺魯莽，挑剔，尖酸刻薄，不守本分。他們吵架特別頻繁，彼此看不順眼。在我大概五六歲還沒上小學的時候，外婆得了乳腺癌，然後在痛苦中去世了。外公哭得很厲害，現在提到外婆，還是眼眶泛淚。

然後外公到現在過了十幾年的獨居生活。前幾年得了高血壓，不知

是不是因為見過了外婆的事，再加上年紀也大了，變得非常惜命。知道他得了高血壓，我媽給他買了個血壓計，然後他就一天到晚地量，過一小時就量一次，後來醫生說了他，叫他一天一兩次就可以了，他才改進。有段時間報紙說吃蘋果對身體好，他就幾斤幾斤的買，蘋果當飯吃。以前他愛吃辣，什麼都吃，現在很多重口味的東西都不碰了，愛吃豆腐，愛吃魚，做菜不怎麼放油鹽了吃得依然樂乎。經常喝茶，以調養身體。

外公現在雖然年紀大了，可精神頭還是很不錯的，但是說實話，我覺得他有點老知識份子，熱愛共產黨，同時也很固執，可能這就是老年人的通病吧，總是特別執著，有時候近乎不講道理，但我真的挺佩服的，在待人處世各方面都是我心中最好的榜樣。

訪問：

1. 70歲或80歲意味著什麼？

知天命吧，感覺沒有什麼追求了，爭取就是多活幾天。

2. 小時候有什麼樣的夢想？後來實現了嗎？

在我們那個年代沒有什麼夢想這種說法吧，起碼不會是什麼當科學家那些，當時村裏窮，最想幹的當然是走出去了，離開這個窮山溝，後來就實現了，考大學考去了雲南，然後分配工作什麼的，都挺順利的。

3. 年輕時候遇到的最大煩惱是什麼？是怎麼解決的？

年輕時沒有遇到什麼特別大的煩惱，感覺順順利利地就走過來了。

4. 認為自己哪些方面還不錯？

比較熱愛勞動，不是那種很懶不愛動的人，做事認真，而且比較善於學習，虛心請教，會找出自己的缺點並加以改正。

5. 喜歡誰，為什麼？

喜歡二女兒（我阿姨），人有文化，有涵養，比較會處世，而且工作也處理得很不錯，脾氣也很好，耐心。

6. 我出生那年，您在做什麼？對這個孩子出世的感想？

那年已經調到質監局當局長了，當時沒什麼想法，主要覺得人到了一定年紀結婚生兒育女這是非常順其自然的事，而且生男生女都沒關係，在心裏不會覺得有什麼差別。

7. 對健康的看法？遇到過的健康問題？如何處理的？結果？

健康非常重要，和工作是相互依存的，缺一不可，沒有了健康你就沒辦法好好工作好好生活，就是幹什麼事都無法專心。

8. 對工作的看法？

工作很重要，因為人要生存，你起碼得讓自己能活著，而且完成一件件工作之後會讓你有滿足感，感覺更加充實。

9. 對財富的看法？

財富是要追求的，可是現代人在追求財富的時候往往想要走捷徑，做著偷摸拐騙或者違法的事情去賺黑心錢，這是不正確的。在追求財富的時候不能忘記仁義道德，只有通過努力地工作，做著合法的事情獲得的財富才能讓人滿足。同時不要過於追逐物質生活，否則人就會沉浸在這裏面而忘記了很多人更應該記得的東西，就是財富要追求，因為人要有追求，但是生活中就是能吃喝就可以，不要追求什麼山珍海味奇珍異獸等等。

10. 遠行去過哪裡，有什麼印象？

去過很多地方，雲南、北京、成都，中國大概就只有西藏、青海、福建沒去過。那麼多地方比較喜歡北京，因為能玩的能看的東西多，新奇，還有杭州，風景好，秀麗，適合居住。

11. 覺得還有什麼遺憾未完成？

最大的遺憾吧，可能就是沒有盡到父母的孝。以前的時候條件不好，也沒有能力讓他們過上好日子，出來之後他們就不在了，有句話叫「子欲養而親不在」，有能力有想法想好好孝敬父母的時候，父母卻不在了，這實在是做兒子的遺憾。

12. 一生中難忘的事情？

難忘的事情很多呀，工作在好幾個地方都是一把手、二把手的，那段時間感覺很充實。

13. 你覺得共產黨好嗎？

好，非常好。我這一輩子真的都是靠共產黨養的。以前讀書，不是自己出錢的，都是助學金，自己沒有掏錢；工作之後還包分配，一路走來都很順利，可以說是真的很感謝共產黨。

14. 跟外婆是怎樣相識的？

當時分配工作之後，她條件好，工作也好，單位好，工種好，是在醫院裏做財務的，也是自由戀愛確定自己婚姻的。

15. 最喜歡的運動

年輕的時候也算一個運動健將，高中的時候特別喜歡玩體操，鞍馬平衡木什麼的都很喜歡，還有排球，也是打得很好，不喜歡什麼足球籃球的。

16. 喜歡看什麼書

喜歡看唐詩宋詞方面的書，還有一些大的歷史事件的書，比如說關於「一戰」、「二戰」那些也都挺喜歡的。

17. 給我的忠告？

現在是年輕人最好的時光了，以後可能再也沒有這麼閒的時間可以讓你發展自己的興趣，一定要好好把握，還有儘早入黨，因為現在執政

黨是共產黨，入了總是沒錯的，而且因為還要觀察什麼，所以早準備早入黨。

採訪手記

我對外公實在不是很瞭解，跟他聊得不是很多，因為我覺得他思想比較舊，特別是在他讚美共產黨還有勸我入黨，我總覺得那是老一輩農民的想法。現在才知道原來他的人生歷程裏有那麼多共產黨的幫助，他也成了很直接的受益者。這讓我很吃驚，因為我一直以為就是除了那些高官什麼的收益都不大，再說「文革」也害到了那麼多人，但竟然外公也沒有受到什麼傷害，這也給了我另一個側面去瞭解歷史。

其實外公平常特別低調，因為有的老人老了之後特別喜歡炫耀以前年輕的事情，說自己以前如何風光，然後不斷翻舊事來講來回憶，多少帶著傲氣。我一直知道外公以前的工作是還可以，可是沒想到還是個半大不小的官。外公現在就是一個特別普通的老年人，其實也是挺開明的，也不是那種思想特別先進特別激進，脾氣也還可以，也很溫和，也不小氣。其實想想我外公真的挺好的，原來還是有很多可能不是很同意的地方，但現在看來，他實在是非常值得學習，特別是待人處世，還有他對待很多事情的態度，都是很真誠誠懇，不是單純以個人私利為出發點的，他是真的想為國家做貢獻，讓更多的人過上更好的生活。而且外公是個文化人，有文化的人才會如此的看重仁義道德，知道人性的重要性，更注重的是精神上的滿足。我覺得外公其實有點超然脫俗了，沒事聽聽曲，去公園走走、樂樂。

外婆那麼早就離世，外公一個人生活了那麼多年，沒事就帶帶孫子，他有他自己的事情。如果是我，換做我的伴侶早早地離開了我，我覺得，我沒有勇氣一個人生活在世上那麼久，特別其他人都在自己的小家庭裏。我其實也想不明白這樣子活著有什麼意思，不過也許到了那個年紀，活著才是最重要的吧。

說實話，我沒有從外公那兒問到特別多的東西，不像我的同學，在

問的時候老人家總會扯一大堆的話回憶自己以前的事，即使我問問題的方法不是很好，第一下還不能特別明白我問的是什麼，但當我再加以一點解釋的時候他一下就抓住了問題的重點，而且非常扣題地告訴我某一樣的想法。我覺得，他腦子特別清醒，還是很會想。而且他本來文人氣質加上他的工作經驗使他在回答我問題的時候更像是一種發佈會，或者是演講，思路也很嚴謹。基本上他回答我的東西都是他記得很清楚的，似乎就沒什麼他忘了。

他的很多地方值得我好好思考，思考這些東西在現在這個社會是不是真的實用，還有我應該怎麼樣安排我以後的人生道路，瞭解一個人的一生是一件很有意思的事情。

祖父的剪影

譚豔

祖父，對我而言，是帶著時光的厚重感的。

很高，很瘦，背有微微的駝，祖父是融在逆光裏的剪影，溫暖隱秘且有時光的意韻。

我兒時對於生活的感觸就是祖父的溫度帶來的生活中的對於甜蜜美好的嚮往。那時的歲月就是通往商店的長長的鄉間小路，凹凸坑窪曲轉卻總有得償所願的終點；是期待中的祖父如願出現屋後的坡道，叫我的名字給我帶回「雜包」；是搖搖晃晃又寬厚祖父的背，帶著我去了這裏又去了那裏；是我記憶裏帶著溫度的我們的老房子和老房子裏的我們。

翻修後的祖屋還是灰撲撲地立在屬於它的老地方，簡單粗糙。它還是它的樣子還是對我大大地打開懷抱，只是我現在少了回去看它的機會以及和它一起看看我們現在時光的改變。但在斜坡下穩穩立著的它依舊

是我的依歸，讓我在種種的莫名下安穩沉澱，回歸。祖父，祖母，父親母親，妹妹還有我，用我們的時光塑造老房子該有的味道，是完整的可以依靠的存在。對於祖父，那是他的屋子，是他手中一點一點積澱下來的生活，是他安定依歸的肯定。

　　1943年農曆十一月十三日，祖父的生日。大的歷史環境已經人盡皆知地很當然地寫進了歷史課本裏，國家貧困多事，我親愛的祖父生命初始的基調就是這樣，祖父小時候的家裏的生活很是困難不易。祖父有六個兄弟姐妹，其中有一個姑娘沒能帶大，小小的便在祖父的記憶中中止。窮，家中人口卻多，生活的艱辛就很赤裸裸地展現它的殘忍。是沒有吃的，餓得祖父小時候體弱病痛不離；還是身體本就不好，讓生活的艱辛更加鮮明有影響力，我想祖父可能也弄不清。祖父跟我講，小時後的他啊，沒有什麼特別的能稱之為夢想的東西，只是做夢都想能夠吃一頓飽飯，能夠擺脫病痛的糾纏健健康康地能夠活蹦亂跳。生活自是艱辛，但是經過記憶的不斷自我修繕，祖父卻也覺得那個時候似乎也不全是苦，還有的是天然簡單的快樂。

　　祖父是受過教育的人，寫一手相當漂亮的字。那時候的讀書並不僅僅就是讀書讀好書那麼簡單的事情。祖父要去上學，但是上學之前在各個成長時期就得先幫家裏做好那個時期已經可以被訓練做的事，早上起床的時候天肯定是漆黑一片完全沒有光亮。下午放學以後，割草餵豬餵羊、下地做農活、在家裏幫助家務。這是從很小年紀就開始的必修課了。最深刻的記憶就是餓，這是祖父對於讀書時期最鮮明的感觸。那時候正值孩子長身體需要更多的食物，每天要幹的事情也產生巨大的消耗，所以每時每刻的感覺都是餓，根本無法擺脫。食物的匱乏使「餓」這種感受仿佛深刻到了祖父的身體裏跟著祖父一起長大。祖父還嘗試跟我描述「牆泥巴」的那種味道，就是餓到極致以後對於所有可以被當作食物的東西的那種欲求，是胃接受到各式泥巴後的反應滋味感受。

　　成長真是不易，但是還好，我的祖父終究還是長成了一個對世界充

滿嚮往和希望的青年。想要證明自己，想要得到肯定，在同樣年紀的祖父和我有同樣的追求。回應國家的號召，「家家戶戶通廣播」，祖父成了一名通訊員。村子說大也不見得，但是絕對不小，祖父和當時的同事一起就這樣完成了一個村子的廣播入戶工作，安通了每家每戶的廣播。階段性的成就感之後就是一種綿長不散的失落。沒有人脈沒有人支持，之後的公家飯祖父吃得不怎麼好。現實的不得志和自身對於自身價值追求的差異使祖父轉身進入另一個行當，去當一名獸醫。在農村，豬雞鴨鵝等等是貫穿生活的重要旋律，為了「將就」好它們，獸醫的存在就是很有必要的。半路出家，祖父一邊學一邊做，卻始終沒有辦法實現自我的滿足，感覺就是半吊子地在敷衍生計。「幹著自己都不太懂的事，勉勉強強地度日生存，感覺生活不應該是這個樣子的啊」，還是放棄了，祖父覺得獸醫還是只是當作一段經歷就好。

「聽到別個說外面的世界有多好多好，我還是也想出去看看到底是啥子樣子的。」徒步幾十里的山路，擁擠在江上的船上向上，搖搖晃晃的車子，祖父懷著對於一種陌生的精彩的憧憬去到了重慶城。那時候的重慶去了「陪都」的名號，離直轄也還早，但是對於祖父而言就是一個散發著迷人氣息的絢爛發光體。跟現在進城務工的很多人一樣，祖父在城裏沒有個認識的人，自身也沒有特別的能力，就只能靠出賣勞力在城裏生存。

祖父在城裏修過路，建設過機場，幹過很多的事情在重慶城上烙下了印，卻沒能在重慶城裏容下身。現在的城市日新月異，偶爾被祖父談起的路和停機坪早已失去了彼時的痕跡，湮滅在時代發展的洪流裏，但是希望記憶中的一些東西會通過一些懷想保留下、停駐在。祖父還是對於世界充滿想法，想去觸碰。

1961—1962年間，全國大饑荒，食物極度緊缺的程度我們根本無法想像，祖父完全不能夠支撐家中生活，所以他決心去更遠的地方闖一闖，去尋求生存。祖父最開始的目標是湖北，近，感覺應該也不錯，就

偷偷乘船想去。到了湖北，卻上不了岸。岸邊設了關卡檢查站，不准外鄉人入省，祖父被強制遣返了。聽聞人說新疆可以有所發展，祖父又起了去新疆的念頭。五天五夜的火車，火車上根本就沒什麼條件而言，整個旅途都是被饑餓疲憊完全充斥，說不出的艱辛。但是還沒有在新疆正式落下腳印，就在到達烏魯木齊前被遣返了。那時的社會背景政策限制了祖父要去遠方的腳步，讓祖父只能安分地待在家鄉，這對於祖父而言並不只是難過，也許些微還帶有一些解脫，放棄一些東西好讓自己能夠安穩地待在自己覺得安全可依靠的地方，脫掉背井離鄉的辛苦和愁緒。

祖母出現在了我祖父的生活中，祖父進入了生命的一個成熟飽滿的階段：成家。據我母親描述，祖父從未對我親愛的祖母紅過臉，一直都盡他的最大可能好好照顧這個家。生活沒有因為祖父人生階段的巨大改變而產生慈悲之心，依舊貧困，溫飽困難。祖父開始做小生意，買賣雞鴨禽蛋。祖父在鄉下購入好禽蛋，然後背到重慶城裏去賣。祖父很明白為人處世之道，待人和氣，與人為善，坐船人家還會免他票錢。

「文化大革命」時期，社會氛圍十分緊張，祖父進城，大白天的市中心的長江大橋上連人都看不到一個，但是一轉個彎，牛角沱大橋上就碰到八一五和造反派正在槍戰。生意不好做，但是靠那點微薄的收入，祖父支撐起了一個家。

後來，祖父被大隊收到學習班裏了，因為那時的「做生意」是不正當活動，是不被允許的。大隊罰了祖父10塊錢。祖父一只蛋賣七八分錢，這樣就相當於剝奪了祖父125只蛋，在當時，是多麼大的一筆。大隊給祖父的罪名是投機倒把，不事生產。還好，祖父終究還是挺過了這段，帶著整個家熬過了最困難的時期。母親對於這段時期的記憶卻是美好的，因為祖父從城裏回來總會給母親捎上一些「雜寶」，花布、布鞋，總會討得母親的歡心。從夕陽裏走出來的祖父是母親的，也是我的那份甜蜜的嚮往。

我沒有見過祖父賭博，但說是祖父也參與過賭博。祖父曾經將做生

意的本錢33塊拿去賭博，結果基本上全部都被輸掉了，但值得慶倖的是，他後來竟然將錢贏回來了，萬幸。我覺得祖父十分厲害，不是為了他居然可以把輸掉的錢贏回來，而是他從此再也沒有再賭過。戒煙戒酒是不易，但我覺得，戒賭更是困難，特別是輸後又贏賭性正盛。

　　很微妙的感覺，我以一種穿越時空的方式再去參與我祖父的人生。我母親告訴我，在我出生不久，祖父不小心摔倒，傷了膝蓋骨膜，傷得很嚴重。但是跛腳的祖父就是喜歡背著當時的小不點到處走，而那時還不能生理自控的我常常還把祖父弄得一身髒。祖父還曾想去當道士，然後還很正經地去學到了很地道的半吊子水準，應該還去主持過一些法事的。但是由於祖母和母親的反對，祖父又開始每天與我為伍了。

　　小時候的記憶已經很模糊了，但是將那些時光與祖父聯想起來，總是一股溫暖溫馨的感覺。祖父的魚塘會有好吃的魚，祖父會背著我去很遠很遠的商店買我想要的零食，趕集歸來的祖父會解放我的饞蟲安撫我焦躁的渴望。母親描述祖父的感覺和我自己的感觸很一致，溫暖，驚喜，最實在的家的感覺。

　　我原來從未想過祖父也是會老去的，直到祖父的母親我的曾祖母去世，我才開始意識到生命是會消逝的。我才發現祖父在我不注意的時候正在老去。我已不能在祖父背上亂蹦，不能不在意祖父正在衰老的姿態，不得不承認祖父已經老了。我開始惶恐，惶恐有一天我得面對一些我不得不卻萬分不願面對的事情，我現在對於祖父的所有的期盼和祈願，就只有一定要身體健康。祖父前兩年曾生過一次大病，還動了手術，但感恩的是祖父還是拾回了健康。祖父和我聊天的時候說，他現在已經是老年人了，腦筋也不怎麼靈光了，但是他還是覺得自己精神還是很好的，還可以勞作，有自己的價值。我希望祖父能夠一直很健康。

　　祖父的一生應該可以用坎坷來形容的，經歷了太多，祖父也懊惱自己東不成西不就，但終歸還是慢慢安定沉澱下來了，終究能平和地與歲月為伴了。也許人生就是這樣，它怎麼可能讓你猜到歲月積澱到生命中

會變成怎樣。

我很愛我的祖父，他也很愛我。感謝我的生命中有他的全情參與。

訪問：

1. 70歲對您意味著什麼？

已經是老年人了，年紀很大了。腦筋有時候也不能很好地自主，記性等思維活動也不怎麼靈光。當然，身體狀況也不復當年了，不太好了。但還是能夠勞作，精神還是很好。現在又在經營打理魚塘，今天還有人來釣了幾十斤魚，八塊一斤，有了些進賬。（我以為老人對於時光的流逝已有了留滯式的黏稠感，會慢慢地失去感知，就是看著孫輩也這樣不知覺地一天天長大，偶爾才會感慨自己也這樣一天天老去了。然而，其實我祖父對於歲月的年份有自己很坦然且很積極的看法。當然，我們沒有經歷到怎麼可能猜到歲月積澱到生命中會變成什麼。） 2. 小時候有什麼樣的夢想？

小時後的日子很困苦，沒有那麼多精力和認識來產生夢想。那時候，就是很單純地希望能夠吃飽穿暖。小時候，身體也不好，曾經被姐姐用火不小心燙傷過，臥床了很久，也覺得身體能夠健康就好了。小時候很不幸福，覺得只要能離幸福近一點就好了。

——現在算是實現了那時的夢想了吧？

嗯。現在能夠吃飽穿暖，吃得好喝得好，女兒啊外孫啊很好很孝順，肯定是實現那時的想望了。

——年輕時遇到的最大煩惱是什麼？

東不成西不就，什麼都做過，但是什麼都沒有成功。當過通訊員、廣播員、獸醫，去修過路，曾想去湖北、新疆幹點什麼，但都沒有成功。那時候沒有人脈，沒有人相信支持自己，不能得到別人的肯定，所以一直很懊惱，苦悶。

——最後怎樣擺脫的？

成家以後，心也慢慢地定下來了。回到家鄉，修水庫，管理魚塘，然後就這樣安定下來了，就這樣開始生活。

3. 最看重自己哪些方面？

沒犯過什麼大的過錯，一直過得很自由。

4. 喜歡誰，為什麼？

當然是自家閨女和外孫們。這個應該不需要什麼理由吧。

5. 1991年，您在做什麼？

在經營魚塘，和家人一起在好好生活。

——對於我的出世有什麼感想？

添外孫了，感覺還是很奇妙很充實的，還是覺得很幸福的。

6. 對健康的看法？遇到過的健康問題，如何處理的？結果怎樣？

健康十分的重要，一定要好好地照顧好自己的身體。小時候被火燙傷，臥床養傷了很久。中青年的時候摔跤傷了膝蓋骨膜，也養了很久的傷。前兩年得了病，十分痛苦，還動了手術，也療養了很久。現在身體還不錯，還能勞作，飼養魚塘。

7. 對工作的看法。

要學會滿足，力所能及地努力。

8. 對於財富的看法。

能吃穿不愁就行了。

9. 遠行後的感想。

年輕的時候離開家鄉，想去外面闖蕩，但是不管在哪裡，都是十分思念家鄉的。特別是在心裏苦悶無法派遣的時候。

10. 對我的忠告。

要有自己的事業，要肯定自己的價值。不要胡思亂想，好好地過自己的生活。

採訪手記

很難有機會和祖父好好地聊一聊。從我出現在祖父的生命中開始，祖父就很可靠地在支撐一個家的生活。我沒有想過去追溯那時也年輕也衝動地屬於祖父的青春和憧憬。我現在才很明晰地感知到，祖父也是在時光的雕琢下慢慢變成我所看到我所瞭解的現在這個樣子的。

祖父也有青春年少。雖然時代的背景不同，身處的環境不同，但是對於追求認同肯定的那種熱血和衝動是和我們一樣的。也許，比我們現在更有實踐的勇氣，更加勇敢。在和祖父的聊天中，我也在思考我現在的生活。我現在所在的年紀，應該是有熱血、有夢想、有勇氣的，但是我覺得我已經在這些方面有所欠缺了。不知道是不是通過太多瞭解了太多，或者是在成熟的過程中太不經意地丟棄了一些東西，或者是現實束縛了夢想，勇氣在安逸中沉溺消逝，我覺得我有些迷惘，也沒有勇氣去打破現在的處境，去開闢去嘗試一些新的東西。

一起聊聊現在，想一下過去，很溫馨，也很感慨。我覺得，有些東西不一樣了，關於祖父，關於人生。

牛棚雜憶

魏穎

外面的公雞已經在打鳴了，天還沒完全亮，但是這個中年人已經要開始他一天的體力勞動。他伸展了一下累得腰酸背疼的身體，睡在旁邊的幾位工友也已經醒來，他們一起拿著搪瓷臉盆向水池邊走去。這是這

個中年人被下放到農村的第51天。這一年大概是1969年，這個中年人就是我的外公。

這天他正在幫村裏蓋房搬磚，突然身邊的一個工友因為太熱暈倒在地，工頭立刻就把外公叫到旁邊讓外公診治，他知道外公原來就是一名醫生。但是外公在把工友治好之後，自己也頭冒冷汗，臉色很不好，工頭以為外公也有點中暑，就讓他回去先休息一下，外公也沒推脫就回去了。大家覺得很奇怪，一向積極勞動的外公今天為什麼表現得這麼低落，工作積極性也不高，其實，外公只是想到了一件事，這件事就是讓他從一名懸壺濟世的醫生淪落到下放工人的原因所在。

1969年初，外公的診所裏送來了一個危重病人，已經休克了，外公在一番診治過後瞭解了這個病患的病情不僅十分緊急也很嚴重，他覺得以自己診所簡陋的條件沒有足夠的人力物力把這個病人治好，所以在做了簡單的處理之後建議家屬立刻把病人送到附近較大的醫院，家屬聽從了他的建議。但是意想不到的是，這個病人在送到醫院的途中因為病重去世了，這對於家屬而言無疑是巨大的噩耗，而對於外公而言也是晴天霹靂。果不其然，死者家屬帶著一群人來到外公的診所大鬧了一場，認為若不是外公「見死不救」，也不會造成這樣的後果。外公當然很無奈，只能一個勁兒地道歉，可是他們一群人浩浩蕩蕩聲勢浩大，根本不給外公解釋的餘地，還把診所的好多設備都砸爛了，這可是外公的心血。後來，他們還到革委會「告發」外公，就這樣，外公就被帶走了。這一告發不打緊，還撈出了好多關於外公的陳年舊事，比如外公的國民黨黨籍。他們認為外公是「反動分子」是「特務」，把外公大肆批鬥了一番就把他下放到了一個偏遠的小農場。

尋訪祖父的秘方牛棚雜憶外公這一輩子感到最憋屈的事情莫過於自己的黨籍了，其實這實屬無奈，並不像當年的革委會所說的是國民黨的特務。而且外公認為這也是「欲加之罪，何患無辭」，不然如果自己真的被查出是特務怎麼可能只是批鬥下放就完事了。外公當年的大學是在

上海上的，這所大學現在已經不存在了，當時的上海還在國民黨的統治之下，這所大學也是在國民黨的管理之下，所以外公入了國民黨黨籍，這也成了外公後來生活的最大牽絆。

在上海的生活是外公這輩子見識最多、最廣的日子，而他也是在上海結識了來上海見親戚的外婆，後來他倆結婚了。外公在上海學習、參加社會活動，交際很廣也認識了很多朋友，當時外公在系裏算是帥哥一個，他成績不錯，還會跳交際舞，所以很多女孩子都曾對外公表示過好感，但是外公並沒有真正和哪個女孩子交往過，他說當時考慮的問題很多，比如地域、發展方向等等，外公雖然是南方人但是卻喜歡北方女孩，覺得她們性格更直爽也容易交流，但是又希望交往的女孩能和自己回南方工作生活……在這些條條框框的束縛下外公就沒找到合適的。但是這些條件在遇到了外婆之後就都不管用了，因為外婆不僅是地地道道的南方人，還和外公是老鄉，但是沒辦法，他們兩個就是這麼自然地就在一起了，外公大學畢業之後，他們就結婚了。

外婆曾經跟我說過，她第一次覺得外公那麼有魅力是在外公領著她逛大學校園的時候，當時外公一走到校門口，就有門口的士兵給外公敬禮，而外公也很及時地給那個士兵回了個禮，這個禮敬得特別莊重沉穩，外婆當時就覺得外公很有男人的魅力。在進一步的交往之後，外婆也慢慢發現了外公的一些缺點，比如不愛聽別人的建議，性格比較執拗，講話很直白等等，可是感覺這種束西連他們自己也形容不清，反正就這麼認定了對方。在上海工作了幾年之後，因為戰爭的原因，外公外婆都離開了上海，遷往廣東生活。這又是他們之間生活的新階段。

在廣東惠州，他們的第一個女兒出生了，因為出生在惠州，所以給她取名叫家惠。外公特別喜歡家惠，長到八九歲的家惠尤其可愛，也很懂事，接著後來出生的兩個弟弟也都是她幫忙照顧的，外公覺得家惠有種和他相通的靈性，希望家惠以後能跟著他學習醫學，可惜外公的願望並沒能實現，家惠找了個老公早早地嫁了。話說要是找了個好男人還好

說，可偏偏找了個遊手好閒的登徒子，婚姻生活一直不幸福，他甚至在極度暴躁的時候動手打人。後來家惠在長期抑鬱的情況下患了精神病，神智有時清醒有時糊塗，糊塗的時候誰都不認，但是清醒的時候卻會把家裏的家務都做完，這樣反反覆覆的病情讓大家都十分揪心。最讓外公心痛的是，由於沒有得到妥善的醫治和照顧，家惠最後去世了。

外公覺得自己特別沒用，明明是個醫生卻救不了自己的女兒。家惠死後，還留下了兩個女兒和一個兒子，由於他們的爸爸十分不負責任，並沒有真正肩負起照顧兒女的重擔，還是整日遊手好閒地賭博抽煙，所以孩子們的生活一直過得不太好。外公外婆都有幫助他們，後來幸運的是，他們三個當中有兩個考上了大學，最小的女兒也找到了自己的歸宿。

外公一家子是在二兒子出生的時候遷到海南的，所以兩個兒子的名字一個叫林生，即在陵水出生，一個叫瓊生，即在海口出生。遷到海南之後外公開了家診所，外婆除了在診所幫忙之外還在家操持家務，日子過得還算不錯。但是災難的降臨往往是不期而至的，就在四女兒出生不久，外公就因為開頭所提到的醫療事故被下放到了農村，所以四女兒的名字就叫做海萍，即海上浮萍，居無定所之意。外公一被下放，家裏的經濟支柱就沒有了，所以生活水準大不如前，外婆不得不外出工作補貼家用，由於外婆學歷不高，只能做一些簡單的體力活，比如幫人收割、洗衣服被單什麼的。

外公在農場生活得並不算很辛苦，因為大家都知道他原來是一名醫生，還是保留了一定的尊重，但是這對於外公來說已經是很大的打擊了，因為外公不僅自己被打上了「黑五類」的標籤，導致全家都受了牽連，而且外公的畢業證被沒收了，也就是等於自己四年大學苦讀沒有得到認可，而且自己的名譽也遭到了很大的損害，當醫生雖然不是自己一開始就有的理想，但是既然選擇了就想好好地做下去，可是卻因為自己的疏忽導致了這樣的結果，外公覺得很不甘心。更重要的是，自己的一

家子好不容易能過上好一點的日子，又沒落了下去，想想外婆這些年來跟著自己所吃的苦，就覺得很心酸。外公並不是這麼輕易能被打倒的，所以他每天無論工作得多累他都會咬牙堅持，為的就是有朝一日能夠被放出去。

外公的努力沒有得到白費，在小女兒也就是我的媽媽豔萍出生之後沒多久，外公就被放了出來，回到家之後，家裏並沒有外公想像得那麼糟，被外婆打理得井井有條，只是積累了好久的思念之情對於不善表達的外公來說真的很難釋放。當天晚上外婆做了好大一盆的炒花生，這是外公最喜歡的一道下酒菜，當天晚上除了年紀最小的我媽媽之外，大家都喝了酒。

時間過得很快，一家子就這樣在海南生活了下來，外公就在當地的一所衛生學校當老師，外婆有時也會到班上聽外公講課，不久班上的同學們就知道了給他們講課的老師有一個好學的妻子。而外婆也真的學到了不少好東西，不僅會自己找中藥治療一些感冒之類的小病，還會配一些中藥來敷她和外公的老寒腿，要說起外婆熬的中藥，那絕對和外面藥店的絕對不一樣，那叫一個濃一個勁道。

後來媽媽結婚了，不久之後我也出生了，從小到大我都沒打過點滴，每次生病都是依著外公開的藥方，或吃中藥或吃西藥治好的，外公還會給我打針，不過是紮在屁股上的那種，每次打完針之後，外公都會像變戲法似地掏出一袋糖給我吃，我往往會破涕為笑，但是臉上卻還掛著淚珠，樣子十分滑稽。

外公的故事就先講到這裏，這短短的幾千字雖然不足以概括一個老人的一生，但這也是兒孫們對長輩最深刻的感謝和懷念。

訪問：

1. 70歲或80歲意味著什麼？

身體不再像以前那麼健康，不能再那麼輕鬆地看報紙看電視，尤其

是老花了得經常戴著眼鏡；應該得到別人更多的照顧，但是在現實生活中的感受卻沒那麼明顯。

2. 小時候有什麼樣的夢想？後來實現了嗎？年輕時候遇到的最大煩惱是什麼？是怎麼解決的？

小時候的理想是想當一名工人，但是後來因為父母意願的原因選擇了學醫，出來之後成為了一名醫生；年輕時遇到的最大的煩惱是因為自己大學念的學校是國民黨管理下的學校，因此加入了國民黨黨籍，但面對當時複雜的社會情況感到有些無所適從；後來並未得到徹底解決，「文革」時期被關牛棚改造了，自己的國民黨黨籍也被註銷，平反之後雖然名譽得到恢復，但是大學畢業證仍被沒收。

3. 認為自己哪些方面還不錯？

最自豪的是自己是一名醫生，能夠造福病人；而且對待自己的家人能夠負責。

4. 喜歡誰，為什麼？

不能說喜歡，只能說最佩服的人是鄧小平，時代偉人的形象永遠佇立在心中，而且認為自己生活水準的提高很大程度上是因為他。

5. 我出生那年，您在做什麼？對這個孩子出世的感想？

外孫女出生的時候，自己已經不再當醫生了，但是仍然會幫親戚鄰里開藥方打針什麼的，當他們有個頭疼腦熱的時候。喜歡看一些文學作品和醫學期刊雜誌。這是最小的女兒的孩子，一直認為自己對小女兒有所虧欠，沒能讓她過上較好的生活，所以想著要對這個小孫女好一點，就當是一種補償。

6. 對健康的看法？遇到過的健康問題？如何處理的？結果？

健康是長期積累的結果，生活習慣是最重要的，自己從來不抽煙，但是喜歡吃油炸食品，比如炒花生、油條什麼的；由於飲食習慣的原

因，所以經常會嗓子不舒服，而且腿上有老風濕。自己有學醫的基礎，所以會自己熬中藥喝，還會和外婆一起找草藥，製作藥貼敷腿。

7. 對工作的看法？

工作只是養家糊口的方法，不應該影響自己的日常生活和休閒，健康尤其是應該放在第一位的，因為自己職業的緣故，所以對健康特別看重。

8. 對財富的看法？

財富對於生活來說是必須的，但是自己這輩子也沒多大成就，沒賺多少錢，所以夠花就好。

9. 遠行去過哪裡，有什麼印象？

去過新疆、早年在上海讀書工作、之後遷居到廣東，先後在惠州、梅州工作過，後來在海南定居。對新疆的印象是有沙漠的地方很壯觀很宏偉，但是有綠洲或者是有人居住的地方則環境比較優美。廣東在當年生活工作的時候還好，環境較為悠閒，也沒有那麼多的工業設施和汽車污染，但是在多年後再去看，就沒有當年的感覺了，家鄉也發生了較大的變化。海南比較適合我這個年齡段的人居住，也沒有太大的生活壓力，但是比較潮濕，自己的風濕腿比較受罪。而且海南是在我年齡比較大的時候遷居過來的，年輕時候的事情都沒得回憶，而且畢竟不是自己的家鄉，和自己同一輩的親人比較少，感覺還是有點孤單。

10. 認為對自己人生影響最大的事情是什麼？

「文革」。「文革」不僅讓自己身心受到很大的傷害，還讓家人生活得顛沛流離，生活條件變差，所以對「文革」印象深刻。

11. 自己人生中最大的遺憾是什麼？

自己所學的中西醫醫學知識沒有得到子女很好的繼承，擔心子女們在生活中一旦有個頭疼腦熱的不能自己處理，動不動就得跑醫院。

12. 最想去卻沒有去成的地方時哪裡？

一直想去東北三省看看，但是因為各種原因沒能去成。

13. 最想送給後輩的一句話是？

腳踏實地做事，踏踏實實做人。

14. 最喜歡的一本書是什麼？為什麼喜歡它？

《水滸傳》。道出了很多世間情和做人的道理，而且描寫生動，看過很多遍。

15. 外公教會我的一件事。

外公是一名醫生，所以他教過我怎麼打針，當然是肌肉注射。當時他拿出了一袋橘子，這是用來代替皮膚的物理作用。他先教我如何清洗針管，首先是將針筒和針浸泡在酒精裏，大約三分鐘之後取出，接著用棉花擦淨管內的酒精，然後抽幹針筒內的空氣。清潔完了之後就可以往針筒裏灌藥水，量大約是針筒的三分之一，不過是不同的藥水而定。之後他剝開橘子，將針頭準確快速的紮進橘子肉中，然後緩緩的推動，把藥水全注進去，此時要注意的是手不能顫抖，免得針頭亂動引起皮下出血或者暈針。就光扎針這個動作外公就教了我好多遍，因為這個很需要力度的控制。雖然以後自己打針的機會肯定很少，但這也是外公手藝得到傳承的表現之一。

採訪手記

外公給我印象最深的事情有兩件，一件是他每次來看我都會帶著一包五彩的小糖果，然後像個小孩子似地追在我的後面，說我的屁股上長出了尾巴。另一件是他每次幫我打針的時候，都會一邊打針一邊給我講笑話，轉移我的注意力，好讓我不會感到那麼疼，可是我每次都會在針已經打完了以後才哭出聲來，這讓外公每次都很哭笑不得，感覺他的悉心安慰都沒有用了。

外公年輕的時候是特別喜歡演講的，口才很棒，在與人交流的時候也很能讓雙方都談得很盡興，但是在經歷過下放事件之後，外公就變得寡言多了，他不再喜歡參與別人的討論，甚至在家人一起聊天的時候都只是默默地坐在旁邊笑著。媽媽告訴我，這是一個時代的變故給外公帶來的傷害，是難以磨滅的，在外公被下放的日子裏，家人之間那種想見卻不得見的心情，如果不是親身經歷都很難體會。

作為孩子來說，平時是不願意聽長輩們絮絮叨叨講以前的事情的，覺得很煩也沒有耐心去聽。這次作業給了我一個契機可以傾聽他們的故事，那些年代久遠的事情離我們似乎很遙遠，但是如果和我們的短短的人生經歷一比較，還是會有相似的地方，比如外公的大學生活就和我們的差距不大，但是氛圍卻差得很多，像當時外公他們會特別積極地和老師們討論，還會組織各種各樣的校園舞會，同學們的學習氛圍濃厚卻不刻板。相比較我們就遜色很多，我們的課堂早已少見那種老師同學爭論不休的場景，同學們不然就是玩得很瘋的，不然就是刻板地學習，舞會這樣的場景也見不到了，大家要是聚會定位話一般就是吃飯或者k歌，或者去酒吧的也有。這麼一看，就顯出了兩代人的差別，看多了那個年代的小說，對那個時代發生的事情還是很嚮往，心裏不禁多了一分對外公的崇敬之情。

在一群兒女之中，除了已經去世的大女兒，和外公感情最深的就是小女兒了，也就是媽媽，還記得外公跟我說過，媽媽和爸爸結婚的時候經濟狀況很不好，只能伴在租來的很簡陋的房子裏，只有一間房，用簾子隔起來外面做客廳裏面當臥室，外公看到之後很著急也很心疼，拿出了自己多年的積蓄資助爸爸媽媽買了一套小房子，我們一家的生活環境才得到改善，想到一個父親對女兒的疼愛，心中就堆滿了溫暖。

外公和外婆到了晚年之後感情就變得不太好，一個住在舅舅家一個住在我們家，只是偶爾會一起吃飯。但是我們一直沒敢深究其原因，怕兩個老人尷尬，因為這畢竟是兩個老人之間的事情，外婆是個性格倔強

的人，如果外公不對她示弱她是絕對不會低頭的，但是外公又怎麼會輕易地對妻子低頭呢，他也是一個比較大男子主義的人。所以他們倆就一直保持著這樣的狀態。我認為應該是兩個人都覺得日子過得沒什麼意思了，但是又覺得兩個人已經習慣了，而且要是分開什麼的會給子女造成困擾，所以就選擇了維持現狀，現在想來，老人們最終還是為子女考慮得多。

這次採訪雖然時間不長，但是我很珍惜這樣的交流機會，因為他們年齡大了，機會肯定越來越少了。唯一希望的就是大家都可以多陪陪家裏的老人，不要讓他們精神空虛才好。

歲月留情

安冉

姥爺是農村人，17歲成婚，18歲當兵，18年之後轉業。姥爺參軍，只是想著要為人民服務，其他的啥也沒多想。在姥爺看來，國民黨就是壞人。他參加了抗美援朝，他管美軍叫「美國鬼子」。中國在他的心中就是「真正的祖國」，他在講述中只要提到自己的國家，肯定是用「祖國」這個詞兒。加入共產黨，對姥爺來說是件大事。姥爺說，自己就是沒有文化，但是記性還可以，所以在講述的過程中，他還能回憶起一些很小的細節，儘管那些事情已經過去六十多年。「麥子熟了」或者「那年麥子剛熟」，是他記憶中的時間座標。姥爺今年83了，我希望他能活得輕鬆一點，再久一點。

1929年陰曆的七月初九，姥爺出生在自家的炕頭上。在那個兵荒馬亂的年代裏，人的出生都是件慌慌張張的事情。姥爺姓鄒，名福政。鄒家是當時村子裏的大戶，在他這一輩所有的兄弟姐妹中，他排行老四。福安，福泰，福平，福政，按照「安泰平政」來給的起名，直到後

來姥爺又有了兩個弟弟——福全與福俊。這些都是太姥爺給起的名字。姥爺清楚地知道他父親的名字是鄒立生，而母親根本就沒有名字，到現在姥爺也只知道她是「鄒楊氏」。還有就是，姥爺幾個妹妹的名字他也記不清了。「我一直認為自己雖然沒有什麼文化，但是記性還算是不錯的。可我實在想不起妹妹們都叫什麼名字了，真是沒辦法，也許這就是當年的『時代特色』」。姥爺全家都是農民，除了他的叔叔自己做點兒小生意。姥爺說自己的童年乏善可陳，讀過幾年私塾，其他的時間也都是在田地裏忙活。在他十七歲那年，通過別人的介紹，姥爺娶了媳婦。那時候社會非常的混亂，所以只能在黑夜裏偷偷摸摸地成了婚。坐轎子來的新娘叫「永蘭」，比姥爺小一歲。成婚那天她沒穿紅衣裳，那個年代他們是門當戶對的貧苦人家，日子也就這麼一天一天地過下去了。

姥爺出生在山東濟南附近的商河縣。1947年那會兒，濟南還沒有解放，所以他去當兵了。那時候不像現在，當兵參軍不是僅僅為了個人前程，或者是父母覺得孩子學習不好，撈不著升學便把孩子送去部隊鍛鍊一下。姥爺只是覺得自己該為祖國做些什麼。去當兵的時候正好是夏天，麥子剛熟，姥爺和村子裏另外兩個小夥子一起走了。那年，他17歲，而且這一走便離開了將近十八年。

今年，姥爺83歲了。在此之前，姥爺從來沒有詳細地給別人講過他在部隊上的經歷。18年，這段時間雖然只是姥爺人生的四分之一，但是我知道，那些記憶比他全部回憶的二分之一還要多。炮火、黑夜中沉默地行進、可藏身的山洞以及流血的身體這些元素構成的場景，現在想起來也會覺得有些遙遠。畢竟那些都是六十多年前的事情了，半個多世紀都過去了。

1947年，姥爺離開村子去當兵。當一名衛生員，負責照看那些受了傷的士兵。要做的事情並不多，無外乎是給傷兵們進行消毒、包紮等基本的護理，不需要像醫生那樣開藥打針，所以他經過簡單的培訓就可以「上崗」了。

姥爺參加的第一次戰鬥是「解放濟南」。1948年那會兒，蔣介石令第二「綏靖區」司令官王耀武部固守濟南，他所在的地方部隊接到的任務是攻打濟南附近的鵲山。姥爺說：「印象中，那時候麥子剛熟。鵲山的西北方向應該是現在的京滬鐵路，鐵路附近有許多可以藏身的山洞，我們一般就在裏面藏著。」他跟在連長指導員後面，幫著戰士們挖挖地道。戰士們拐彎抹角地將地道一直挖到鵲山腳下的村子裏，挖好洞之後事情就好辦多了，到了地面上開槍打炮就把敵人給打跑了。那一次，他們只打死了一個國民黨的兵，其他人都跑到濟南去了。看得出來，敵人撤退得很是倉促，因為他們後來收拾戰果時到了一個小操場，操場上還有一簸箕沒來得及吃的饅頭。

鵲山解放之後，敵人都跑光了。緊接著，姥爺所在的部隊進入了國民黨在濟南北邊建的新城。那裏是國民黨的兵工廠，裏面做武器炸藥的，很是危險。他跟著部隊一起進入工廠後，沒待幾個小時，敵人就開飛機來轟炸了。姥爺他們只好跑到野外的麥地裏躲起來。飛機轟炸之後，新城裏一片煙霧沉沉。等飛機走了之後，部隊就下令進城。當時，隊伍裏有幾個人負傷了，姥爺學到的技能第一次真正排上了用場。姥爺用剪子把他們的衣服剪開，用鑷子清理傷口裏的雜物，然後消消毒，再用紗布給包紮起來；有人骨折的話，就用棍子給捆起來，然後把他們送走。後來解放濟南城的戰役他們部隊並沒有直接參與。姥爺只知道有十中和九中兩個中隊把濟南給包圍了，圍得水洩不通，敵人進不去也出不來，被困在濟南城裏了。待解放軍進城之後，把敵人打得投降的投降，死的死傷的傷，濟南就此解放。司令官王耀武逃跑了，姥爺團裏的一個保衛科科長後來發現了他，他當時正扮成商人坐在一輛馬拉的小轎子裏，經盤問之後露出破綻，然後就被俘了。那時候，他也算得上是高官了。

姥爺一直認為解放濟南的戰役是由陳毅指揮的，這會兒才聽人說指揮官其實是粟裕。好吧，那時候的姥爺也只是個無名小卒，有很多事情也搞得不是很清楚。姥爺從來都不是一個會說故事的人，聽著他一路子

平靜的語氣，總感覺缺少了一些「戰火氣兒」。也許是由於經過時間的沉澱之後，事件本身也就剩下了這麼一點兒平淡的內容。

淮海戰役時，姥爺在二十八軍警衛營，駐紮在安徽漣水縣，屬於戰線的週邊。那時候國民黨在大陸還有五個軍，大約二三十萬人，而解放軍劉鄧大軍就有上百萬。解放軍把國民黨的這五個軍整個給包圍了起來。圍城持續了四五十天，其間蔣介石還往城裏投糧草和彈藥，但這些都是白費力氣。隨著開戰，國民黨的部隊簡直是彈盡糧絕了。姥爺說國民黨軍當時是住在民房裏，把房子的檁條拆下來燒了做飯吃，後來房子扒完了，沒有檁條了，他們就開始燒樹木，再到最後就是吃馬肉。後來，城內還發生了起義，國民黨被逼得沒辦法了。那場戰鬥國民黨敗得很慘。戰鬥結束之後，姥爺這些衛生員就上戰場給自己的傷病員進行救治，而國民黨那邊的傷兵死人、武器彈藥還有死馬滿地都是，也沒人敢去收拾。我問姥爺，「國民黨是壞人嗎？」「那可不！」現在回想起來姥爺當時的表情，我還是覺得真是「認真得很可愛」。

接下來便是渡江戰役。毛澤東下令渡江，百萬雄師過大江，要解放新中國。當時，在長江以北，整個一溜兒都是解放軍，光大炮就有上萬門。渡江之前的那個中午，部隊炊事班殺了一頭豬，說是要改善生活。因為誰也不知道戰鬥開始之後，自己到最後是死是活。那頭豬很肥，每個人一碗菜，裏面差不多得有半碗肉。那是姥爺他們吃到的最豐盛的午飯。正在吃飯的時候，突然有一發炮彈從江南打到江北來，恰好就在營地爆炸，把連裏的一個炊事員給炸死了。那個炊事員人很好，大家都叫他「大個兒」。那天中午就是他宰的豬，給大家做了一頓好飯。炮彈把他炸得七零八落，成了一堆爛肉，再也拼不出人的形狀。「好好的一個人，轉眼間就什麼都沒了。那時候，我也不知道害怕了，拿著刀子剪子什麼的給他收拾了一下，能連在一起的就連起來，然後裝到塑膠袋子裏處理了。你說，他是一個很好的人，一個為人民服務的人，怎麼就落得了這樣的下場呢？」直到現在，姥爺還是覺得「大個兒」走得非常可惜。

解放戰爭結束後，新中國成立了。姥爺隨部隊去了福建。姥爺這個地地道道的北方人實在是難以接受每天都吃米飯的日子。之前在北方時，他們有饅頭有菜吃。那個年代生活雖然也艱苦，但是在部隊上還是可以吃飽的。尤其是後來他們去了朝鮮之後，就更加覺得祖國的好處。

　　1950年時，姥爺所在的部隊再次整編，步兵變為炮兵，還進行了專門的炮訓。待到十月份，他們換下了戰衣，拿到了新的棉衣。當時換軍裝的慣例是「五一穿戰衣，十一穿棉衣」。沒過半個月，部隊便接到新的任務，任務的具體內容他們也不清楚。在晚上七八點鐘時，部隊坐上了拉貨的悶罐車。很多人都在納悶，剛發了棉衣怎麼又要上戰場了呢？有士兵還想要逃走，戰爭年代持續了那麼多年，有些人在心眼裏難免會對戰爭厭煩了起來。

　　上層都對此次任務的具體內容保密，他們只知道火車一路向北，不知道要開往何方。第二天上午火車到了上海，在那裏停了大約四十分鐘。其間，姥爺又領到了皮帽子、大皮靴、棉褲和皮大衣。領完這些東西之後，繼續出發，連著好幾天好幾宿，他們就在晃晃蕩蕩的悶罐車上度過。幾天之後，在黑龍江離安東很近的地方——八大江下了車。在八大江，停留了大概有半月二十來天。團裏將棉衣等衣服發到每個士兵手上，接下來便是培訓。朝鮮人民軍為他們做翻譯，一個連配一個。戰士們學習朝鮮的風俗習慣以及基本的朝鮮語，比如爺爺奶奶、大爺大娘和大哥大嫂的稱呼，到現在姥爺還能想起「阿巴吉、阿媽妮」這幾個詞兒。半個禮拜之後，姥爺他們接到入朝的命令。然後，用馬拉著炮，部隊從八大江步行進入朝鮮。

　　關於朝鮮戰爭，姥爺講述得最為詳細，比如當時的天氣如何，他們的行軍路線又是怎麼樣。當時是十月份，那邊已經開始下雪。部隊都是步行前進，而且白天不敢走，只能在夜裏趁著黑暗行軍。美國鬼子的飛機很多，一天二十四小時飛機不斷，飛得又很低。白天進行轟炸，到晚上飛機就盤旋在公路、鐵路、飛機場等主要幹線上，用照明彈在空中照

明巡邏。只要發現有步行部隊便開火。有一段時間，白天部隊還能住在民房裏，到後來就不得不住到山上。戰士們把防雨布鋪到雪地上，再蓋上東西隱藏起來。朝鮮人民軍也有哨兵，在美國飛機從韓國飛過來時，哨兵就開始放槍，姥爺他們知道美國鬼子的飛機又來了，就跑到公路下面隱藏起來。在姥爺的印象裏，中國部隊在朝鮮戰場上傷亡總共得有40萬人，其中有不少是凍死的。

「那時候，我也害怕。」姥爺笑著說。他說直到現在也想不起來當時是走了幾天幾夜，那些天過得簡直不堪回首。部隊裏有一些病號，還有一些戰士因為連夜趕路腳上磨出了泡。那些人無法再往前走，只能出隊留下來，其他人則按照地圖繼續前行。姥爺作為衛生員就留了下來，負責照看那些傷患。此外，團裏還留下一個機槍班來保護他們。大部隊在前面走，他們就帶著傷患們在後面按照路線去追趕。

姥爺說，他第一次入朝，其實是以失敗告終的。炮火一出，騾馬一驚嚇，就使得作為目標的他們更加顯眼，飛機發現了便轟炸，損失很大，一個團得去個三分之一或者幾百人。前線戰場上的軍事代表團開始進行協商，有朝鮮的，有美國的，也有中國的。吃了敗仗，姥爺他們只能坐著拉貨的悶罐車，一路不停地從朝鮮趕回安東。那是姥爺第一次出國，也是第一次感受到祖國對他來說意味著什麼。不管國內再怎麼樣，這裏都是家。回到「家」之後，就安心了。

第一次入朝實際上是以慘敗告終，但是對外仍然宣稱只說是「損失很大」。姥爺的心情也很低落，不過回到祖國後他們依然受到了很周到的招待。第二次進入朝鮮戰場時，他們的裝備比第一次要好上很多。這次不僅配備了蘇聯的高射炮，另外還有蘇聯來的顧問幫助他們進行訓練。突擊訓練了不到一個月，便開始射擊打靶。訓練見成果後，就再次入朝。當年，姥爺他們在德州上火車，依然是悶罐車，炮就擺在平板上。中途在安東訓練了一段時間後，便直接乘火車進入朝鮮。炮手們各就各位，都守在自己的炮位上，對鬼子嚴陣以待。這次他們部隊還有了

雷達，鬼子的飛機來了，雷達能監測到，緊接著就開始射擊。這次是什麼都不怕了，黑白天地往前走，不再是上次那樣摸黑前進。

在朝鮮，部隊的任務是保護朝鮮的飛機場，高射炮打得美軍的飛機不敢低飛。而且姥爺部隊也有了自己的飛機，這樣就可以和美國飛機在空中打一場。現在的空軍司令員王海在朝鮮戰場時就殲滅了敵人不少飛機，成為空軍英雄。後來打得美軍沒辦法了，他們只好和中方進行停戰談判。中、美、朝三國談判後，美國投降。這次，姥爺可以正大光明、「大搖大擺」地回國了。

離開部隊之後，日子過得如流水般平靜，所以他退伍之後的講述非常短。他看著自己的兒女們各自成家立業，然後又有了孫女外孫，接著又看著孫女們成婚。打仗那些事情真的是好久之前的事兒了，雖然它們佔據了很多記憶。姥爺給我講述這些故事時，他正在醫院住院。胰腺癌，非常痛苦的病，家人都瞞著他。陪在他身邊時，只說他胃不好，沒有多大問題。可是我覺得姥爺其實什麼都知道。有一天，老家來了好多人看望他。姥爺事後說，有好些人他已經很久沒見過了。那天姥爺沒控制好情緒，他一落淚惹得一大家子人跟著一起掉眼淚。也許，那是他人生第一次在那麼多人面前流淚。

姥爺說老天爺對他還不錯，他這一生還是很順當的，非常平淡，也沒有什麼大風大浪。我說：「您是有福氣的人，您看你都從戰場上活下來的，所以您什麼都不需要害怕。」「是，我啥都不怕。這輩子我活得已經很好啦！」

「這輩子我活得已經很好啦！」這真是一種幸福的感歎。訪問: 1.您80歲時，家裏人一起給您慶祝80大壽，您有什麼感想嗎？

（笑）那天挺熱鬧的，來了好些人。蛋糕啊什麼也都有，過得挺好的。

2. 小時候有想過長大之後要做什麼嗎？

（笑）沒想過。都是農村的，小時候就種地，沒想過要做什麼。

3. 您擅長什麼呢？覺得自己哪些方面還不錯？

（笑）也沒嘛擅長的，沒文化，就上過幾年私塾，文化水準低，倒是記性還可以。

4. 外孫出生時，您在做什麼呢？

1987年的時候，我已經退休了，就閒在家裏。

5. 轉業後，您對工作還滿意嗎？

挺好的，做過支書，也管過人事，離休之後又回去調調檔案什麼的，工資也可以。

6. 您對金錢怎麼看？

咳，夠用就可以了。

7. 這些年來，您去過哪些地方呢？

我去過的地方可以說是不少，當年在部隊上時還去了朝鮮。濟南、福建、上海、黑龍江、江蘇還有蘭州，這些地方都去過。

8. 您去過朝鮮？感覺朝鮮怎麼樣？

條件非常的艱苦，那裏趕不上祖國。

9. 去當兵的時候，您才結婚一年。那時候您要走，家裏人都支持嗎？姥姥當初有說什麼嗎？

都支持。你姥姥什麼也沒說。後來她還到部隊上看過我幾次。

10. 在您眼中，國民黨就是壞人嗎？

那可不！

11. 在抗日戰爭的時候，國民黨是主力軍，為抵抗日軍付出了很多。像毛澤東的部隊，小米加步槍的，很難取勝的吧。

（笑）呃......那時候他們是做出了些貢獻的。

12. 您是共產黨員嗎？

是。那時候入黨可是件大事兒。宋清渭是我的入黨介紹人，他現在是濟南軍區的政委，那次去濟南做檢查的時候還想著要不要去看看他。

13. 在戰場上時害怕嗎？

有害怕的時候。像在朝鮮的時候，美國鬼子的飛機一天24小時在空中巡邏，一旦發現我們就會開始轟炸。那時候我們只能在黑夜裏摸黑趕路，白天都不敢走。第一次進朝鮮時，每天都提心吊膽的，不知道敵人的飛機啥時候會來。

14. 您還有什麼想做的事情呢？

就想看到小超（外孫）結婚。我都想好了，咱擺上五六十桌，這些事情我來辦，我來出錢。

15. 對我們這些小輩，您有什麼話要叮囑我們嗎？

（笑）也沒什麼叮囑。你們就好好工作，好好做人就好啦。

採訪手記

對姥爺的採訪是進行了好幾次才完成的，而且基本上每次都是在醫院裏。三月上旬回德州，最主要的就是想完成這個任務，所以到家後的第二天，便去了姥爺家裏看望他。不湊巧的是，那段時間姥爺身體不適，老說胃疼，不願意吃飯。所以，那天我們就陪著他到醫院去做了檢查。原本以為是胃的問題，沒有往大處想。然而，CT的檢查結果卻把大家扯入對癌症的憂慮之中。為了確診，我們接下來的一天又陪著他到濟南的軍區總醫院做了一個PET-CT。情況不妙，然而，大家也只能接受這個讓人痛苦的結果。

那次回家，我幾乎每天都會去看望他。雖然大家都瞞著他最終的檢查結果，但是看得出來那幾天他一直情緒低沉。家裏人鼓勵我採訪姥

爺，希望借此能夠轉移他的注意力，所以此次採訪得到了大家的支持。在採訪之前，我先去收集了姥爺以前的照片。雖然在搬家的過程中，有好多照片都不見了，但幸運的是留存的幾張都很有價值。我們拿出影集，和他一起翻看老照片。在這個過程中，老人家一直保持著微笑，說的話不多，基本上都是我問了什麼之後，他才會說幾句。也許是因為事情過去了好多年，一下子他也不能完全回想起來。那次的假期很短，在我回校之前，姥爺也沒有跟我講起以前的故事。

我回到北京後，沒過幾天，姥爺就住院了。醫生給的治療方案是做化療或者放射療法，為了讓姥爺少受一點罪，家裏人最終決定做放療。也許到了這時候，對於自己的身體，姥爺心裏也有數了。聽說，在醫院裏，他吃東西還是很少，晚上也睡不好覺，我在這邊也跟著擔心。

清明節那個假期，我又回了一次德州。主要的還是去探望他，那時候姥爺還在醫院裏。家裏人每天都有人在醫院裏陪著他，那段時間，姥爺的狀態看起來還不錯。我們每天中午去醫院給姥爺送飯，然後下午再陪著他去做放療。中午他也不休息，就坐在窗邊跟我講以前的事情。看得出來，姥爺是仔細回憶過了，因為講述過程中雖然他被打斷過好幾次，但是都能接上之前的話繼續講，而且一下子就說了一個多小時。隔壁病床的病人家屬都感歎，光這一中午，老人家說的話比住院二十多天加起來說的話都多。有一次他剛吃完飯，家人收拾餐具的時候，姥爺就一直看著我，好像有什麼要跟我說。等著餐具都收拾好之後，他馬上對我說「上次忘記跟你說渡江戰役的事情了」，看著他認真的表情，家裏人都想笑。

姥爺是個很平和的人。聽說他年輕時也這樣，就連生氣了，頂多冷著一張臉，從不會亂發脾氣。他曾是家裏的「頂樑柱」，如今成了家裏每個人的「保護對象」。今年他83歲了，大家都像關心小孩那樣對待他。每天都問他，「您今天想吃什麼呀？」「要不要喝點水？」或者是「晚上睡覺睡得好嗎？」他現在看起來就像是一個簡簡單單的「老頭

兒」，在他的慈眉善目裏你找不到戰爭留下的痕跡，雖然他的整個青春歲月都和戰爭牽扯在一起。如果沒有這次作業的話，估計我也不會專門去聽老人家的故事，老人家可能也不會再仔細回想那些歲月。仔細想想，八十多年中，他所經歷的事情我可能幾輩子也經歷不了。

儘管當初姥爺經歷過數次戰爭，目睹過戰火下的慘烈，但是感覺得出來，他對自己的生死依然很在意。俗話說，「七十三，八十四，閻王不叫，自己去」，他到了83歲了，尤其是現在自己還生病，難免會想得多一些。在這個敏感的時刻，我不敢去問老人家對自己的「生死」有何看法，這個問題太殘忍了些。也許他自己會考慮，或者焦慮，而我只能一遍一遍地安慰他說，「打仗時那麼多人都死了，而您卻活了下來，老天對您很好，所以接下來一切也都會好起來的」。

前兩天，姥爺結束了放療，出院回家了。回家之後，他的心情好很多，打電話跟我說「胃不脹了，吃的東西也多了，而且晚上不吃安眠藥也能睡著」。他每次都跟我說，讓我不要擔心他，放心吧放心吧；我每次也跟他說，您要保重自己。我們在這幾句話繞過來繞過去，是經常的事情，每次總是互相叮囑好幾次。看到老人家這樣，真心地歡喜。希望天下的老人們都能安安穩穩地走過人生的最後一段旅程。

不知道我老了之後，會不會向後輩講述自己的經歷。也許就算我想講，也不見得會有人專門聽我說。希望到那時候，我的孩子們也會接到這樣的作業，最起碼能夠提醒我在一切來得及的時候去回憶一下自己的人生，免得真的糊塗過世。

宋家秘史

楊涵

源起在山西介休縣有這樣一戶人家，高牆大院，遠近皆知。院子的牆高和規模比肩雍和宮，單從臺階的級數和門檻的高度也可以說明這一點。院有三進，院內的每個建築都裝飾了華麗的磚雕，這既為了美觀，上面的圖案也是教兒育女的一種方式。除了住所，院內還包括果園、側花園和糧食場。家裏共計長工十餘名，做飯的阿姨四五個，還有好幾個老媽子。每有紅白喜事，都會看到一長串的小毛驢隊伍拖著成箱的彩禮綿延上百米，吹吹打打熱鬧好幾天。

　　我們的故事呢，就從這裏開始。這家人便是我姥姥的娘家，鄉里人都稱百年郭家大院。據說這是我姥姥爺爺的爺爺留下的家產，他老人家當年是清朝末年的朝廷命官，至於官居幾品，我姥姥也說不清楚了，總之在她的印象裏很高很高，是家裏光宗耀祖、教育後人的經典範例。這戶房產本來也沒這麼大，沒這麼氣勢雄偉，不過隨著家裏後人的不斷增多，擴著擴著就擴成了雍和宮的樣子，估計換成現在，早被當作違章擴建給強拆了。

　　老話說的好，「富不過三代」，到了姥姥的爺爺這一輩家族就敗落了，所以說姥姥的出生沒有趕上好時候。但還有句老話講「瘦死的駱駝比馬大」，尋訪祖父的秘方宋家秘史在姥姥小的時候，家族實力依舊雄厚，站在大門往裏望去，層層縱深的院門是她腦海裏永遠也抹不掉的記憶。據說當時姥姥的奶奶對周圍百姓很好，方圓幾里的小孩兒生病都來找姥姥的奶奶抓藥，姥姥說當時也沒有什麼處方，就是一粒一粒的小彩藥粒兒，姥姥給他們包在小紙包裏拿回去吃兩天就好了。所以周圍人都很感激這戶人家，這為之後「文革」的避難打下了很好的群眾基礎。

　　1909年，郭家新來了一個姓宋的短工，瘦瘦的，眼神很犀利。他在郭家負責砍磚，每天結束勞作時，郭家都會將吃不了的成盆的饅頭和飯菜兜給他帶回家，並以此作為工錢。這個人就是我姥爺的爸爸——我的老太爺。

　　窮則思變

話說宋老太爺走進我們故事的時候才七歲。在郭家當了十年的短工之後，他決定離開家鄉。18歲那年，老太爺經人介紹到北京某化工原料商鋪當了學徒工。他聰明又勤奮，在當學徒工的3年裏除了賣力氣，還掌握了經營的精髓：「不過是商品和資金的流動，不是難事兒！」於是在老太爺21歲的時候，通過三年跑貨積累下的信譽，他在完全沒有資本的情況下成功做成了人生中的第一筆買賣。所謂窮則思變，老太爺開始起家了。

1940年前後，在老太爺三十上下時終於有了自己的店鋪。他在現在北京的東單大街旁買了一家門鋪，繼續他化工原料的生意。隨著生意的不斷擴張，老太爺隨後買下了隔壁的店鋪，擴大了自己的經營規模。1945年到1949年三年國民黨時期，老太爺變成了大資本家，壟斷了全北京的油漆化工原料，成為京城有名的晉商。其實在當時的北京，糧店、油鹽、副食店的經營者都以山西人為主，晉商是生意場上一個非常有影響力的分支。

隨後，老太爺開始由實體經營轉向金融交易，做起了錢莊。用姥爺的話講，那時家裏有多少錢，多少金條連老太爺自己都不知道，數都數不清。他在建國門買了兩套大宅子，其中較大的那套有二十多間房，家裏配有汽車，還雇有司機、老媽子和廚子三個用人。那時候我姥爺十來歲，正值風華正茂的年齡。當時東單有個「金山」照相館，就開在我老太爺店鋪的旁邊，姥爺有事兒沒事兒就溜達過去照個相，所以現在留下了很多年輕時珍貴的老相片。

那時我姥爺的姐姐，即我南京的姑姑，在家裏可算得上一位得寵的大小姐。每天出門都有黃包車夫接送，不是要錢買包就是買鞋，前門的「內聯升」每有新款式，她必去逛逛，吃的穿的用的什麼都不愁。所以後來據我媽講，有一次她老人家來北京探親，我媽帶她去恭王府看和珅當年的府邸，在我媽媽看來很稀奇的院落花園對我老姑來講卻根本不放在眼裏，只是走馬觀花的打量了一番，完全沒有面露欣喜的神色。

此外，還有位不得不提的人物就是我姥姥家的叔叔，當年郭家大院裏的養花兒遛鳥兒的公子，卻因山西家族的敗落，轉向北京投奔我老太爺。姥爺說，老太爺不很喜歡他，因為他真是名副其實的公子出身，吃嘛嘛香，幹嘛嘛不靈。但畢竟是老家的親戚，當年郭家待人不薄，所以出於人情的考量老太爺對他也算不錯，讓他在店裏當了個零工。真所謂十年河東，十年河西。短短四十年，姥姥家和姥爺家的家族勢力完全翻了一個個兒。誰能想到當時的少爺，將來有一天會給院子角落裏那個砍磚的七歲的小男孩兒打工呢？

潮起潮落

1949年新中國成立前夕，窗外炮聲隆隆。當時的人都管我老太爺叫宋經理，據說他黑白兩道通吃。眼看著北京就要解放了，很多人都勸他說：「宋經理，時間不多了，您也跟著老蔣一起跑去臺灣吧。」說實話，老頭兒不是沒動過這個念頭，但太奶奶身體一直不好，久病在床，老太爺定期得請中央人民醫院的院長鐘慧蘭大夫到家裏來看病。老太爺曾經把自己的想法透露給鐘大夫，但她說太奶奶身體不適合長途旅行，不能坐飛機，怕心臟受不了。所以思忖許久過後，一家人選擇留下來，留在了北京。自古有道是「商人重利輕別離」，遙想老太爺當年如此叱吒風雲的一個人，居然會為了一個久病在床的女人選擇駐守，真的非常令人尊敬。可惜世事難料，就在老太爺決定留下後不久，北京剛一解放，太奶奶就與世長辭了。

新中國剛成立時，社會還沒安定下來。有一次搶劫的人到了我太爺家，姥爺說幸虧解放軍來營救，家產才得以保全。後來還住在家裏保護他們怕再次來襲。說給什麼都不吃，人家專門有人送飯。姥爺因此特別感謝共產黨，感謝解放軍。在他心裏，共產黨和解放軍就是保護人民、為人民服務的好人。

其實解放期間，家裏家外還發生了很多事兒，人心惶惶，生意也難得顧上。大家跑的跑，逃命的逃命，保命的保命，所以在動盪的年代家

產只出不進，耗著耗著就殆盡了。於是，老太爺的商鋪迎來第一次破產。

1950年，新中國成立初期正是社會主義建設的大好時機，老太爺又重回老本行，東山再起，搞起了他的化工生意。那時候，城市建設正如火如荼的進行中，幾大標誌性建築的興建等等對油漆化工原料的需求量激增，從1950年到1955年這四五年可謂是老太爺在生意場上的第二春。

這時候姥爺已經十五六歲了，身為家裏的長子，姥爺在自家的門鋪裏當起了學徒工。姥爺說那時候他學會計、算賬，全是老太爺口頭教的，也沒什麼書本，學起來特吃力，他一個小孩兒什麼都不懂就知道天天打算盤。要不說老太爺是資本家呢，連自己的兒子都不放過。那時候姥爺有嚴重的哮喘，但老太爺絲毫不會因此減少他的工作。那真是拿自己的兒子也當工人來剝削。每天天不亮姥爺就要起來一條一條地卸下門板，然後收拾鋪面，準備開張。接著白天負責櫃面流水，晚上算賬，關門了還要把門板再一條一條地放上。每天累得沒日沒夜，所以後來姥爺吃苦耐勞、勤勞勤儉的作風都是那時候習來的。古話講「寶劍鋒從磨礪出，梅花香自苦寒來」，老爺現在的成就和一身的本事跟小時候吃的苦頭真的分不開。

1955年，老太爺正值春風得意之時，忽然一張大陸銀行的欠條拍到了桌上。不知道何年何月甚至連老太爺都記不清的一筆借款忽然來催繳，隔了這麼久光利息就不知道翻了多少倍，老太爺自己也說不清是箇中情況，最後沒辦法只得傾注了大半個家產補上了這個大洞，家底從此薄了一大截。

緊接著1956年，公私合營。官方來講就是「對私營的工業、商業、手工業進行社會主義改造」，對所有私人資產進行贖買政策。於是，老太爺面臨第二次破產。他一下從大資本家變身為油漆公司的經理，掛個虛名兒，實則每個月靠領工資過活。但公私合營對姥爺來說真

是一次解放和救贖。因為他學過會計，所以公私合營後直接調到了上級機關負責會計工作，終於不用每天那麼起早貪黑、沒日沒夜地工作了。說到這兒，姥爺長吁了一口氣。

要說人生真的是起起伏伏，跌跌撞撞。低谷時不能放棄夢想，高峰時不能放鬆警惕。沒有波瀾的人生不完整，也不夠精彩。不過這話可能說起來輕巧吧，如果上天能讓老太爺順順當當地走完大資本家的道路，我想打死他都不會選擇如此起伏不定的模式。如果給我個錦衣玉食一輩子的機會，估計我也從了。關鍵在於波瀾的大小，沒有絕對的一帆風順，世間萬物都不過是相對的而已。

自主婚姻

1953年，姥爺的爺爺去世了。老太爺帶著姥爺一起回山西弔喪。那時正是老太爺巔峰時期，這趟回老家真算是衣錦還鄉了，在老太爺的操辦之下父親的喪事辦得特別體面風光。

這時候，姥爺17歲，姥姥14歲。在親戚的介紹之下，姥爺和姥姥認識了。但姥姥家的叔叔——就是當初養花兒遛鳥兒後來投奔我老太爺家的那個公子，他特別不同意姥爺和姥姥交往，因為認為這兩家人門不當戶不對。

雖然我老太爺發家了，但在那個叔叔的眼裏他的身份背景還是一個短工，怎能和郭家的女兒結姻。但話又說回來，我姥姥的出身也不是很幸福。早年的時候姥姥的母親就去世了，她父親又找了一個後媽。後媽待她很差，家裏沒個撐腰的人，所以姥姥從小就受人欺負，她的一切都要靠自己去奮力爭取。所以在骨子裏，姥姥是個特別爭強好勝的人，同時也是個不容易相信別人的人。

她總是想很多，怕自己又被後媽欺負。她說：「不能因為沒有依靠就放棄自己的權利，幸福不是別人給予的，而要靠自己努力去爭取。」所以在別人眼裏，姥姥一直是個很硬氣的人。但反過來，姥姥也

很脆弱。我記得小時候，我太小了不懂事，剛學會灰姑娘的故事就非要拽著姥姥給她講。姥姥說不聽，我還是要給她講。講著講著姥姥就淚流不止。其實外表的堅強不屈不過都是內心脆弱的一種保護殼，每個人小時候的家庭環境對其成長道路和性格的形成都有著至關重要的作用和影響。

於是再回到我們的故事裏。辦完喪事後，姥爺就隨老太爺回京了。但從1953年到1956年這三年裏，姥爺和姥姥一直保持書信往來。到了1956年，公私合營。姥爺20歲，姥姥17歲，姥爺專程回山西看了一趟姥姥。各種細節他們沒有在講述中具體透露，不知道是記不清了還是覺得不好意思不願講給我。之後的兩年姥爺一直給姥姥寄錢，支持她在家裏繼續讀書。

然後1958年，姥姥初中畢業後來北京找我姥爺。那時姥爺22歲，姥姥19歲。雖然姥爺在這時患上了嚴重的哮喘，但姥姥說她不在乎，面對家人的反對，姥姥力爭自主婚姻！她要「闖江湖走天下，天不怕地不怕」，不會因為別人的阻撓而放棄自己的決定。於是在這一年，她和我姥爺領了結婚證。

之後，姥姥在北京學習電工鉗工，在機械工業部所屬的電氣科學研究院找到了一份稱心如意的工作，一直工作到退休。在這期間，她還分到了自己的房子，生了一兒一女，實現了她當年「闖江湖走天下」的誓言。

命運交響曲

1959年到1961年，中國遭受了嚴重的自然災害。那時糧食定量，姥姥是電工，算重體力行業，因此每個月發45斤糧票。姥爺因為公私合營後進機關當了會計，所以算幹部，每個月給28斤糧。他們倆合一起七十多斤，足夠一家人吃飯了。1961年9月，我媽出生。她之前好像還有個姐姐，但是出生後不久就夭折了。姥姥姥爺都不願多提。所以我媽在家裏是老大，趕上了自然災害的末端，沒吃什麼苦，還算幸運。

1965年，我舅舅出生。這期間家裏總算過了一段安穩的日子。可惜沒太平幾年，1967年3月18日，「文革」開始。當時劃分了黑五類：地富反壞右，老太爺很顯然被歸了進去。那時人家來抄家，姥爺說十幾幅齊白石的字畫兒、古玩，都被抄走了。「文革」在他們眼裏真的是十年浩劫……國家不僅占了老太爺的房子，還號召把資本家都轟回農村去。老太爺被迫隻身一人回了老家，吃不好穿不暖，真是一夜打回了解放前。

　　不過老家畢竟是人從小長大的地方，有很多小時候的回憶和親戚，據說老太爺整天串門兒聊天兒，這也從很大程度上緩解了他的苦悶。而且北京的家裏人不斷地給老太爺寄錢寄糧食，還有很多生活必需品。老太爺把這些東西都分給了當地的農村人，所以大家也待他很好，因此沒有遭到嚴重的批鬥。

　　不光姥爺家這邊在「文革」中遭受了重創，姥姥家那邊也受到了很嚴重的衝擊。郭家雖然敗落，但家底兒還是有的。姥姥說，聽老家人說家裏很多古董瓷器都在「文革」中被砸毀。

　　姥姥向來是個激進分子，加上童年的不幸，她在「文革」中自然表現得很紅。而姥爺是資本家出身，在這場運動中一直是被打擊的一方。所以家裏一時間分成了對立的兩個派系。這其中的很多故事姥姥姥爺在講述中都隱去了，只是隻言片語中似乎察覺到了零星的火藥味兒。鑒於姥姥姥爺歲數都不小了，為了不再次引發爭端，我強忍好奇心，沒敢繼續深究。

一路前行

　　1971年，姥爺帶著舅舅回老家把老太爺接回了北京。同年，姥爺出任北京市服務局下麵飲食基層店的會計，負責區域內幾十家飲食店的會計工作。為了更好地服務大眾，他打破了以往基層彙報的方式，而採用上門服務，這一點被上級領導發現，特請他在開會時作主題報告。姥爺的優秀事蹟被領導大為讚賞，因此在當年他被評為了「北京市先進工

作者」。

此外，姥爺還非常要求進步，經常寫「入黨申請書」、「思想彙報」、「對家庭的批判」等。當時，黨的政策是「有成份論，不唯成份論，重在表現」，「家庭出身不可選擇，走什麼道路可以選擇」，所以在這些政策的指導下、上級領導的批示下，姥爺在「文革」期間，雖身為資本家的兒子，卻破格「火線入黨」。

1978年，姥爺調到北京市服務局財務處工作，擔任審計處副處長，負責北京市三十多家特級飯店的財務審計工作。什麼全聚德、崇文門飯店、豐澤園飯店、仿膳都在姥爺的工作範圍之內，那時真是風光無限，用他的話講，光烤鴨一禮拜就要吃三四次……1983年，姥爺調去北京市政府財貿辦公室。第二年，被單位選拔參加市委黨校培養，修讀了經濟管理的大專學位。三年後，國家落實抄家時的房產，姥爺說他寫下了很多被抄走的東西，但人家給的補償還不夠當時一個箱子錢呢。罷了，罷了。

1988年，姥爺跳槽去了保利大廈，擔任財務總監。在那裏工作的五年時間，姥爺說他擴充了不少財務的知識，特別是很多中外合資賬務的處理方法。從政府機關跳到中外合資企業，這一步真是走對了。否則幾年後的一次改革，原單位就沒了，留在那裏就只能等待提前退休。

1990年老太爺去世。那時候我兩歲，對這個當年叱吒風雲的老爺子完全沒有半點印象。只能憑藉他抱著我的一張合影找尋依稀的記憶。

1993年，姥爺又從保利大廈去了會計師事務所。在那裏一直做審計工作，到現在20年了，還在幹呢。要說會計真的和老師、醫生一樣，是一門越老越能體現價值的行業。我就眼瞧著姥爺現在七十多了，每週還能出去給人做審計，隨便翻翻帳本就知道哪兒有問題哪兒該怎麼處理，去一趟幾個小時就能掙好多，感覺特別帥。所以後來我總結：生個孩子也讓他學會計！

尾聲

現在姥姥姥爺都退休了。姥爺現在是全家的大廚、美食家，每年除夕的年夜飯都是姥爺一手操辦的。一個人炒十幾個菜不在話下，而且個個色香味俱全，家裏誰都趕不上。姥爺說，這都是當年在服務局每天下館子的結果。此外，姥爺還特別逗，在外面可以花幾百塊吃一頓西餐，在家裏卻什麼破爛兒都留著不捨得扔，墊桌子的報紙都要整一整收起來說要拿去賣，然後推個自行車騎老遠去賣廢品那兒掙人家幾塊錢。

2008年，姥姥姥爺金婚。全家人帶著他們一起去補拍了一張婚紗照。兩個老人在照片裏笑得特別燦爛。現在兩人身體都很棒，姥爺甚至還在源源不斷地接著審計的工作。兩人沒事兒了就去吃個西餐，旅個遊，雖然也天天吵架，但大家都知道，他們誰也離不開誰。

最後問他們還有什麼願望嗎？

姥姥說：「現在我就希望你趕快結婚，然後讓我抱重孫子......」

姥爺說：「我等著楊涵到時候開個大公司，週末了就開著小車來接我。然後我就去給她當財務總監，讓姥姥當後勤主管......」

然後全家人哈哈哈地笑成一團。擺桌子，上菜，開飯。

訪問：

1. 小時候有什麼樣的夢想？後來實現了嗎？年輕時遇到的最大煩惱是什麼？怎麼解決的？

姥爺：沒有......

姥姥：我當年來北京的時候真是天無寸瓦地無寸土，走江湖闖天下。後來有了自己的房子，在北京找到了安身之地，當然算實現了。我以前連掃地都不會，做飯也不會，後來什麼的都行了。年輕時候窮啊，只能自立自強。自己考試，學電工。真本事才是硬道理。

2. 想回老家看看嗎？為什麼？

姥爺：　有這個想法。想去介休縣城看看。七幾年去過一趟，沒顧得上好好看。前幾年跟旅行團也去過平遙一趟，但跟團行動不自由，路過家門都沒法進去。所以現在想再去看看，加深一下印象。

姥姥：　不太想回去。家裏都沒什麼親人了，大家都在外面工作。我們郭家大院比喬家大院、王家大院都早，所以現在保留得沒有那麼完好了。

3. 一輩子最難忘的地方是哪兒？印象最深刻的？

姥爺：　北京，東單。那是我的出生地，我在那兒待了20年呢。

姥姥：　我從小沒母親，只有個奶媽對我還不錯。她家離我六里地，在蓮福鄉，我對這裏印象特別深。

4. 還記得第一次掙錢是什麼時候嗎？記得當時什麼感覺嗎？

姥爺：　1956年公私合營，變成國家工作人員後領了第一份工資，50塊錢，在當時來說可不少了。之前在你老太爺那兒又當會計、又當售貨員、又當送貨的，特別累，什麼全幹，還沒什麼錢，就管飯吃。

姥姥：　20歲來北京找的一份零工，人家好幾個月幹的活我一個月就幹完了，都誇我厲害。那次掙了7塊錢，買了一雙雨靴，一直捨不得穿，最後都粘一塊兒了。對這件事兒我記得特別深。之後幹臨時工又掙了32塊錢。最後調到自動化所，是央企，門口還有拿槍守衛的呢，我覺得特高興特安全。人家給16塊錢我也覺得開心。

5. 哪些地方還有待提高？

姥爺：　沒什麼……都七十多了還提高啥……

姥姥：　我覺得沒什麼不足……想學電腦，可是實在學不動了。年輕時候上進心特別強，沒有我不會的東西，現在感覺都用盡了，不想學了。

6. 喜歡誰，為什麼？

姥爺： 沒有......

姥姥： 當年廠裏的書記。他特別賣力氣幹活，是大家學習的榜樣。但「文革」的時候被批鬥了。

7. 我出生那年，您在做什麼？對我出世的感想？

姥爺： 正在保利大廈做財務總監，是事業的巔峰期。保利大廈當年招聘給出了五個條件： 黨員、處級幹部、30年以上會計工齡、旅遊飯店從業者、會計中級職稱，當時去應聘的人裏面就我符合標準，所以直接就上了。你在積水潭醫院出生以後，我找車去醫院接的你，我還記得剛把你抱回家放在床上時候的那個樣子。你出生真是趕上了改革開放的好時候啊，比我們那時候強多了。

姥姥： 我在機電所退休了，之後又斷斷續續地找了四個活兒，幹了八、九年。你出生我感到挺高興的，但是正忙著工作所以也不是很顧得上。

8. 對健康的看法？遇到過的健康問題？如何處理的？結果怎樣？
姥爺： 好吃好喝，身體棒棒！以前最大的病就是哮喘，年輕的時候啊，每天都喘得不行。後來認識了一個李大夫，醫術高明，在他的調理下哮喘算是治好了，解決了一件大事兒。再後來身體都不錯，不過現在要留心了，好多體檢指標都超了。

姥姥： 無論是小是老，有健康才有一切。身體好，心態平衡，管住嘴邁開腿就是健康。有病該吃藥吃藥。得過糖尿病，都是後來生活好了，大魚大肉吃的，不注意節制。得病的時候什麼都不敢亂吃，就怕血糖上去。後來找了一個專科診所，聽人家醫生的，每天照醫生說的吃飯，現在基本上好了，也不用吃藥。關鍵就是管住嘴。

9. 遠行去過哪裡，有什麼印象？

姥爺： 最遠啊，去過海南，港澳。你姥姥怕坐飛機不安全所以一直不敢往遠了去，香港、澳門那次還是我自己跟團去的。也沒覺得多

好，就一般吧。哪兒都不如家好。

姥姥：四大佛教聖地去了三個。武夷山最好了，還有鼓浪嶼。記得那個肉脯不錯，是個幽靜的地方。其實還跟你姥爺去了好多地兒，現在一時間也說不上來了。

10. 還想去什麼地方嗎？

姥爺：哪兒也不想去，太危險，淨出事兒......你看現在外頭老打仗......姥姥：我想跟楊涵一起去趟美國，到時候姥姥埋單！還想去廣西長壽村，不跟姥爺一起出去了，淨吵架。上次我們一起去上海就差點丟了，都是因為你姥爺跟我吵架，我們分開走就走散了......

11. 還想做什麼？

姥爺：沒有......繼續幹活兒吧，繼續做審計。以後我就想無私奉獻，不要他們錢了，免費幫他們指導。

姥姥：活到老學到老。

12. 對退休有什麼看法？

姥爺：退了跟沒退差不多。工作繼續幹。現在還有不少審計的專案呢。

姥姥：退休對我來說又是一個機會。退休後我一點沒閒著，又找了好幾份工作。我要讓社會繼續接納自己，證明自己的能力。

13. 對財富的看法？

姥爺：勤儉持家就是財富。

姥姥：有人就有一切。不要把財富看成是最重要的事兒，對社會的貢獻才很重要。

14. 對十年河東十年河西有什麼看法？

姥爺：跟你姥姥一樣。

姥姥：都是由國情來定的。個人主宰不了太多。要緊跟政策走才是。

15. 對現在的醫療體制有什麼看法麼？好不好？哪裡還需要改進？

姥爺：看病貴，看病難。我上次去看膝關節，掛號，排隊；看病，排隊；拍片子，排隊；上藥，又排隊。排了四回，特麻煩。以後我再也不去了。現在醫療體制是先行墊付，後給錢。我覺得這個不合理，應該實報實銷。

姥姥：我身體挺棒的，沒有什麼大毛病。有病就給國家造成負擔，要把自己身體搞好，給國家減負。現在國家做得很好了，坐車不要錢，醫保還給報銷，挺好了，沒什麼不好的。我很少上醫院，所以也沒什麼感覺。

16. 對獨生子女的政策有什麼意見？希望我生幾個孩子呢？覺得一個家庭生幾個孩子最合適呢？

姥爺：計劃生育是國家的基本政策，好。但是現在後患也顯出來了，「421家庭結構」，孩子壓力大。我覺得你就暫時先生一個，看看負擔啊什麼的，再說。

姥姥：生倆孩子最合適，一男一女最好了。又省勁兒。獨生子女不好，現在高齡化太嚴重。那天我和你姥爺出門，街上全是老頭老太太。當年計劃生育的弊端現在體現出來了。所以你們這代應該生倆，少說了生倆。困難不困難的大家幫幫忙也過來了。

17. 覺得國內好還是國外好？對於很多子女把老人接到國外去住的情況有什麼看法？

姥爺：國內好。你看楊振寧，葉落歸根。哪兒生的就是哪兒好。外國那些都不習慣，舉目無親，不好，說話也不懂。還是中國好，不去外國，危險程度大。可以出去學習，深造一下，但還是要回來。

姥姥：還是祖國好，要熱愛自己的家鄉。外國再好也是人家的，不是自己的國土。還是在自己的國土最好，受人尊重。外國再好與我無關。

採訪手記

關於故事

這個故事講起來不算複雜，但涉及的時間戰線很長。本來想一氣呵成的，結果呵了好幾次氣才把它寫完，實在太費腦細胞了⋯⋯我特別喜歡故事前面的部分，特別奇妙，非常能體現「三十年河東，三十年河西」的人生起伏。以史為鑒，真的可以得到很多感悟。在這個故事裏，很難說主人公具體是誰，這更像在講述一家人的故事，孤立了誰都不完整。而且老太爺是個關鍵人物，為姥姥姥爺的認識，和姥爺後來的人生道路發展都起到了非常重要的鋪墊作用。再有，姥爺平時也經常會提起老太爺的事兒，所以我對這個老頭兒特別感興趣，知道他曾經有過非常光輝的過往，所以在這篇文章中也著重下了筆墨。

以前腦海中對家裏的故事都僅有支離破碎的片段，一直沒有機會聽老人從頭到尾細細地講一遍，現在終於把他們都串到一起了，有種拼圖完整的感覺，真感動。

關於訪談

訪問開始的時候姥姥姥爺特別可愛，就像要上節目了一樣，還有點緊張，正襟危坐像等待拷問似的。在講述過程中有些故事還不想告訴我，冷不丁說漏嘴了還特地囑咐「這段不要往上寫啊，怕影響不好。」（笑）整個訪談持續了四個小時之久，從午飯聊到晚飯，甚至耽誤了他們的午覺。可姥姥姥爺說「沒事兒你問吧，我們不睡也行」，然後說得越發起勁兒。而且他倆態度特別認真，一人講另一個補充，講述的人還會嫌對方打岔講錯了故事⋯⋯在這過程中，我感覺就像自己在寫一部編年體的家族史一樣。

其實訪問的時候有好些問題我都特想問，而且特想探究一下老人家的心理。比如有個問題是「如果另一半去世了您會怎麼面對？是否想過這個問題？是否有什麼心理準備？」但後來覺得這個問題太殘忍，就把它抹去了。

我希望這次整個訪談都在一個快樂的氛圍下進行。不想搞得跟《藝術人生》似的，一把鼻涕一把眼淚，我怕自己hold不住場。所以涉及尖銳的問題我都沒敢問。其實有些問題還是挺好奇的，但也矛盾，總怕問得太過激了兩老人受不了吵起來，或者感情太澎湃了血壓升高，所以該隱去的歷史就讓它隨風而去吧！

這麼想來歷史還真是難寫。

關於姥姥姥爺

姥姥姥爺是特別典型的、我所期待的老人的樣子。姥爺禿頂，喜歡穿襯衫，每天都把自己打扮得很帥。他現在每天看報，記性特別好，訪談中表現出非常清晰的思路，對過去的每個細節、日期都牢牢地記在心裏，不愧是做會計的，我真佩服。姥姥也是個可愛的老太太，大紅毛衣、小灰帽子，把自己捯飭得特別喜慶。我每次去每次都看著他倆說：「你們穿得可真漂亮，比我爸我媽都有品味！」然後他們就害羞地一笑不以為然。但姥姥明顯頭腦沒有姥爺好使了，經常答非所問，溝通起來略有些困難。不過反正我也不著急，他們願意說，我就在一旁認真地聽，我想這樣的機會恐怕也不多了，而且他們也很久以來沒人這麼耐心地聽他們回憶自己的過往。凡是能記起的故事必定在心裏曾經留下過波瀾，那我多聽聽也無妨。

回想一下，這真的是一次難得的溝通機會。講完之後姥姥姥爺也很感慨，說：「回憶的時候很多情景歷歷在目就像剛發生的一樣。有這樣一個機會回顧自己的人生真挺好的，會想起來很多事情。」老人家平時就會給我們念叨一些老故事，一遍一遍總是那些事兒，像放複讀機一樣的重複。可訪談過後我發現了一個改變，就是他們開始講新故事了！

雖然不過是開啟了新一輪的複讀，但我特別開心，因為感覺他們就像拾起了記憶裏的小貝殼一樣，又重新放在手上一遍遍地翻看。回憶變得豐滿了，這是件多麼幸福的事兒。

訪談過後，我開始有意識地特別珍惜跟他們在一起的時間。我有個想法，就是給姥爺出一本菜譜，就叫《宋家秘譜》，把他做的好吃的菜都記錄下來，然後拍照，做成一份電子雜誌，或者列印出來等他八十大壽的時候當禮物送給他，姥爺一定特別開心。我還要給姥姥姥爺拍很多漂亮的照片，現在在他們客廳裏就已經有一面牆都是我拍的作品，但我還要繼續，讓他們可愛的模樣永遠地定格在我的生命裏。

愛從未離開過

陽曉

我的外公姓彭，名方奇，湖南省長沙市寧鄉縣（中國著名文物四羊方樽出產地）人，1921年生人。外公是老彭家的長子長孫，底下有弟妹7人（弟弟5人，妹妹2人）。我的外公早年因為家底殷實，成為當時少數可以讀書的孩子。外公少年時期曾有兩個家庭教師（專門負責外公的讀書寫字），而且也曾上過私塾。正是因為自幼讀書寫字，所以外公身上有著濃濃的書卷氣息。外公的家是當時縣上的名門望族，擁有較大的土地財產（屬於地主階級），所以全家對外公的期待是繼承家業，所以外公的少年時期相對於弟妹少了些遊樂時光。

外公的少年時光幾乎都是在私塾和書房中度過的，外公的父母（我的太太——土話）是傳統的中國人，男主外女主內，講究門當戶對，所以不希望外公有過多當時的先進思想，所以極其反對外公到外求學。當時的湖南正在醞釀土地改革，新興思想在社會瘋狂傳播，但在外公的腦海中對此印象不深，只是覺得家中的氣氛愈發緊張。由於土地改革，所

以外公家的自有土地減少，家底不如以前，加上家中的孩子數量增加，使得生活品質不如從前。

俗話說得好：「瘦死的駱駝比馬大。」外公家的處境相對於其他縣裏面的家庭還是十分富裕的。所以當外公15歲時，太太（外公的父母）就開始為外公張羅婚事。因為當時的社會都是偏向於早婚的，強調父母之命、媒妁之言，尋訪祖父的秘方愛從未離開過所以太太就開始為外公選妻子。外公回憶那時，一臉偷笑，說當太太和媒婆們正在為他的終身大事忙碌時，他只是躲在書房看書，幻想新娘就是顏如玉般的女子（書中自有顏如玉），美貌相當，知書達理，最好還能與他討論「四書」「五經」的內容。可殊不知，我的外婆壓根不是顏如玉，是為活生生的新時代的革命女性。

我的外婆是在外公18歲時嫁入彭家的，那年外公18歲，外婆17歲。外婆的娘家也是家境殷實，當時縣裏有名的家族。外婆姓楊，是家中最小的女兒，天生對新鮮事物充滿好奇，對當時流行的新興思想十分熱忱，所以對家族認定的婚姻十分反感。外公外婆的婚姻剛開始並不幸福，充滿爭吵，外公覺得外婆沒有傳統女性的賢良，外婆覺得外公過於迂腐和死板。其實，我也不確定外公是否知道外婆在當時是有個十分相好的友人（外婆去世之前在寫給母親的信中有所透露），只是迫於家中的壓力及當時相好的對象北上學習，外婆十分不情願地嫁入彭家。

外公外婆的婚姻狀態發生改變在外婆的娘家陷入經濟困境時。當時外婆的大哥去長沙做生意，沒想到被人陷害，弄得人財兩失，外婆的大哥由於經濟問題身陷囹圄。外婆家中只有大哥一位男性，所以以當時的傳統思想，外婆家的支柱倒了，家道中落，外婆的父母也因此中風，半身不遂。當時外婆只覺得天塌了，不幸福的婚姻，破碎的娘家，公婆的不滿（當時外公外婆結婚已滿一年，依舊沒有孩子，所以在太太的眼裏，外婆是沒用的），中風癱瘓的父母，身陷囹圄的大哥及遠嫁廣州無力幫忙的姐姐。外婆當時想死的心都有，從備受寵愛的楊三小姐到被人

議論紛紛的棄婦，高傲的外婆無法承受現實的打擊。

這時外公的肩膀無條件地給外婆靠。當時太太已經幫外公開始尋覓姨太太，但是一向乖乖聽話的外公第一次的對父母之命說不，外公明確表示此生只要外婆，只認外婆，只信外婆。外公說當時的他其實對新興思想充滿學習的欲望，只是由於承擔著家族長子長孫的傳統思想的束縛，外公身上所擔的責任使他無法表達。隨著一年的相處，外公覺得外婆雖然平時天天喳喳呼呼，不願隨夫姓，但外婆的心地是十分善良的，骨子裏也有傳統女性的賢良，對外公的弟弟妹妹充滿姐姐般的愛，對太太十分孝順（只是太太覺得沒有孩子是大錯），對傳統的書籍理解有著不一般的想法，所以外公慢慢地愛上了外婆。外公說：「此生的愛情只有一次，不需要轟轟烈烈，不需要大張旗鼓，因為最深刻的愛情是要禁得起歲月的磨煉的。」

當時的外婆六神無主，天天躲在被子裏哭，原來相好的男子早就在學習中認識新的女性，並且相戀、結婚、育子。外婆的心死了，天塌了。但外公重新喚醒了外婆的心，重新支撐起外婆的天。外公力排眾議將娶姨太太的計畫取消，把外婆的父母接來自己家中，天天親自服侍，靠太太的關係把外婆的大哥從牢獄中解救出來，並且給予一筆錢財給大哥，讓他另謀生計。外婆在信中曾說：「那時你的外公就像救世主一般，讓我的人生重新點亮。其實，我是感恩你外公的，我會用一生回報。你的外公是個真正的男人，一個責任心極重的男人。我不再高傲，我只願意為他洗手作羹湯。我想這就是愛吧。」外婆的父母在舅舅出生的那年相繼去世，在他們去世之前，都把外公叫到跟前，獨自談了最後的一段話，安詳走了。沒有人就連外婆也不知道他們的談話內容是什麼，外公只是說他在用行動履行著承諾，沒有必要告知任何人具體的內容。所以他也沒告訴我，只是微微一笑，我想這或許是他的心裏秘密，一段值得他一輩子回憶的對話。

舅舅在外公外婆結婚三年後呱呱墜地，當時太太是極其歡喜的，因

為彭家有後了，也就有希望了。但高興的日子沒過幾天，命運又給外公一道難題。當時太太突然患病，臥床不起，但抗日戰爭正在中華大地上激戰，外公家要避難必須舉家搬遷。望著剛剛出生的舅舅，臥床不起的太太，還沒成年的弟弟妹妹們，剛剛生育完的妻子，這一大家子人如何搬，搬去哪兒，這都是問題。外公困擾許久，不知如何是好。正當外公在困擾之時，外婆告訴外公，他們可以搬去湖南南部的某深山中，在外婆的記憶中，娘家還有一套房屋在深山之中，那是外婆的老家老屋。由於生活環境不方便，所以年久失修，無人打掃。但現今卻是個避難的好地方。在外公外婆的合力下，外公一家成功地避開了戰爭的侵害。

外公一生最大的苦難源於那場對中國知識份子產生深遠影響的「文化大革命」。當時太太已經駕鶴歸西，外公外婆帶著舅舅、姨媽和媽媽離開寧鄉縣城，來到湖南省省會長沙生活，外公在學校教書，而外婆則在企業宣傳科工作（其實我覺得這是外婆最快樂也最適合的工作）。日子過得充實而滿足。但「文化大革命」的爆發，引爆了社會。外公外婆的地主身份被發掘並放大，外公的知識份子身份被歸為右類。無疑外公外婆被無情無理地批鬥一次又一次，而當時母親才剛剛3歲。這一次，面對自己熱愛一輩子的文字，外公倔強地維護著作為知識份子的尊嚴，冒著被抄家的危險也要抗爭到底。當時外公覺得「文化大革命」只是一場小規模程度輕的革命，不會對生活有太多的影響，一兩個月就會過去的。但外婆則敏感地意識到「文化大革命」不是簡簡單單的批鬥，無聊人的調戲，而是一場強烈的風暴，一不小心就會家毀人亡。所以為了保住全家，外婆勸誡外公離開長沙，躲到鄉下去。可外公依舊不以為意，還覺得外婆小女人的膽小、怕事。外婆依舊不停地吹枕邊風，可還是無法動搖外公留在長沙的想法。這一次，外婆拿出了年輕時的果敢頑強，一生第一次也是唯一一次主動地跟外公提出「離婚（當時叫作分開）」。天知道，當時如果一位四十多歲的女子離婚，那後半段的人生只有蒼涼與孤單，外婆用她後半生的幸福跟外公攤牌。外公回憶當時，雙眼滿含感激地說：「要不是你外婆，就不會有你，就不會有我們全

家後半段的人生，你外公我早就會被批鬥至死，我的命是你外婆救的，你外婆的好，老彭家一輩子都會記得。」外婆在風暴來臨前夕，麻利地收拾好全家必要的值錢的家當，帶著全家回到鄉下的老家。外公說：「就在我們（外公外婆）舉家默默趁深夜偷偷溜走的後兩日，紅衛兵就來到我們家抄家，翻了個底朝天，鄰居都被帶走問話，只是實在不知道我們的去向，他們也就平安地回來了。就差那兩日，你的外婆真是......」

又一次回到鄉下，與上次（抗日時期）完全不同，外婆得開始獨自一人承擔起全家人的日常起居。鄉下生活條件不好，得自己種菜種田，砍柴燒飯。我的外婆無怨無悔默默付出，外公每每要幫忙時，外婆總是說幹得來，還有舅舅、姨媽幫忙。姨媽當時才13歲，而舅舅則是完全遺傳外公的書生氣息。外婆總是讓外公多多教舅舅姨媽讀書，不要他們上山砍柴種菜，因為外婆心中總有一個想法：他們會回長沙的，但只有知識才能讓孩子在社會立足。雖然遠離長沙，但孩子們的功課不能落下（外婆的信中提到）。小時候，我總是愛讓外公牽著我的手，因為他的手握著舒服，而往往不喜歡外婆牽著，總覺得外婆雖然漂亮但手握著時總是糙糙的，讓人不舒服。後來才知道，外婆手上的繭都是那時形成的，那是那個時代的烙印。外婆用她無私的愛默默撐起了家。

「文化大革命」結束後，外公外婆也離開鄉下，回到了長沙。舅舅參加全中國第一次高考，並且順利地考入湖南大學，並在大學校園裏認識了舅媽，開始自己的小生活。而姨媽則進入外婆曾經的單位，並且自學稅務知識，在80年代中期進入湖南稅務部門。而我的媽媽則在長沙的學校，開始正規地學習，並且也考到武漢繼續學習。日子過得平淡而幸福。

但在80年代末期，改革開放的春風席捲中華大地，舅舅和舅媽毅然放棄湖南大學穩定的工作，決心南下深圳，進行自主創業。可這事外公外婆十分不樂意，因為當時姐姐才4歲，而南下深圳，舅舅舅媽的未來

充滿不確定因素，這事關系到舅舅舅媽一家一輩子的幸福。可舅舅舅媽心意已決，外公外婆無法阻攔，只得默默接受。可是他們深知剛到深圳創業的舅舅舅媽日子絕對不好過，所以堅決不讓姐姐離開長沙，要讓孫女留在自己身邊，而且不僅不要舅舅舅媽每月寄回女兒的撫養費而且偷偷地給舅舅舅媽寄去創業基金(怕姨媽、媽媽有意見)。外公說：「那時，你舅舅十分不容易，我們只是竭盡自己的能力幫助他們，這是父母能給的一切。」

隨著舅舅舅媽在深圳越過越好，他們也把女兒接到自己身邊，姨媽和媽媽也自己建立好了家庭，開始自己的生活。外公外婆的日子越過越好，他們開始旅遊、養花、跳舞，享受自己老年時光。但在世紀之交，外婆突然被檢查出癌症，外公慌了，舅舅舅媽、姨爹姨媽、爸爸媽媽緊急趕回外公外婆家商量治療事宜。但外婆還是走了，外公瞬即老了。外公對外婆的思念直到現在，每每過年吃年夜飯時，外公總會在主位旁擺上一個碗一雙筷，那是專屬於外婆的。外公說：「你外婆從來沒有離開我，她只是在遠方等著我，看著我，保護著我。」

訪問：

1. 70歲，或80歲意味著什麼。

意味著人生進入末端，但不意味著人生不會精彩。要過好每一天，因為永遠不知道還有沒有明天，所以帶著感恩的心好好過日子。

2. 小時候有什麼樣的夢想？後來實現了嗎？年輕時候遇到的最大煩惱是什麼？是怎麼解決的？

小時候的夢想：當私塾先生，教書育人。後來實現了。年輕時沒有最大的煩惱，因為每一次的煩惱只是生活的調味劑。

3. 認為自己哪些方面還不錯？

你覺得呢（外公微笑地反問我）。我的外公是最完美的外公，因為他說過：「不要以為我老了，要是誰欺負我的孩子們孫兒們，我操著

拐棍都要保護他們去。」

4. 喜歡誰，為什麼？

外婆（外公堅定而緩緩地說）。她是唯一的愛。只因為她陪我走了一輩子，執子之手，與子偕老。

5. 我出生那年，您在做什麼？對這個孩子出世的感想？

1991年我在桂林（我的家鄉）守著你，因為你的出生著實給了外公外婆驚喜加驚嚇（我出生的頭一個月待在保溫箱，並被醫生下了三次病危通知書）。我只是覺得你能活下來，就是上天對我們的恩賜，你是個強大而堅強的女孩。

6. 對健康的看法？遇到過的健康問題？如何處理的？結果？

健康就是正確對待生活的狀態，人老了，機能會退化的，我只是正確對待老去的自己吧。健康問題還沒有，就是膝蓋有些疼，人老了，普遍現象。

7. 對工作的看法？

工作不是生活的一切，在上班時好好地幹，下班時享受人生。一定要愛自己的工作，這樣才能快樂工作。

8. 對財富的看法？

生死由命，富貴在天。不要為錢發愁，充分利用每一分錢。錢不要多，夠用就好。

9. 遠行去過哪裡，有什麼印象？

去過很多地方，印象最深刻的是麗江。安靜祥和，寧靜致遠，小橋流水，而且有你外婆在身邊。

10. 對死亡是否充滿恐懼？

人總會有那一天，只是遲早的問題。坦然面對，因為有你外婆在那

邊等我。

11. 希望我成為怎樣的人？

做一個平淡的人。找一個愛你的人，有一份喜歡的工作，生一雙可愛的孩子（外公幫你帶）。

12. 為何現在不太喜歡旅遊了，好像離不開長沙？

我不知道我何時回去見你外婆，而且老啦跑不動了，落葉總要歸根的。（其實我覺得是因為長沙有外婆的味道）13. 為什麼堅持獨居，不去姨媽家安享晚年？

不想添麻煩，我還能走能自理，生活得挺好的。

14. 幸福是什麼？

幸福就是心裏欲望得到滿足。過自己能力範圍內最好的生活。幸福就是如人飲水，冷暖自知。

採訪手記

在做本次作業之前，我對外公的人生也只是簡略地從母親、舅舅、舅媽、姨爹和姨媽的口中得知一二。外公在我們孫輩面前總是表現出一個慈祥、樂觀的老頭形象。我一直以為外公的一生平靜而充實。在採訪時，每當提到生活中的挫折和困難時，外公總是一笑而過，但我知道在這笑容背後外公付出的淚水和汗水是我們這代人很難經歷的。

其實在這次採訪時最令我感到的外公每每提及外婆時，眼裏依舊充滿愛意，他們是伴侶更是親人。我是外公外婆帶大的，在我眼裏他們的愛早就融入每天的柴米油鹽醬醋茶中，他們的愛是默默的。他們晚年的生活重心全部傾注在我們孫輩這代人身上。我一直覺得外公外婆對待對方總是淡淡的，從沒當面說過任何情話。直到外婆去世，在留給媽媽和我的信中才提到她和外公一生情愛的點點滴滴。他們的愛激烈過、轟動過，但最重要的是經得起平淡流年的考驗。現在每當過年，團圓飯桌上

依舊擺著一副專屬於外婆的碗和筷。一生一世一雙人。外婆是外公一生的摯愛、一生的牽掛。在結束對話後，外公把自己關在房間裏，黃姨（外公家的鐘點工）說外公一定是在跟外婆的照片說著貼心話。在那一刻，我有些後悔在對話中多次涉及外婆，因為可能在外公心中外婆的去世是他一輩子心底裏最痛的地方，沒有之一。愛一個女孩子，與其為了她的幸福而放棄她，不如留住她，為她的幸福而努力。

　　生活有兩大誤區：一是活給別人看；二是看別人生活。其實，只要自己覺得幸福就行，用不著向別人證明什麼；也不要光顧著看別人，走錯了自己腳下的路。幸福如人飲水，冷暖自知。我們做一件事，愛一個人，總會有所期待，期待一種自己歡喜的結局。可現實有時很殘酷，經常偏離預想的軌道，讓我們在期望中失望。我們常常以為，結果是最重要的，可有時，它僅僅是事物的收尾方式罷了。我們更多的幸福與快樂，是點綴在我們前行的路上，而在終點迎接我們的任何結果，我們都應坦然接受。她為他生下第一個兒子的時候，他對她說：辛苦了；女兒出嫁那天，他摟著她的肩說：還有我；他收到她病危那天，重複地對她說：我在這兒；她要走的那一刻，他親吻她的額頭輕聲說：你等我。這一生，他沒有對她說過一次「我愛你」，但愛，從未離開過。

淡中有味

從「少爺」到「公務員」的轉變

楊可攬

　　樹欲靜而風不止，子欲養而親不待。每次念及此，淚水不由自主地湧出，為那些已經離開的親人，還有那些把我從小拉扯大的老人們。時間啊，它到底有多殘酷，我總是覺得自己趕不上它的腳步，讓那些我最親愛的人一天天日漸老去。——題記我看著鎖著的櫃子，撇了撇嘴，「爺爺，我要看照片。」爺爺慢慢地從長凳上直了起來，從腰間將鑰匙取了下來，又摸索著對了幾次，才將鑰匙插了進櫃子去。

　　在爺爺家，有一個時時上鎖的老立櫃。立櫃是20世紀80年代的老物件了，裏面珍藏著的那銘刻幾代人成長的記憶，成了我們一家最好的紀念。

　　相冊有好幾本，我還是習慣地從最熟悉的那本翻看。相冊剛剛翻起，爺爺就不知何時湊到了我的身邊，餘光掠去，老人家在陪著我翻看這些老古董時，似乎也回到了那過去的時光，以至於讓眼角歲月的留痕都成了最澄澈的波瀾，在一張張的回憶中都散了去......第一張照片。那是一張明顯的全家福。照片後排中最左邊那位穿著襯衣西褲意氣風發的青年，和我身邊這個老人的樣子像極了。一樣濃黑的眉毛，一樣高高的鼻樑。我指著那個青年，側頭轉向老人，「爺爺，怎麼看，都覺得你年輕時蠻帥的呀！」爺爺齜牙一笑，不小心露出那剩餘不多的牙齒。

　　爺爺，出生在一個軍人的家庭。太爺爺家是我們那兒舊時的地主

家，在民國最後的歲月中也吃乾淨了祖上的老本兒，家裏的大院至今已無處可尋。當時年歲尚小的太爺爺稀裏糊塗地跟著國民黨打軍閥去了，南征北戰，後來又不知怎的成了一名共產黨的軍官。也是在那時候遇見了太奶奶，在江蘇有了我的爺爺。

奶奶在世的時候常常對爺爺的童年顯得忿忿不平。奶奶的父親是當地的舉人，但不幸，在奶奶還是四五歲的時候就離開了，而奶奶的媽媽早在生她的時候就難產去世。奶奶的童年都是跟在後媽的屁股後面到處為生計奔波，乞討要飯。相比奶奶淒苦的童年，爺爺的小時候一直到青年時間的形象，都是奶奶口中的「資本家少爺」。

爺爺從小生活在軍區，在戰亂、饑荒、貧窮傾蓋整個中國的同時，爺爺是吃豬肉穿皮鞋在溫暖的教室中被關懷長大的。爺爺兄妹四個，下麵有兩個弟弟，一個妹妹。我小時候，爺爺總會指著照片中的他們一家六人的全家福，告訴我，這個出生在浙江，這個河南，這個湖北......也許爺爺那種對旅遊的熱愛是從小培養的吧，那種年輕時走遍天下的經歷，讓這個已75歲的老人每次回憶起，眼中流露的都是不合年齡的那種驕傲。爺爺對旅遊真的是一種癡迷，一樣的風景在不同人眼中有不同的美，我猜不透那許許多多的風景在爺爺眼中是該有多麼迷人。

再後來，中國解放了，抗美援朝也勝利了，國家對太爺爺的態度是留在南方且軍銜保留。然而，太爺爺還是回到了邯鄲，回到了這個離開了幾十年的家鄉，帶著一家六口。這是爺爺第一次踏上了這個名義上的祖籍，也一直在這個地方到現在生活已五十餘年。

我在翻看相冊的時候，時不時地觀察著身邊的老人，看他的一蹙眉一憨笑，眉眼間在這一刻已經全然看不出時間的困擾。

「爺爺，奶奶純粹一美女，你說你就一窮二白地把人家娶回家，真虧了我奶奶了。」

爺爺在這一點上永遠有自己的堅持，也不管我這看法表達了多少

次，「這話說得！你奶奶她看中你爺爺我性格好，這不得靠人格魅力呀。」

爺爺當時跟著太爺爺回到邯鄲時候，確實一窮二白，更不是小時候的公子少爺。太爺爺在家鄉身份就是一個普通從軍過的士兵，後來進了我們本地的一個部門做了普普通通的一個工人。不到三十的爺爺憑著當時罕有的高學歷在冶金機關中謀了一職，俗稱「公務員」。當時的機關單位沒有那麼多的勾心算計，誰靠譜、誰辦事牢靠自然就容易平步青雲。而我「老好人」的爺爺從一個小部員也稀裏糊塗地成了「楊科長」。「找老楊辦事准沒錯」，是我小時候從張爺爺王爺爺之類人口中對爺爺最中肯的評價。或許奶奶也覺得「找老楊辦事」也「准沒錯」，所以乾脆結婚嫁人的事兒，也找他師傅———老楊了吧。

奶奶一開始是爺爺的小學徒，跟著爺爺學會計，不能不說革命感情確實情比石堅，這樣看來兩人也真真實實的是彼此的良師益友。在兩人婚後40年的歲月中，爭吵雖有，但不外乎都以爺爺每次的妥協退讓消散，一直到奶奶離開，爺爺都一直陪伴著她，說著那些只有兩人才有的話，沉默著那些只有兩人才懂的沉默。

「你奶奶一倔脾氣，容易生氣。每次生氣都憋在心裏，也不說出來。」

「爺爺那您嘞？」我看著照片中的俊男美女向爺爺問道。

「嗨，我呀，我才不跟她急，她生她的氣，我不理她，每次你奶奶一生氣，我就下樓遛彎兒去。」爺爺似乎在表揚著自己這一生的老好人哲學，遇事不急，什麼都看淡，不計較自然也沒有爭執。

我有時候覺得，兩人或許再也找不到比對方更合適可以與之陪伴一生的人了。奶奶性急，爺爺平穩；爺爺愛看戲聽歌，奶奶愛唱曲跳舞；奶奶做事猶豫，爺爺有主見卻又不武斷；爺爺不愛做家務，奶奶就給他做了一輩子的飯菜。以至於當奶奶真的離開時，爺爺又無奈的自己開始

學習做飯，而每次不是放多了油就是放少了鹽。爺爺指著一張照片讓我看。「這是你爸小時候。」

爺爺奶奶有三個孩子，清一色的臭小子，爸爸排行老大。這三個小子雖然性情各有不同但著實讓奶奶操碎了心，這也就是在媽媽懷孕的時候，奶奶總說「生閨女生閨女，閨女省心聽話」，爺爺在這點上不置可否。

「你爸小時候字寫得是最好的，可長大了就都不成了。」爺爺對於這三個孩子的書法無不遺憾。

「誰叫您管他們那麼鬆呀，您和奶奶的水準他仨差遠了去了。」

爺爺的書法一直在我心中維持「大家」水準，這點上爺爺奶奶兩人還真的有幾分談笑鴻儒般的相互欣賞。家中到現在都有一幅爺爺裱給我的「攀登高峰」，和一幅奶奶工楷撰寫的《登鸛雀樓》。字裏行間的遒勁寫意，這麼多年一點兒沒有消散的意思，反而愈加更是有味。

爺爺善工筆，尤其是鉛筆畫。大概是鉛筆隨處可尋，和爺爺隨意的性格符合，興起則畫上一幅，不做任何的評價，權當興趣所致。不幸的是，在這點上爸爸叔叔們從來沒有誰遺傳到這一藝術，反倒都和奶奶一樣擅長唱歌，這也讓爺爺覺得很遺憾。

「你看，這是你三叔大學唱歌比賽的那照片。」爺爺奶奶對三叔一直都是無比驕傲的。這點誰也不能懷疑，三叔是我們家第一個名牌大學生。三叔上大學的那年我也恰巧剛剛出生，爺爺在剛剛看我三天之後就去送三叔上大學了。而回家後就侃侃而談在外的所見所聞，都忘了襁褓中的我，這讓媽媽印象很是深刻。

我剛剛想給爺爺抱怨這個小插曲的時候，無意間看見了另一張照片。照片中的小女孩乖乖地站著，頭上紮著一朵小紅花。

「爺，這是您給我做的不？我記不太清了。」爺爺微笑著沒有給答案。爺爺擅長這些小手藝小玩意兒，兒時的我總是不經意間收穫一個紙

鸚鵡，一個小孔雀或者一個憨態可掬的小狗。《還珠格格》盛行的時候，爺爺拿皮筋兒給我做了一個紫薇的古箏，那鬆緊不同的皮筋兒真真兒的還彈出了幾個調調。後來口哨在小朋友中流行的時候，我因為吹不出來，爺爺又給我鼓搗出了一個「小氣子」，嘴中含住，就能發出比所有小朋友都清脆的聲音。爺爺給我做過秋千，做過手搖鈴，做過毽子，教我騎車，教我打算盤，教我每一次在外面和小朋友生氣時候不能哭要笑......「爺爺，您說您看過這麼多遍照片不煩麼？」

「還說呢，要不是我把相冊鎖到櫃子裏面，還指不定都讓你們給弄哪兒了。」

雖然爺爺答非所問，可是這個問題我想我也沒必要再問了。這些照片對我可能真的只是閒時回顧過去的一個寄託，而對於爺爺卻成了銘刻一生的記憶。那些他到過的美景，那些他經歷過的事情，那些陪伴他人生的人們，他都將這些用照片悉心地一一保留。

我的爺爺沒有太多傳奇的人生，但我愛他。愛他常常掛在臉上的笑，愛他對人對事的方式，愛他熱愛生活的態度，愛他的平平淡淡的一生。

我現在每次和爺爺見面，總會說一句：「兒女的事兒你少操心，自己快樂就好。」

爺爺每次聽了，也都開心的一樂，「都大了，我管不了太多，也懶得管，你好我好大家好，就好。」

嗯，你好，我好，大家好，這是一個老人最平凡的話語，和他那幾本厚厚的相冊卻一道化作對我們晚輩最好的祝福。

訪問：

1. 70歲，或80歲意味著什麼？

70歲嘛，我現在就70多了，心情愉快點兒，80歲不想那麼多，咱

就過好每一天就成。

2. 小時候有什麼樣的夢想？後來實現了嗎？年輕時候遇到的最大煩惱是什麼？是怎麼解決的？

沒有太具體的，小時候想過當畫家，主要是興趣。後來就上班了，畫畫就成了興趣了，閒的時候會畫畫。年輕時候沒有特別大的煩惱，小的煩惱一般沒幾天就沒事兒了，多往積極的地方想，就很快解決的。

3. 認為自己哪些方面還不錯？

脾氣好，身體好，尤其睡眠好，防干擾。

4. 喜歡誰，為什麼？

喜歡你唄，聽話懂事啊。

5. 我出生那年，您在做什麼？對這個孩子出世的感想？

送你三叔上大學去了。希望你好好長大，身體倍兒棒，吃嘛嘛香。一定快快樂樂地長大。

6. 對健康的看法？遇到過的健康問題？如何處理的？結果？

健康很重要，要多鍛鍊身體，早起早睡，多吃點兒健康的食物。高血壓現在一直很穩定，定期會去做檢查和吃一些藥。藥這東西不能太依賴，主要保持一個愉快的心情，身體自然也就狀態好。

7. 對工作的看法？

工作要認真，但不要較真兒。

8. 對財富的看法？

夠用就好，不需要太多的，太多咱也有負擔，咱勤勞致富。

9. 遠行去過哪裡，有什麼印象？

重慶，湖北，江蘇，浙江，廣東，上海，山東，陝西，遼寧，北

京，天津，河南都去過，數不清了。這各地的人其實不差太多，食物有不同的，天氣和咱這兒不一樣的多了，南方雖然好，可太悶夏天，冬天又太潮。遠的地方雖然有意思，可終歸沒有家中舒服。

10. 現在閒暇時間都會做些什麼？

現在在幫你叔叔嬸嬸照顧孩子，每天接送他們。她們上學了，就和鄰居下下棋，遛遛彎。其他的時間大部分會用來聽戲看戲。

11. 那您將戲曲作為自己的愛好，卻從不見您唱一曲，為什麼呢？

這喜歡的東西不見得就一定要掌握，聽戲是聽那種韻味和有趣的故事段子，這些享受聽聽就可以獲得了，而唱曲需要的是自己的理解和技巧，這就要求得多了，也變得複雜了。這事兒一複雜，哪兒還能享受呢？

12. 奶奶喜歡唱歌，在這點上您的兒子們都受到了影響，那您怎麼看待您和奶奶這種興趣的共通和分歧呢？

事情沒有絕對的。就像我和你奶奶這一輩子，我就要經常的讓著她，多做許多妥協，兩人才能相安無事。興趣有共通的好，沒有也不見得是壞事，分歧這誰家都存在，就是放大和縮小罷了。

13. 那您覺得您和奶奶遇見是偶然還是必然呢？

哈哈，這個問題，說不清吧。當時覺得你奶奶讀過書有文化，又挺文靜的，長得也挺乾淨的，就稀裏糊塗地申請結婚了。

14. 您對自己年輕時跟著您父親離開南方回到北方怎麼看？

你太爺爺這人太固執，放著好好的位置不做硬是回老家來。那時候在南方的生活多好啊，軍區的待遇高，而且也輕鬆得多。不過回來也沒什麼大不了的。習慣就好。現在去南方反倒覺得不適應了。

15. 爺爺您現在有沒有很想去的地方，為什麼？

想去江蘇看看。我在那兒出生，但是有沒有待過很長時間，基本沒留下什麼很深的記憶，想回去看看這個地方，看看當時你太爺爺走過的路，就當旅遊吧。

16. 您怎樣看待太爺爺的人，他是您最尊敬的人麼？

你太爺爺脾氣不好，愛發火。我還是喜歡我媽，你太奶奶很厲害，很能吃苦，也很有能耐。我小時候基本都是我媽陪著我，帶我四處追尋你太爺爺，有好多時候辛辛苦苦剛剛到了一個陌生的地方，你太爺爺也剛剛轉戰其他地區了，當時你太奶奶還懷著孕。你太奶奶身體好，活到八十多歲。

17. 有什麼推薦給我的書？

這兩年讀書太少了，用放大鏡太麻煩，看電視劇還是挺多的。前兩年的《亮劍》我覺得還不錯，裏面那個李雲龍脾氣不好，你別像他那樣莽撞，要多聽聽別人意見，不過裏面的人都很厲害，你還是要看其他人的長處，一定要看，很重要，從別人身上學到的比書中學到的要快也要更深刻。

18. 那您怎麼處理和別人的矛盾(非家人)？

其實大多數人都沒有壞心眼兒，都是好人，只不過可能每個人的說話方式不同，做事方式有差異。但都是好人。好人嘛，那就都真心相待，有矛盾就多理解理解，一時無法解決，就放放，過段時間你主動打招呼，他也會對之前的矛盾覺得不好意思，這樣很多事兒就都沒事兒了。對待那些心眼兒孬的，咱認識了，就碰著回避唄，打不過總能躲得過吧，哈哈。

19. 現在有沒有什麼特別想做的事情？

沒有，現在過得挺好的，日子挺舒服的，別給你們添太多的麻煩，我就樂呵呵地過日子就好，你們好，我也好，咱家都好。

20. 最後一個問題，作為祖父，給孫輩的忠告？

好好學習，天天向上。要認真上課，聽聽老師長輩們的經驗，多學習。無論發生什麼，心態要平和。要多思考，多觀察，少說話，說準確的話，說真誠的話。有機會多出去逛逛，看看不同的地方特色，開開眼界。不做井底之蛙。

採訪手記

這次對祖父的採訪是通過電話，斷斷續續經過了好多次的談話才完稿。

爺爺今年已經75歲，身體還很健朗，在回答問題的時候也一直很配合我。但畢竟歲數也大了，在組織語言方面有一些偏弱，很多問題的回答都是繞了很多圈才給出一些模糊的答案。訪談前我一直覺得有些問題問老人覺得不太合適或者過於直接、理性化，會覺得很突兀，不太符合自己和爺爺平時交流方式，但整個訪談做下來，還是覺得很順利。

為了找到合適的談話氣氛，我就在向爺爺諮詢一些關於遊歷方面的知識，爺爺對於旅遊的態度給了我一個很好的談話契機。在激發了爺爺的積極性後便開始間接地提問。

爺爺給我的回答都是帶著笑意的，電話這端的話，也能感受到他的和顏悅色。爺爺對我的態度一直如此，除了微笑還是微笑，滿滿的微笑中都是對這個孫女的讚同，這讓家裏的爸爸叔叔們這一輩長輩一直都非常嫉妒。自我上了初中後，在其他的長輩還認為我是一個孩子的時候，爺爺卻與我討論好多事情，雖然都是家事兒，但也是其他長輩認為我不應該參與的事情。爺爺在對我的信任方面也讓我有一種難以描述的親近感，那種忘年交的情誼已不單單在親情的範疇了。

我的爺爺沒有傳奇的經歷，就是普通的一個公務員，退休後就自己經營著自己的菜園子，自給自足，晨起挑挑水，夜半下下棋，雖沒有權富，但生活也怡然自得，晚年也著實是一個快樂的老人。

談話中間，我怕爺爺勞累，不時地想停下來，改天再訪，爺爺卻很照顧我，一直要我繼續，不斷地問著「還有麼」，直到我當時想不出問題才作罷。這點讓我很感動。

　　爺爺現在在照看二叔家的兩個小孩兒，年齡大了，難免會有些老糊塗，經常將兩個孩子和我的名字攪混，談話間會把我的名字叫錯，我也沒有刻意地去糾正，這個在我意識到爺爺經常把兩小孩兒叫成我的名字，而且後者次數很多的時候，我甚至有些小快樂。總覺得爺爺一直很愛我，雖然現在在外上學的我沒有陪在他的身邊，可是我知道那永遠是最疼我的爺爺。幸福，無外乎就是滿足。

　　談話一共經歷了三次，在最後一次訪談也結束之後，我告訴爺爺我搞定作業了，爺爺也顯得很高興，一直叫我好好學習，天天向上。話很簡單，而且這話爺爺對我說了好多年了。爺爺他從來不參與我的學習方面，不太過問我的學習成績，每次見面都是和我討論的飲食、健康還甚至會和我談一些當紅的電視劇。曾經有次問過爺爺對我的學習看法，爺爺一擺手說「沒問題，俺孫女最棒」，讓我一時不知道該怎麼回應。

　　雖然已步入晚年，但爺爺絲毫沒有那種對人生的倦怠感。菜園已經被政府規劃為建設用地，爺爺也就在自家的陽臺上養幾株蘭花、茉莉，如奶奶健在時一般。天氣晴朗的時候還是會騎上他那自己染色數次的小破車，去公園和其他的老人們一起拍拍肩、捶捶腿，侃侃大山說說人生。

　　這次談話也讓我意識到自己好久沒有和爺爺通話了，意識到這點，心裏就一陣陣地難過。樹欲靜而風不止，子欲養而親不待。老人歲數已大，很多時候你已經不能要求他們來等你，來跟著你的腳步，契合你的調調。有時候會想自己倒不如不要來這麼遠的地方上學，在家中陪著他們一起過平淡的生活。可是爺爺總是叫我，好男兒志在四方，好女兒也要讀萬卷書行萬裏路，在家中有什麼出息呀，要開闊眼界增長見識，不要做井底之蛙。

爺爺送我的那幅字畫「攀登高峰」這樣看來，也真的有種愈加深遠的味道。現在出門在外，無論遇到何人何事，總會記得爺爺那句話：「不知道的就不要亂說，多看多聽，多學別人的長處；待人要平和，有矛盾有誤解，爭取主動解決，但如果真的做不到也不要生氣，要一直謙卑，忠厚。」

家長裡短的平淡

高旭苗

祖父，一個在我的生活中不常出現的詞。

記憶中，在我年齡很小，小到區分不出人民幣幣值的時候，祖父在我的生活中扮演著一個很模糊的角色。在我的成長過程中，祖父一職一直是空缺的，直到我長大了，他也老了，不得不回家了。

祖父的故事，我瞭解得不多，僅僅借著這次的採訪，我恐怕寫出來的東西，可能會像我們之間的相處一樣，是不連貫的。畢竟在有他的日子裏，要麼我是個什麼都不懂的孩童，要麼就是常年不在家，就算回家恰巧祖父也回家看看，也只是禮貌性地打個招呼，而沒有其他的語言交流，感情交流就更說不上了。

祖父說得也很簡略，但我卻聽出了很多。祖父是一個土生土長的農村人，雖然沒有上過大學，但是祖父讀過書，受過教育，和同齡人比起來，他還是很有文化的。可能是生不逢時吧，祖父最終還是沒有擺脫留在農村的命運。但是，雖然身處農村，他卻不甘於把所有的精力都投在那片土地上。祖父在沒有成家之前，在村裏辦了一個木材廠。辦木材廠不是因為製作傢俱的需要，而是在當時，人們建房子需要大量木材。祖父的木材廠雇傭了一些夥計，其中的一個夥計是和他家裏的大姐一起來

到我們那個地方謀生計的，那個大姐，後來成為了我的祖母。在經營木材廠的那幾年，祖父不僅要到廠裏幹活，還要到人流量比較大的集市上去賣加工好的木材，順便買回一些沒有加工過的木頭，有的時候遇到別的村子的廟會，路途很遠，祖父會連夜趕過去，因為在我們那個地方，在廟會上買賣木材是大家公認的。祖父的木材廠因為新的建材的出現開始走下坡路，買賣越來越慘澹，最終不得不將廠關掉。木材廠被關掉之後空了幾年，後來被改造成了小學。雖然那是祖父的心血，但他並沒有因為放棄木材廠鬱悶，相反，他好像很樂意看到這種情況似的。到底是為什麼，他沒說清楚，我也沒有猜測，因為我能感覺到，祖父肯定是有他的道理的。

　　祖父是個閒不住的人，也是個很淳樸的人。關掉木材廠之後，和家人一起種地，農閒的時候，祖父在會跟著村裏的廚子學習做大鍋飯。在過去，村裏有紅白喜事的時候，不像現在這樣只要錢就能解決問題，那時，辦事的主家會請村裏的廚子幫忙蒸上幾鍋饅頭，做幾天的大鍋飯，一般沒有報酬，就算有也是一盒煙，廚子們卻從來都是很熱心。等祖父學會之後，村裏的那位廚子便把這些事情交給祖父來做。每當村裏遇到紅白喜事或者小孩子擺滿月酒的時候，便會有人到家裏請祖父過去幫忙。祖父很淳樸，也很熱心腸，那時候，無論家裏多忙，只要別人登門，祖父就沒有拒絕過，好像這已經成為了祖父的一種責任，而且家裏人也是很支持的。祖父這個廚子很快得到了村民的認可，大家都說他蒸的饅頭最好吃，做的大鍋飯的味道也最好。雖然祖父做廚子的手藝很好，但他在家中卻從來都不碰鍋碗瓢盆的，因為他覺得，祖母做的飯遠比他做的好吃，每當我們談論起這個話題的時候，祖父都會像個小孩子似的，得意地誇讚祖母蒸饅頭的時候，麵粉和城的比例總是恰到好處，以及祖母在燉魚的時候油鹽醬醋放得多麼精准等等。

　　聽祖父說，他嘗試過很多事情，到外地倒買倒賣過羊毛豬毛什麼的，做過時間不長的老師，但祖父還提到過一件事，是我怎麼想也想不到的，祖父製造過啤酒。祖父在回憶這些往事的時候，像小孩子一樣臉

上帶著有點按捺不住的興奮。祖父說，當時在我們這個小地方喝啤酒的人還很少，祖父去外地的時候是一個炎熱的夏天，他在幹完活之後喝啤酒，感覺很痛快，而且當地的人中有不少都喜歡喝啤酒。於是，祖父在外地就開始學製作啤酒，並且等學會之後回到家鄉辦了一個做啤酒的作坊，當時祖父是和別人合夥經營的，漸漸地一些工藝和設備都已經很齊全了，祖父說當時他們做的啤酒「比現在的好喝，氣兒很大，啟開瓶蓋的時候瓶蓋噴到房頂那麼高」。但是不知道為什麼，最後他們還是解散了，本來祖父還想辦，但是那時候，人單力薄，資金也成為了很大的問題，所以也放棄了。

　　祖父是一個不怕吃苦的人，雖然不再嘗試其他的發展了，卻把日子過得很不錯，在村子裏算是比較富裕的，祖父的前半生的生活，基本上到這裏畫了一個句點，一直到他的孩子們都成家，他的孫子孫女們出生。

　　祖父的後半生，從我記憶的初端開始，但我卻說不清楚祖父在我心裏是一個怎樣的形象。祖父和我們一起生活的日子少得可憐，留給我的記憶也是微弱得可憐，並且這些可憐的記憶最終也被時間消磨得殘存無幾了，我已經識別不清哪些是我自己想像的，哪些是真實的了。不過，在那些關於祖父記憶，有一點我是記得很清楚的，那就是祖父做的風車。我小的時候特別喜歡風車，記得有一年過年，我跑到祖父的房間裏，看見他正在燒火筷子，旁邊還放著一些切成小段的秸稈，一些裁好的紅紙還有糨糊，秸稈是做笤帚剩下的，紅紙和糨糊是白天貼對聯的時候剩下的，我很好奇，祖父為什麼弄這些，但我沒有問，就安靜地坐在一旁看著。過了一會兒，祖父把做好的風車放在我的面前，但我卻不知道這麼漂亮的一個東西是什麼，以前也沒見過，祖父把風車拿在手裏揮了一下，風車就轉起來，我開心得跳了起來，以前我自己做的風車是用從本子上撕下來的紙做成紙條，然後拼在一起的，很拙劣，但是祖父卻做得很精緻，而且紅紙做出來很漂亮，我開心地拿著祖父做的風車去找小朋友玩，小朋友們都很羨慕。

和祖父在一起生活的記憶只剩下那個紅色的風車，因為那年之後，祖父就和祖母就搬到市裡去住了。

後來，我聽父母談起，祖父在市裡找了一個活兒，幫一個單位掃院子，工作不算累，而且工資對於他們兩個人的生活來說，還是很不錯的；聽父母說，祖父變胖了，氣色也越來越好了；聽父母說，祖父開始吃一種預防高血脂的保健品；聽父母說，祖父換了工作，也搬家了，聽父母說……一個寒冬臘月，一個電話打來，祖母因為生病住院了，父母趕到醫院裏，在祖母住院的那段時間，祖父一直要花自己掙的錢，不花兒女的，他說：「等把我的錢花完了，你們再掏。」祖父一直在照顧祖母，幾乎不讓父母插手。父親和母親讓祖父好好休息，或者陪著祖母就好，其他的事情他們兩個做就可以了。可是祖父卻很固執的，他說，我又不是不能動，等我不能動了，你們想不照顧也不行啊，再說了我都慣了，你媽也習慣讓我伺候。父母拗不過，只能在那裏給祖父打下手，做一些其他的事情。祖母出院之後，父母不放心他們二老，堅持讓他們回家住，這樣，父母可以替祖父照顧祖母。回到家中，祖父還是堅持自己照顧祖母，他從不把端水拿藥這種事情交給我們做，他說，你祖母的藥種類太多了，有的是中午吃，有的是晚上吃，你們怕是弄不清楚。

年底了，祖母說頭髮太長了，過年了，這病快快的樣子多不好。祖父端來了熱水幫祖母洗頭髮。我看到之後連忙跑了過去，這次祖父沒有拒絕，同意讓我給祖母洗頭髮，他也沒走開，就在旁邊看著我們，時不時問祖母水涼不涼。我幫祖母把頭髮吹乾，祖父拿來剪刀幫祖母剪頭髮，祖父一點也不顯得手忙腳亂，相反祖父剪得很仔細，將祖母的頭髮打理得有模有樣，祖母說她這麼老了，頭髮也稀疏了，也不擔心漂不漂亮了，不值得花錢剪頭髮，平時就是讓祖父幫她剪。

過了那個年，祖母的身體也調養好了，他們又回到市裡去了。然後我對祖父的記憶又回到了之前零碎的狀態，偶爾從父母口中知道一些關於他的情況，或者是他們回家過年的時候，我們會相處幾天，但也沒有

多少溝通。

　　去年暑假，我做完小學期之後回家，母親在車站等我，在回家的路上，母親告訴我，祖父他們回家住了，聽了這話，我的心裏立刻湧上來一種不好的預感。母親接著又告訴我，祖母得了癌症，已經是晚期了。祖母還不知道自己的病情，大家都在努力地瞞著她，當然這最苦的就是祖父了，祖母總是發燒，祖父就騙她說是胃炎，向來都有胃病的祖母信以為真。祖父有時會帶著祖母去醫院打針或者輸液來緩解祖母因為「胃炎」而引起的發燒，親自給祖母做一些祖母喜歡吃的流食，這算是祖父這麼多年來第一次正式和廚房打交道，以前有過，但是不多。祖父還是很堅持自己照顧祖母而不依賴父親和母親，他還是那句話，我又不是爬不了動不了了，現在還用不著你們伺候。

　　去年寒假，我回到家中，那時祖母的身體已經很差了，吃喝拉撒都只能在臥室裏，意識也是偶爾的模糊不清。祖父見到我回來了，他很高興地拉我過去坐下，問了一些冷暖的問題，但隨後他就問我會不會覺得房間裏的味兒很難聞，這時我才發現房間裏點了幾根熏香。我搖搖頭，他卻笑著說，傻丫頭，這房子再怎麼收拾，多多少少都是有異味的，你只是不嫌棄，或者不說罷了。其實，我真的沒有聞到什麼令我不舒服的氣味。

　　祖母的身體每況愈下，一小碗粥要熱好幾次才能勉強吃完。祖母吞咽越來越困難，就連粥也喝不進去，祖父很耐心地把熱好的牛奶慢慢地擠進祖母的嘴裏。有一天中午，大家都去吃飯了，我在祖父的房間裏和他一起守著祖母，祖父說，你祖母乾淨了一輩子，到現在都動不了了，還是瞎乾淨，就算現在動不了，也不會在床上拉呀尿的，就怕給別人添麻煩，這要自覺到什麼時候啊。

　　祖父不是個狠心的人，他和祖母的感情一直都很好，祖父很矛盾，他很希望祖母能多活一天，能多看看祖母，但是祖父有時也會說，這樣還不如沒有這口氣呢，受多大的罪啊，你奶奶從來都不喊難受，但是眉

頭一直皺著，翻身的時候難受得忍不住了會叫一聲「娘啊」，但那聲音小得也就是幫她翻身的人隱約能聽到。祖母的呼吸一天天變弱，祖父也越來越消瘦，臉上的笑容也越來越少了。

2011年，是沒有臘月三十的一年，大家都期盼著祖母能多熬幾天，能熬過這個年，可偏偏天不遂人願。臘月二十八淩晨，我去了父母的房間睡覺，但是不知道是怎麼回事，那天就是睡不著。突然一陣慌亂，本來在我房間裏喝水聊天的人們，那些人都奔向了祖父的房間，我靜靜地聽著那邊的動靜，聽到人們的忙亂地進進出出，聽見父母的哭聲，我知道祖母已經離開了，但是我和祖母之間的感情很淡，所以雖然難過，但只是一點。在我認為我可以很平靜地接受這個現實的時候，從我的房間裏傳出了一個人的哭聲，像小孩子一樣的哭聲，過了一會兒，我才意識到那是祖父在哭，他哭了很久，任旁人怎麼勸說，他還是忍不住，我聽著祖父的哭聲，想著他那張老淚縱橫的臉，然後忍不住地流眼淚，我難過，不是因為祖母走了，而是因為祖父。祖母解脫了，把傷心難過留給了活著的人，雖然祖父還有我們這麼多人在身邊，但是在他看來，沒有人和他相依為命了，無論我們怎樣彌補，他的心裏還是缺了一塊。

村裏有一個講究，喪事不能辦「兩年」，而且下葬時間必須是上午，所以祖母的遺體只能停留一天，在這一天的時間裏，祖父不知道多少次掀開蓋屍布看祖母的遺容，也不知道多少次，他看著祖母的遺體或是放聲大哭，或是默默流淚。就算被旁人扶到一邊，祖父目光也是一直停留在祖母的遺體上。村裏每到年底去世的人，遺體可以不用火化，這是祖父唯一安慰了。祖母下葬的時候，我在家裏陪著祖父，祖父一直看祖母生前的照片，他說，你祖母貧了一輩子，細了一輩子，到最後走得還這麼倉促，在她之前意識開始不清楚的時候就說，等到我走之後，你們什麼也不要辦，別亂造錢，抬起來去埋了就行了，這句話真的應驗了，你祖母的命還真是又窮又小。祖父轉頭看見了祖母的遺像，他埋怨照片洗得不好，把祖母臉洗得太白了，都沒有眼眉了。我看了看祖母的

遺像，不知道以前我有沒有認真看過祖母的臉，祖母的眉毛到底是怎樣，是濃還是密，是粗還是細，我已經沒有印象了。我仔細看了看祖母的遺照，眉骨那裏有一點淺淺的痕跡，我想，祖母留在祖父心中的，應該還是年輕時候的樣子吧。

祖母下葬的這一天晚上就是除夕了，大家擔心祖父會觸景生情，想讓祖父換個房間，但是一向很溫和的祖父卻耍起了脾氣，堅持不肯去。村裏有個習俗，每到除夕這天的下午，村民們要去墓地放鞭炮，然後把過世的親人「請」回家過年，並在家中擺上一個靈位，祖父把靈位放在了他的房間裏，這樣好像上午剛剛離開的祖母下午又被請回來一樣，好像祖母還在這個房間裏，沒有離開。祖父在那幾天就一直守在靈位的旁邊，看祖母的照片，一直到過完年，「親人」們被送回。

祖父的食量很明顯下降了，母親每天都變著樣地給祖父做他愛吃的東西，可是祖父還是吃不進多少，話也變得很少了，父母也沒有出去拜訪親朋好友，和我們一起在家裏陪著祖父，不讓祖父獨自在他自己房間裏看著祖母的照片難過。

我返校的前一天晚上，我到祖父的房間裏，和祖父聊了一會兒，祖父說以前祖母請一位算命先生算過命，算命先生說祖母的陽壽只有七十二年，事情很巧，只差一天，祖母就七十三歲了，但最終還是沒有熬過那一天。祖父說還好我能回來，祖母能見到我最後一面。我囑咐他好好吃飯，注意身體等，祖父還說，以前你祖母瞎貧瞎細，現在剩下我一個人了，我幹嘛還要貧著細著......我知道祖父這樣只是為了讓我們放心。

祖父這輩子沒有什麼大的起伏，年輕的時候也曾經想做些什麼，但是最終都以這樣或者那樣的原因放棄了，他並不覺得這有什麼好可惜的，當然也可能是因為現在老了，所以回憶起來一切都看得很淡了，祖父這輩子沒有過過多麼貧苦的日子，也沒有大富大貴，和大多數人一樣，祖父的故事並不多，很平淡，很平凡，也很平靜，但是這樣的人生，應該算是幸福吧。

訪問:

1. 70歲，或80歲意味著什麼。

70歲的時候，還有你奶奶，我自己還能動；還能掙點錢，我稍微掙點錢就夠我和你奶奶花了，70歲了，腿腳肯定不如從前了，身上的毛病越來越多。80歲的時候如果還沒有去見你奶奶，也快差不多了，如果什麼都幹不了了淨剩下會麻煩人，需要人伺候了，那還有啥活頭，不過如果不鬧大的毛病，那時候應該還不用你們伺候，如果真的動不了了，那也就快去見你奶奶了，這誰也說不準。

2. 小時候有什麼樣的夢想？後來實現了嗎？年輕時候遇到的最大煩惱是什麼？是怎麼解決的？

小的時候就想做一個教書先生，做一個有文化的人，看著別人穿著白色的短袖襯衫，騎一輛大自行車去學堂教學感覺特別洋氣，不用整天種地。後來雖然讀過書，但是還是沒能做成教書先生。年輕的時候最大的煩惱就是沒錢，雖然不用為溫飽擔憂，但是也沒閒錢幹別的，若是做別的，掙不了多少錢不說，家裏還少一個幫著幹活的（在兄弟姐妹中祖父是老大）。

3. 認為自己哪些方面還不錯？

（嘿嘿一笑）沒啥不錯的方面，若真的要說，那就是寫的字還能看。

（其實祖父這句話說得真的很謙虛，祖父的鋼筆字我到現在都只是膜拜的份兒，祖父的鋼筆字寫得很漂亮，很大氣，也很有風格，祖父的字在村裏是很有名的，村裏有的人明明自己識字，也會寫，但是每當給遠方的親人寫信，都會來找祖父代筆，就是因為祖父的鋼筆字寫得很漂亮。）4. 喜歡誰，為什麼？

（這個問題問得很糾結，我心裏很清楚，那個答案不會是我和哥哥中的任何一個人，這麼多年來，我們兩個和祖父的感情交流不及伯父家

的哥哥姐姐們的十分之一，無論祖父說出他們中的人哪位，我都不會感到很奇怪，更不會感到傷心，但是祖父卻是呵呵之後連著說了兩句最喜歡你最喜歡你，這個答案我知道很假，他也知道說出來之後我根本就不信，但是他又不好當著我說喜歡別人，所以，我只是應付差事般地問了一句原因，祖父的回答卻又讓我感到了困惑）我從小就希望做一個有文化的人，在你父親那一代，母親的學歷最高，但是只是高中畢業，在我們這一代，你考上了大學，還是在北京，感覺在跟別人說起你的時候很痛快。

5. 對健康的看法？遇到過的健康問題？如何處理的？結果？

沒病沒災就是有福，若是老了老了，渾身的病，動也動不了，吃也吃不了，還整天要人伺候了，那就不討人待見了，人到老的時候，身體結結實實的，那就很好了。

（祖父身體一向很好，沒遇到過什麼健康問題，但是由於祖父喜歡吃肉，而且經常吃一些油膩的東西，所以有段時間血脂偏高，這樣患心腦血管病的風險比較大。醫生建議祖父吃得清淡一些，然後長期吃著阿斯匹林，定期檢查血脂濃度，祖父照著醫生的話做，堅持吃藥，定期檢查，現在血脂濃度控制在一個健康的範圍內。）6. 對工作的看法？

有個工作，自己稍微掙點錢，就能養活自己，就省得伸手想著兒女們要了，以前你奶奶還活著的時候，我想手裏有個活動的錢，反正身子骨還硬朗，自己掙點，我們兩個人又花不了多少錢，也就是給你奶奶買點藥，多少能攢下一些，萬一有個病有個災的，也不用花一分，就向你們要一分，既然還能動，就自己找個活幹，又不是很辛苦，自己手腳勤快一點，就全都有了。

7. 對財富的看法？

年輕的時候，就想多掙點錢，但是錢多少才是多？這個沒個夠，夠花就行，也不指望手裏存多少，需要的時候能拿出來，不犯難就行，手

裏有錢，花不了也跟沒有一樣，你看你奶奶，活著的時候一直捨不得花錢，細了一輩子，連一碗小米粥都捨不得扔，但是最後呢，錢攢下了又有什麼用，病一查出來，醫院就不給治了，直接讓回家來了，這輩子連雙好鞋都捨不得買，那身壽衣是她穿過的最貴的衣服，攢下錢有啥用啊，咽了氣什麼都帶不走。我現在老了，手裏的錢有多少，吃好吃爛，穿好穿爛都不在乎，就覺得把身體養得結結實實的，沒病沒災的就算是辛苦點就是好事了。

8. 遠行去過哪裡，有什麼印象？

年輕的時候去過很多地方，主要是往北方走，當然那都不是專程旅行，而是因為要掙錢養家。在那些地方時間很短，所以也沒有什麼特別深刻的印象。去過海拉爾，當時海拉爾的雪糕特別好吃，不知道是用奶油還是牛奶做成的，價格很便宜，而且一個雪糕很大，味道也很濃，當時我們這裏也有賣奶油雪糕的，但是很貴，而且味道根本就沒法比。

9. 您是以怎樣的方式教育自己的子女的？

那時候的人們哪有現在的人們這麼講究，哪懂什麼教育啊，再說也沒有條件啊，但是你爸爸他們都老實，又不到處惹是非，也沒怎麼教育，想上學就供，不想上學就幫家裏幹活，不偷雞摸狗的，也不扯瞎話，還要怎麼教育啊。

10. 您怎麼看待我們這一輩的人？

你們這輩的小孩子都有福（我們那裏的方言，是很幸福，很幸運的意思），想吃啥都有，想穿啥也都能買，那時候以前我們到過年的時候才捨得吃點肉，現在看看你們整天吃的都是啥啊，要不你們現在都覺得過年沒什麼意思，沒什麼盼頭了不就覺得沒意思了嗎。我們以前出門都是走著，到後來有了自行車就很知足了，但是你們現在連騎個自行車都不願意騎了，出門都是坐車的，你說你們這群人現在是多麼有福。

11. 您現在以什麼樣的心態看待過年？

（問了這個問題我突然覺得有點想收回，因為祖母是在過年的前一天去世的，而且是剛剛過去的這個年，我本來是想知道對於他這個年齡的老人，怎樣看待變老這個問題，但是，我的問題不只是讓我，也讓祖父想起了祖母。但是祖父沒有什麼異樣）辛苦了一年，盼的就是過年的時候能痛快，而且你們也都能回來，也能把你祖母請回來......12. 您認為祖母是個怎樣的人？

你祖母就是命窮，辛苦了一輩子，攢了一輩子的錢，最後連錢都花不了，檢查出病來之後，人家醫院裏就讓回家來了，不給治了。你想給她買點好吃的，她吃不了，你想給她買件好衣服，她整天躺在床上，連門都出不了。以前恨不得把一分錢掰開花，現在有錢也花不了。你祖母的病雖然扛的時間長，但是也沒怎麼麻煩人，自己能動就不用別人，就是沒了之後也不給別人找麻煩，沒在家待，直接就埋了。

13. 當年發洪水的時候，老弱病殘都逃到別的村子，留下你和爸爸還有伯父在家裏看家，您當時是怎麼想的（我們的那個村子外是一條很長的河，河和村子之間用很高的堤壩隔開，在我還沒有出生的時候，又一次鬧洪災，水面和堤壩平齊，村民們把老人、婦女、還有孩子送到別的村子裏的親戚家，而男人們都在村裏守著）？

那時候每天都到壩上去看水面，看看是漲了還是退了，別人家都是這樣的，自己家也就這樣，那時候河水裏有很多魚，大家都拿著網去撈，也不是為了吃，就是閒得沒事，撈回來在水缸裏養著，那時候人們都會鳧（ㄈㄨˊ）水，但是如果水真的漫過來，會鳧水也不頂用，不過別人家都是這麼著的，自己家也就這樣了。

14. 您想過出去旅遊嗎？

那是你們年輕人喜歡的，人老了，還瞎跑什麼，再說人都這麼老了，還亂跑什麼，到哪要是得個病，就麻煩了，老了也就不受人待見了，在家裏待著就行了，以前有你奶奶的時候，還跟著她到你東呂的姨奶奶家走親戚，現在，還幹嘛去呀。

15. 您現在最想做什麼？

我現在就想在外面找個活幹，不想在家裏吃閒飯，整天待著什麼也不幹，心裏麻煩，要是真的到了什麼也幹不了，整天吃了飯到外面和街上的那些老頭兒們一起歇著的時候，那也就只能和那些老頭兒們一起等死了。

16. 最後一個問題，作為祖父，給孫輩的忠告？

你自己把學上好了，不要像我和你爸媽那樣過一輩子，走出去，別在這農村裏受罪了，辛苦一年掙不了幾個錢，也沒啥出息。到城市裏面找個穩定的工作，吹不著，也曬不著，稍微掙點錢就夠自己花了，現在上學別怕辛苦，你們這麼年幼，多付點辛苦，以後的日子就過得活泛一點。

採訪手記

在採訪祖父的過程中，祖父的態度和他的回答都出乎我的意料。我本來以為，祖父會把這次的採訪看成是在敷衍一個小孩子胡鬧，不會有耐心回答我的問題，或者就算是回答，也只是一言半語，很表面的東西來應付。在我們這個大家庭的小孩子中，我是最不受祖父祖母喜歡的一個，伯父家的哥哥和姐姐是祖父祖母的心肝寶貝，整天捧著，寵著，尤其是大哥，但是我和哥哥卻不是。在平日裏，就算是大哥和祖父說話，祖父都會把他當成是一個小孩子，只是停在誇獎和寵愛的層次，總覺得他還沒有長大，就更別提我這個年齡最小的了。但是祖父卻很平靜，很認真地跟我講了這麼多，而且他的回答讓我看到了一個和往日不同的祖父，一個就算哥哥姐姐們再親近都看不到的祖父。

祖父的回答用的都是最樸實的話，但卻讓我感覺到了智慧。簡單的語言，道出卻是一位老人對人生的大徹大悟。不知祖父是看淡了，還是看透了，或許是因為看透了，所以也就看淡了。有些話的字面看起來就是在說一些雞毛蒜皮的小事，但是我知道他卻說的是別的意思，我突然

意識到，在和祖父短暫的溝通中，我們已經有了默契。

其實這次採訪對我來說是一件很艱難的任務。對於我來說，認真地寫完一個人的故事本沒什麼，但是那個人卻在我的生命中長期處於缺席狀態，甚至讓我曾經產生過憎恨的感情，這就讓我倍感艱難和壓抑，我不知道這些文字應該包含我怎樣的情緒和感情。在這個家裏，我是感情最淡的一個，我不知道是因為沒有別人的疏離，所以我開始淡漠的，還是我的淡漠導致別人的疏離，但是有一點我很清楚，就算我年齡最小，但他們並不把我當成一個小孩子。其實這很無奈，不是嗎？如果你是那個寵兒，那你在他們眼中永遠都是個小孩子，還好，我習慣了。

祖母去世之後祖父的話變得很少了，這次我們兩個人談話，是祖母去世之後祖父第一次跟一個人說了這麼多，說了這麼長時間，沒有別人的打擾，也沒有人旁聽，很安靜，也很平靜。這次的採訪任務，給了我一個機會用冠冕堂皇的理由來接觸久違的祖父，但好像祖父也看成一次機會，這個機會與其說是與一個陌生的孫女溝通，還不如說是祖父想和一個人說他的往事，而在那些往事裏，雖然祖父沒有經常提起，但是還是不能忽略那個人的存在，也就祖父借著跟我說這些故事的同時思念著的祖母。

我其實是有一點感動的，畢竟祖父從來不對哥哥姐姐們說這些心底的話，在他們面前，祖父只要做好一個慈祥的，會百般寵溺他們的老人就好。而這次，祖父卻很安靜地講了這麼多，雖然這些話中有虛假的，不真實的，但還好，那些我會認為是我需要知道的，而不是我想要知道的。

外省人的無奈

廖立暐

人們常說：人的一生中，最難忘的是鄉音，最感動的是鄉情。

這次借由訪問外公的機會，讓我的外公給我講述他一生滄桑的故事，我外公對我說：「我是河南人，有家不能回去。」我問他為什麼，他說老家就在臺灣的對岸，僅一水之隔，可就是國共人為造成的有家不能回的痛苦，大陸與臺灣像兩個兄弟吵架，不講「和解」，他還是不能回大陸，那何時講和解呢？

外公時常想念在大陸的親人，鄉情在我外公的心中成了一個解不開的結。

從小時候講起

曾祖父早在我出生的時候就已往生，我對他的記憶是完全空白，最多只能從媽媽的口中明白曾祖父是怎樣的人，儘管媽媽跟我說她的記憶也是停留在曾祖父中風後的最後那段日子。

外公說，曾祖父當時是個員警，那時候員警的地位相當高，薪資也不低，因此外公小時候的生活算是衣食無憂，「不過你曾祖父育有三男三女，因此我們也稱不上是富裕，六個小孩加上我老爸老媽仍是得過著節儉的生活。」外公說。尋訪祖父的秘方外省人的無奈外公小時候是住在三合院的，從小就接受了良好教育，小學六年是順利念完，外公的程度在當時算是相當不錯。聽外公說有些小孩當時念完了小學六年還是不識字，連報紙都看不懂，原因是當時條件較為窮苦，一旦放學後就得牽牛去吃草，讀書的時間自然受到壓縮，這樣的情景不管在哪兒，除了非洲，現在應該是極為少見吧！

跟隨老蔣踏入臺灣

隨後外公參軍了，當時的外公還是個壯碩且帥氣的少年，17歲，跟隨老蔣，也就是國民黨。才短短沒幾年，在1949年那個動盪的時代，60萬的軍人慌亂地離鄉背井，遠離祖國大陸，來到南方一個陌生的小島上，這群人當中，包括我的外公，他們被稱為外省人，那個小島叫做臺

灣。

這60萬的外省人，雖然有著共同的稱謂，但其實卻來自大江南北。絕大多數的他們以為來到小島上只是暫時的，因為在此之前，多半他們已經過多次的遷徙和逃亡，一次又一次地倉促離開，一次又一次來到從未曾到過的陌生異鄉。

外公說：只是誰也未曾想到，來到這個臺灣，竟然就是半個世紀漫長悠遠的時光。當時在離開老家的時候，甚至來不及和家人告別，以為不久就會回來。誰知道這麼一走，就是幾十年遙遠的生死不知。

如果從1949年到開放探親的1987年，整整38年！這是多麼漫長到難以想像難以計數的時光啊。

誰是外省人

外公被迫在這「寶島」臺灣上生存，接受國民黨分配的工作，國民黨分配的居所，安家立業，結婚生子（生了我的阿姨，我媽和我的舅舅），退休後，領著國家的補助，過著算是衣食無憂的日子，但心中卻永遠有一個最深最痛的鄉愁，海的另一邊，家人、父母、都好都在嗎？撕裂的煎熬，一下也是幾十年。

「外公把對故土的懷念，化作一次又一次的訴說，總是一次又一次重複講述兵荒馬亂年代艱苦逃難的過程，以及故鄉老家歡笑甜蜜的點點滴滴。」這是我媽告訴我的。

我的外公是一個國民黨的老兵，這麼一說在我的印象中他好像曾無數次告訴我參加過對日抗戰、關於北京、關於空襲、關於上海的種種。可能當時我還小，再說我對這還真不感興趣，所以對不起了外公。

正如任何對人類群體的分類，這群到臺灣的外省人也被貼上許多標籤：相對於臺灣的閩南語或客家話，外公他們一般使用的語言是國語（雖然帶著各地方言或鄉音）；他們大多居住在眷村；他們的職業背景主要是軍公教；他們是臺灣的少數族群但卻是掌握政治權力的統治族群

（雖然有許多社會底層的老兵，我外公算是其中之一）；他們大部分有強烈的中國情懷並且支持國民黨。

物是人非

大約在20年前，1987年蔣經國宣佈廢除戒嚴，終於開放了，開放臺灣的人可以回來大陸探親，大量的大陸籍老兵紛紛回來大陸老家探親，而我外公就是這「隊伍」的其中之一。

我外公和他的老好友，二十多人組成探親團來大陸探親、觀光、旅遊，回到河南看望全家，幸運的是，外公的家人沒有搬離，親情的關心、關懷，讓我外公說不出的高興。

只是，外公回到了朝思暮想的故鄉，然而老家早已經歷了翻天覆地的變化，人事已非的無奈，外公的父母都已經不在了。只剩下郊區沙塵漫天的土丘上一座小墳。

勇往直前

外公跟我說：打從17歲起，他就算是沒有了爸爸媽媽。隻身一人，國破山河在，他們的世界只有蔣公，也只能跟著蔣公，竹籬笆外的世界，對他充滿了強烈的敵意，他們是漂洋過海的外省人，和當年軍艦上「相同」的外省人。

媽媽說：早期臺灣把外省人取名綽號「老芋仔」。芋頭是一種不需要施肥的根莖植物，扔在那裏就長在那裏。長相不好，烤熟吃起來卻甜甜鬆鬆，削皮時手摸著，有點發麻。漫山遍野，只要挖個洞，就可找到幾顆鬆軟芋頭。

芋仔命賤，「老芋仔」型的外省人，命也薄得很。

我想起桃園老家樓下就住著一位老芋仔，煮麵一流。但似乎沒人關心他從中國大陸哪個省份來，父母住哪裡，就好像他是石頭蹦出來的。對於某些臺灣本土的家庭，外省人不是渾蛋，就是可憐蟲。渾蛋在臺北

當官，欺負臺灣人；可憐蟲就在市井街道裏，擺攤賣陽春麵。至於我外公，算是幸運的了。

關於外公和外婆，外公只是輕描淡寫了給了我一句：花錢買的，似乎不願意多談。不過看現在外公外婆相處得不錯，我也就不再多問了。

訪問的最後，我問了外公的座右銘是什麼。外公想了一下，「勇往直前」，不管碰到什麼都不要害怕。我覺得這觀念的確實是在外公那一代外省人的特點，因為當時什麼事都得靠自己，如果不靠自己的力量來堅持，那也只有餓死這一途了。

訪問：

1. 俗話說人生七十古來稀，70歲意味著什麼？

孔子曰：「吾十有五而志於學，三十而立，四十而不惑，五十而知天命，六十而耳順，七十而從心所欲，不逾矩。」古代的醫療還不夠先進時，導致古人們留下了一句較遺憾的話：「人生七十古來稀」。在今天，相信那句話應該要改寫了！對我來說或許「人生七十才開始，目標瀟灑奔一百！」。雖然現在有些疾病纏身 但會樂觀的心態去迎接每個新一天的到來！

2. 小時候有什麼樣的夢想？後來實現了嗎？年輕時候遇到的最大煩惱是什麼？是怎麼解決的？

那時候也沒什麼夢想吧(笑)，應該是想要賺很多錢，讓父母過上好生活，讓弟弟妹妹都能上學吧。那也不能算是煩惱吧，你外公年輕的時候，就跟著蔣委員長，部隊裏一就是一，二就是二，部隊就是這樣，當時幾乎天天都在打仗，明天的太陽能不能見到，生存都是個問題了，也談不上什麼煩惱不煩惱的了......3. 認為自己哪些方面還不錯？

人老了，老人一個了，每天都還能爬樓梯上下樓就已經很不錯了。

4. 喜歡誰，為什麼？

當然是陳秋蘭(我外婆)，你覺得她在旁邊我還能說別人嗎？

5. 1990年您在做什麼？對我出世的感想？

民國七十九年啊，那時候我在八德的鄉公所工作。看到你出生，我當然很開心啊，你可是我第一個孫子啊!(PS：我上面還有一個表姐)雖然你不能幫梁家家族傳香火，但是還是很開心啊，你問問你媽你外公我當時開不開心。

6. 對健康的看法？遇到過的健康問題？如何處理的？結果？

你應該也知道外公現在老了，也有糖尿病、高血壓的困擾，這些病也不是說一兩天，一兩年就可以治好的。我現在就堅持每天運動，出去散散步，順便遛遛Money(外公家的狗)，運動才是健康的不二法門，你在北京有天天運動嗎？

7. 您對工作的看法？

工作，就為了賺那幾些錢，錢不是萬能，沒有錢萬萬不能啊！（歎氣）8. 您對財富的看法？

你外公也沒什麼好留給你媽跟你，就這棟破房子也值不了多少，外公在這邊還是要叫你好好加油讀書，不要嫌外公煩。

9. 曾經遠行去過哪裡，還有什麼深刻印象？

日本還是泰國?不太記得了，連相片都找不到了，只記得不好玩。

10. 喜歡臺灣嗎？

臺灣是個寶島!住了大半個輩子了，不愛也難。

11. 最近一次到大陸是什麼時候了？

好久了，那時候還帶金項鏈金牌什麼的回去給老家的親人，看到自家的親戚生活還是這麼困苦，很難受，可是能幫的也只有這麼多，而且

在臺灣生活習慣了，回去不太適應。現在這年紀要搭飛機，很麻煩吧？（PS：其實外公最近一次到大陸是差不多在四年前的時候，媽媽把外公接到上海住兩個月，只是外公已經開始有點老年癡呆，所以對最近幾年發生的事情基本上都不太記得。）12. 平常最喜歡或最常看什麼電視節目？

你外婆喜歡看什麼，我就看什麼，你外婆每天不都要看那個什麼《父與子》(臺灣的八點檔連續劇)。

13. 您最喜歡吃什麼？

包子饅頭配豆漿，絕配啊!可惜現在是病人也不能吃太多，血糖會過高。

14. 您的老兵朋友還有嗎？還有多少個？

老兵還是有幾個，每天傍晚散步都會在那個瑞豐國小遇到他們，平常也就那時候邊散步邊聊下天，除了這個時候，就是咱們在榮總(醫院)相見了(苦笑)......15. 現在臺灣還有一樣同鄉的朋友嗎？

有!同鄉的還有一個李伯伯，你見過的，樓下那位，你記得嗎?不過好久沒見著他了。

16. 現在您怎麼看臺灣跟大陸？

臺灣是臺灣，大陸是大陸，你不要被抓去打仗就好。

17. 有什麼話想跟我媽說的嗎？

你媽小時候挺叛逆的，不怎麼聽我跟你外婆的話，不過還好你媽很孝順很懂事，交了男友，談了戀愛，結了婚，還不忘有個這個爸爸，還常常來看我，我很欣慰有個這麼好的女兒。

18. 人生中，有什麼事情是你最後悔的嗎？

也沒什麼好後悔的，過去都過去了，至少現在我們衣食無憂。當初

應該要多聽我爸媽的話，不要跟他們鬧脾氣。

19. 如果人生重來？

如果能重來，(看了一眼我外婆)我要再對你外婆好一點吧。

20. 有什麼話想對我和我妹妹說的嗎？

立暐啊，外公年紀也大了，外公想要抱個曾孫子，另外還是那句跟你媽媽一樣的話，好好認真學習，外公那時候是想讀書不能讀啊。其實只要你們健健康康開開心心長大這樣就好了，你們的人生外公不干涉太多。曾孫子記得！

採訪手記

採訪之前，我對現在的生活還蠻有不少的牢騷和不滿，但外公的人生告訴我：我們和上兩代人相比，今天的我們簡直生活在蜜罐裏——安定，物質生活富足的社會，應當珍惜和感激。想像外公甚至是曾祖父的過去，我心裏就微微泛出一點苦澀。我忽然覺得，生命就像一顆小苗，在貧瘠的石縫中鑽出的小苗，不畏嚴寒、不怕日曬，頑強地生長。這或許就是外公的一生！

作為外公的子孫，我想跟他說，辛苦了，我們現在生活很好，我會好好珍惜，努力學習。其實，對照過去的艱辛和今日的富足，我偶爾會感覺到一種壓力和危機感。

為什麼這樣說呢？因為老一輩的都經歷了物資極其匱乏的艱苦歲月，但卻始終艱苦奮鬥、樂觀向上，而且互幫互助、同舟共濟、共渡難關；而現今我們的物質生活雖然相對富裕了，但是……其次，我瞭解到史實是真實存在的。我從外公口中親切地聽到「老蔣」、「蔣委員長」這個陌生又熟悉的辭彙。老一輩人經歷了國共戰亂，甚至更多，他們吃的苦受的罪不是一兩句話講述得清楚的，也不是花一兩個小時訪問就能感同身受的。

採訪自己的長輩，記錄下他們的口述歷史。因為，從個人的小歷史中可以看見真實的大歷史，年輕人認真傾聽長輩講述過去，很有可能發現更多的歷史，長輩們所親身經歷的，絕對比課本裏的文字要豐富得多。

此次採訪，我多次通過視訊、電話等方式和遠在臺灣的外公通話。外公似乎也很開心有我這樣的一個傾聽者，把往事一股腦兒地倒給我，雖然外公已經有點老年癡呆了，重複的不少。也就是這樣，我突然有了一個感悟：「愛老人，不僅是給他們錢、為他們買衣服、幫他們做事情，最重要的是傾聽他們、瞭解他們。」老人留給子孫的最寶貴的財富，就是他的一生。這本用生命寫成的書，我們一輩子也讀不完。另外也讓我看到了外公的另外一面，原來我的外公也還是有很多幽默的一面，或許是現在祖孫分隔兩地，我發現我對自己外公的瞭解少之甚少，有些慚愧。

從前在課本上讀到的歷史，聽到外公這樣娓娓道來，仿佛就在我眼前演出了一樣，感受真的是相當奇妙，每個人就像是連接著過去和未來，為了傳承這一切才活在這個世界上的。外公現在也快年近八十了，聽他講著過去就像看著一本書，而我現在二十一歲。我會想，我是不是也能夠告訴別人自己的故事呢？我有那麼多的過去可以講嗎？我便開始回憶起小時候到現在發生的種種，其實能夠說的也不少呢！也許我的過去並不像外公一樣具有相當的深度，但每一個回憶對我來說都是相當珍貴的，我想外公這次說不定也有這樣的感覺吧！

其實我很喜歡看每個人回憶的樣子，人回憶時的表情有苦有樂，有悲有喜，但因為是自己的回憶，找回記憶就像是填滿了自己一樣。只是可惜了當時的科技不如今天，要不然此次的採訪，想必會增加不少豐富的內容、色彩。

老小孩的快樂

黃芝媛

我對外公以及外公家最早的印象，不是他花白的鬍渣、厚重的老花鏡架、頭上的瓜皮毛氈帽，也不是外公標誌性的震天響的笑聲，而是外公自小居住的在我看來幽深、神秘甚至有些陰冷的老宅。

一堵高牆隔絕了外界和老宅的院子，高牆的正門上安安穩穩地掛著一個漆色斑駁、木料磨損、字跡卻仍然清晰遒勁的「進士」牌匾。印象中外公偶爾喜歡端詳這一方舊牌匾，用目光摩挲一寸寸歪斜的木紋，一條條開裂的細縫。也許，這牌匾在外公第一次抬頭望它的瞬間，就讓「重文」的觀念在外公心裏紮了根。

老宅子呈「回」字形，並在內部分成好些部分，類似現在商品房的十好幾戶人家，每戶人家裏都有獨立的廚房、廳堂、臥房，每戶的廳堂都正對著古色古香的天井。與商品房不同的是，老宅子的內部是打通的，各戶人家可以隨意串門，少了隔閡，多了溫暖人心的人情味兒。長大了才知道，我所謂的老宅子，其實是客家人的傳統住宅——圍屋。

年久失修的老圍屋給我的始終是一種幽深、神秘甚至陰冷的感覺。門口放置著不知用途卻明顯能看出歲月痕跡的石礅；厚重發黑，表面的木棱子被磨得圓滑，用橫木上鎖的舊式大木門，關門時的吱呀哐噹聲在瞬間與外界隔絕的安靜圍屋裏擴大傳遠；潮濕的春天裏，壓得緊實平坦、硬似水泥地面的黑泥地板和天井裏鮮綠鮮綠的薄苔蘚散發出森林特有的鮮腥氣；天井四周圍著一圈被瓦沿滴答下來的雨滴，砸出密密麻麻小坑窪的灰白相間的大石板；房間裏木質的窗框，每個窗子都豎著五到七根手腕粗細的木柵子，像極了今天低層樓房住戶必備的防盜窗，但更像突破不了的牢籠……外公就在這幽暗的老圍屋中度過了大半生，「掙扎」是外公前半生的主旋律。

客家人精明，擅長商賈貿易，並有「東方猶太人」之稱。和很多客

家人一樣，外公還小時，家裏依靠著做些小本生意，賣火柴鹽油維持生活。由於當時的年月裏沒有方便的交通工具，十二三歲的外公時常跟著曾外祖父挑著擔子步行往來於臨近的城市，路程近五百里，起早摸黑，甚至睡在路上，辛苦異常。值得慶倖的是，一分耕耘一分收穫，外公一家的日子過得還算滋潤。

但好日子並沒有持續多久，藉著時局混亂的大環境，村寨裏一些懶惰懈怠、不思進取嫉妒曾祖父一家的富足，並因為經濟問題曾與曾外祖父結下私怨的村民公報私仇，竟硬生生地將辛苦經商的曾外祖父一家打成地主。從此，無論如何嘗試，如何爭取，品學兼優的外公都再無上學的機會，頭頂的「進士」匾額時時刻刻提醒著心中之痛；家裏低至穀底的生活水準讓雖不說從小養尊處優，但也沒吃過多少苦的外公從14歲開始就懂得用稚嫩的肩膀挑起生活的重擔，操心下一頓吃什麼；生命安全對於外公一家來說，變成了糊在心裏的一層薄薄的窗戶紙，幾雙手小心護著，如履薄冰，生怕風一吹就破了碎了。

被打成地主後，14歲的外公開始每日上山砍柴，大清早天剛濛濛亮就帶著鐮刀從家裏出發了，中午勞作累了就喝水充饑，因為家裏已經窮得連午飯也沒法給他保障了，晚上回家還得背上一百來斤的柴火。家裏，家長們一直被鬧事的村民批鬥，天天被押去曬穀坪裏跪著。通常沒緣由地就讓他們跪上好幾個小時，跪完後又不知所以然地被放回家。就這樣，外公一家每天提心吊膽地過著，祈禱哪天能讓自己過上自由的小日子。

外公成年後，跟著生產隊幹義務工，那些「出身良好」的貧下中農每天可以掙足12個工分（當時是靠工分換糧食的），被無良村民扣上地主帽子的外公拿到的工分卻大打折扣。拿挑擔子來說，別人只挑60～70斤，並且只挑一趟，就能掙滿12工分，而外公一擔子就挑上220～230斤，一天來回挑上好幾趟也只能掙到7個工分。打了折扣的工分，自然只能換到縮了水的糧食，這可憐巴巴的一點糧食怎麼喂飽嗷嗷待哺

的幾個孩子！為了能養活一家老小，外公還到過沒人敢去的麻瘋（村）山區做副業，承包鋸木板的粗重活。一家人的生活就在外公堅強臂膀的支撐下辛苦維繫著。

一波未平一波又起，又因為這莫須有的「地主成份」的帽子，「文革」時期，外公又被折騰了好一陣子。那段日子裏，外公被關押派出所幾十天，時常被拉出去陪打靶（槍斃）。外公就這麼一次次地和一群人被綁了出去，壓到地上跪成一排，靜候子彈的穿透結束這絕望的等待。槍響後，周邊的人應聲倒下了，外公才明白自己是被拉出來陪打的。接著就幫著把倒下的人的屍體抬走。我不知道外公當時是用怎樣的心情面對這場面，驚訝？恐懼？劫後餘生的慶倖？還是對逝去的生命的悲哀？反正刻骨銘心是一定的！

直到改革開放，外公的苦日子才算真正走到了頭。

從小就常聽外公說：「鄧小平對人民好，鄧小平是大好人啊！」在瞭解了外公的成長經歷之前，身為一個成長在幸福年代，不諳世事又帶著些許政治冷漠的「90後」，我原本認為這只是外公在自己的年代裏接受教育灌輸形成的「又紅又專」的崇拜情緒。現在，我不敢說我懂，更沒有立場說我能理解，但從外公意味深長的歎息和泛著老淚的雙眼中我能夠真正體會，改革開放春風刮來的得來不易的幸福對外公來說，是多大的救贖。

借著改革開放的大好態勢，外公決定放手一搏，再入商海。1982年，外公在鎮上開了第一家食品廠，生意紅紅火火。一家人過上了前所未有的富足生活。

外公有五女一男六個孩子，從前因為經濟問題和地主成份的影響，大姨作為長女為了養家無法繼續完成學業，這成為「重文」的外公心中永遠的痛，現在提起還不免歎息。學生時代的媽媽正趕上外公合資開工廠，經濟條件十分優越的好時期，順利地完成了從小學到大學的全部學業。生活好過了，向來呵護兒女的外公給了媽媽兄弟姐妹幾個近乎寵溺

的疼愛。在當時的中國，深圳處於改革開放的最前端，潮流時尚也以深圳為基點向全國蔓延，兒女們的衣服都是外公從深圳帶回來的，件件款式新穎設計前衛，外公一家光鮮的衣著、富足的生活讓質樸的小鎮居民們無不艷羨；在那百廢初興，溫飽還是小鎮居民關心的最大問題的時候，外公已經開始在意兒女們課餘的興趣愛好，花了30塊錢給媽媽買了一把木吉他（當時普通農村和小城鎮居民的月收入大約是30元）......較為寬裕的經濟也讓熱愛旅行的外公足跡踏遍了大半個中國。我想，那段日子，應該是外公事業最巔峰，成就感最充盈的時期吧！

好景不長，正當外公的生意做得如日中天的時候，曾外祖父希望外公起到長子的表率作用，帶動兄弟們一起致富，於是讓外公擴大生意規模，把生意發展到湖南(因為曾外祖父和外公的兄弟姐妹們都在湖南長住)。但這種看似人多力量大的經營模式其實並不適用於當時的情況，廠子因兄弟各人意見不同而無法繼續經營，最終導致散夥、破產。

事業失敗之後，外公再沒有經商，也沒再找其他的工作。隨著孩子們一個個長大，都有了穩定的工作和收入，養家的擔子終於從外公那日漸消瘦的肩膀上卸了下來。雖沒有經商時臉面上的風光和經濟上揮霍的資本，但此時無須操心雜事的外公活得比任何時候都輕鬆快樂。崇尚自由的外公終於盼來了自己期待已久的放鬆和自由空間。

晚年的外公從古舊的圍屋裏搬了出來，搬到了光線充足，溫暖乾燥的向陽兩層小樓房裏。房門大開，可以在屋前的平臺上躺著躺椅曬日頭（客家話）；推開窗戶，沒有阻隔，可以抵著下巴聽鳥鳴......晚年的外公熱衷於養些花花草草。外公的屋外有一大片空地，剛搬進新房子時礫石遍佈，雜草有半人高，土包坑窪在那幾丈土地上陳列得「錯落有致」......可沒幾年時間，外公就把這高低不平的空地整理成一片鄰居們都嘖嘖稱讚、有意無意串個門只為一睹再睹芳容的小花園。花園四周用木槿、月季、梔子樹、四季青、柚子樹和柿子樹圍成一堵天然花樹牆，巧妙地劃分了房屋的地界，隔絕了誤闖的路人，迎來了貪玩的孩子......春

夏時節，花開繽紛，綠樹作底襯著滿「牆」粉色的月季，微風一吹，花葉微顫似波浪，活像春姑娘身上點綴著粉色蕾絲花朵的墨綠絲絨裙裾；秋冬季節，尖頭圓肚子的大柚子傻不愣登壓彎了枝頭，柿子在層層密葉中羞紅了臉，藏著掩著……空氣裏彌漫的全是醉人的果香和甜蜜；園子正中央是外公親自動手設計、堆砌起來的雙圓水池，池裏養著數條細腰長尾活潑靈動的紅錦鯉，寓意年年有餘、吉祥如意；門口臺階邊上還有兩個對稱的扇形大花圃，各個季節的花兒在外公的花圃裏都能見到，所以外公的園子從來都不缺乏斑斕的色彩。表妹表弟們每每到外公家，總喜歡在花圃邊兒上的小滑坡上嬉鬧，一個不小心就一頭栽到了花圃中，起身一看，一頭的花瓣樹葉。

外公還喜歡在花園裏餵養些小動物。最近，外公新養了一對細胳膊細腿兒、愛瞪著無辜大眼的小灰貓咪，幾只胖得走不穩道兒的大白鴨子。幾年前，這個園子還接收過我沒法打理送給外婆照料的兩只大白兔，一只小黃貓，幾只小鴿子。

動物們成天在花園裏玩耍，外公就成天樂呵呵地看著花花草草和玩耍的動物們。

也許「進士」牌匾上蒼勁有力的兩個大字刻入了外公的心裏，書法和詩詞成為外公不願割捨的愛好。外公雖然才只念完小學，但他對詩詞和書法的喜歡完全不受學歷的限制。外公幾乎天天練毛筆字，不懂書法的我看不出個所以然來，但只要外公喜歡，練著高興，不管寫得如何都是好的。

外公向來是個威嚴的人，年輕時挑擔子一次能挑上兩百來斤，人送外號「大力士」，肌肉結實，身板厚壯，一米八幾的大個子，雖然老了，背微微駝了可都還能看出挺拔的勁兒。這身板配上一個洪亮的大嗓門和一股子倔強的牛脾氣，說出的話家人是絕對不能違抗的，就算是外人都得禮讓他三分。這麼一個硬漢子，隨著年歲的增長，性格和脾氣也在不知不覺中一點點改變了。

人人都說「老小孩，老小孩」，從前我不懂這稱呼的真正含義，只簡單地以為人老了、行動不便了、需要別人照顧了便與小孩有幾分相似了。其實不然，外公這幾年的改變讓我真正意識到了什麼是老小孩，什麼叫家有一老如有一寶。威嚴的外公近幾年來漸漸卸下端了幾十年的架子，眼神變得更溫柔更和藹了，獨斷專行的說話風格也變得絮絮叨叨起來，只為想清楚地瞭解孩子們的生活細節，告訴孩子們自己的喜怒哀樂，只要這樣，他就能放心，就更開心。

　　雖然孩子們最小的都有三十好幾了，但是外公還是放心不下孩子們有沒有按時吃飯，平時能不能吃到家鄉的特色小吃。閒來無事，外公就到市場裏買最好的肉，用味道最好的香木料給幾個孩子做熏肉；用幾十年不變的「秘製」配方給孩子們炸酥餃吃……不是因為市場上買不到這些食物，而是除了家裏，再也沒有別的地方能讓兒女們嘗得到這貼著「溫暖牌」的老味道。每次回家，臨走時外公外婆總會把家裏的好吃的往兒女手裏塞，嘴裏還不停念叨著：「你們都帶走，要是吃完還想要就給家裏來個電話，爸爸媽媽給你們做，做更好的。」平日忙於應酬極少下廚的兒女們每每推辭不願帶上這些即將被囤積在冰箱角落的大包小包，外公外婆臉上的神色就立刻黯淡下來，像極了受委屈的孩子，接著緊張地說道：「你們下次再回來哦，早點回來，我再給你們做好吃的，下次回來不用給我帶這麼貴的補品，我身體好著呢！下次早點回來哦……」這對老夫妻就這麼佝僂著身子相互攙扶倚靠站在院子外，目送我們，時不時往前走幾步。從車後往回望，道路顛簸，車身搖擺，外公外婆的身影在我蒙了霧的眼中凝成光斑，流轉搖晃……我不知道，這棟剛剛充滿天倫之樂的房子瞬間安靜下來，只有犬吠、蟲鳴，外公外婆是怎麼度過這心情大起大落的寂寞夜晚，以及一個個這樣相似的夜晚。

　　的確，兒孫必須掙脫家長的襁褓，駛離安全的避風港去拚搏屬於我們的未來，但請記得，我們身後始終有那麼一些人默默守候，不離不棄；有一盞燈永遠為我們點亮，讓我們找到回家的路。多陪陪、哄哄這為我們的幸福生活努力了一輩子的老小孩，好嗎？

這就是我的外公，一個普普通通的滄桑老人，一個在我心中堅強得無堅不摧，又溫暖柔軟得能將兒孫們疲累的心焐熱的可愛老小孩。

訪問：

1. 70歲，或80歲意味著什麼？

無所事事，等待死亡。

2. 小時候有什麼樣的夢想？後來實現了嗎？年輕時候遇到的最大煩惱是什麼？是怎麼解決的？

12歲輟學，家裏被打成地主，暗無天日，談何夢想。最大的煩惱：當時父親天天被批鬥；成年後一群孩子嗷嗷待哺，卻沒有任何活路。怎麼解決的：鄧小平上臺，改革開放了，一切問題都解決了。

3. 認為自己哪些方面還不錯？

聰明、忠誠，誠實、善良，見多識廣，力大無比，思路活，率先在鄉鎮辦食品廠並當廠長。

4. 喜歡誰，為什麼？

最喜歡堂叔、堂兄，他們總能為我著想，給我的幫助最大。

5. 1991年（您孫女我出生那年），您在做什麼？

當時正得重病——肺結核，你出生那天，我不顧自己身體多虛弱，早早就到醫院去等待著你的出生。聽到你的第一聲啼哭，心裏就樂開了花，急忙趕回家殺雞給你媽媽燉雞湯喝了。對你出世的感想就三個字：高興啊！

6. 對健康的看法？遇到過的健康問題？如何處理的？結果？

健康最重要，沒有健康就沒有了一切。遇到過的健康問題：得過肺結核，差點丟了性命。到醫院住院治療後，回家吃藥打針調養治好了。

7. 對工作的看法？

工作再苦都不苦，再累都不累，只要能掙到口糧養活一家子；幹一行愛一行。

8. 對財富的看法？

沒錢寸步難行；財富再多不如有幾個出息孝順的子女，有人自有財。

9. 遠行去過哪裡，有什麼印象？

去過長沙、岳陽、武漢、鄭州、北京、山東、南京、上海、貴州、福建、廣州、南寧、桂林等。印象：來去匆匆，很少注意周圍環境。對廣州、深圳印象較深——改革開放剛剛開始，廣州、深圳百廢待興，很多地方還是荒山野嶺。

10. 年輕的時候認為什麼對自己最重要？現在的想法呢？

自由最重要——不被壓迫，不受所謂的「貧下中農」的欺侮和養活一大家子最重要。現在的想法：改革開放真好，只要勤勞，就可以衣食無憂。

11. 您也很愛漂亮吧？表現在哪些方面？

愛美之心人皆有之表現在：愛種些花花草草，美化生活環境；總會注意衣著的整潔；不斷學習以提升自身的內涵使自己氣質更儒雅。

12. 您對你幾個孩子看法，他們小時候是怎麼樣的？你最疼愛哪個孩子，覺得哪個孩子最瞭解你？

幾個孩子都挺好。老大初中畢業，因家裏生活實在困難不得不輟學，有愧於她。老二、老三、老四、老五都很聽話，聰明又乖巧；最小的兒子，花錢無節制，沒錢養老爸，老爸對他有意見。最疼愛老三、老五，因為她倆最瞭解我，最懂事。

13. 您年輕時有沒有叛逆的時候？現在怎麼看當時的想法？

小時候很聽話，沒有叛逆的時候。但年輕時有一次差點跟人拚命，就因為大年初三沒米下鍋，法定假日三天——大年初一至初三，在不影響生產隊出工的情況下，大年初三的晚上去運石頭賣給公家建大橋。

14. 您有後悔的事情嗎？或者是遺憾年輕的時候沒有做的事？

為人太老實，不知防人，常被人算計。我就是太老實，當年開工廠的時候吃了大虧，太相信別人，當時不懂得多留一個心眼，害人之心不可有，防人之心不可無。

15. 覺得家庭重要還是事業重要？年輕時和現在想法一樣嗎？

家庭最重要，沒有家庭就沒有事業，就算工作上再苦再累都沒關係，回到家看到家裏和和樂樂比什麼都強！年輕時想法也一樣。

16. 覺得印象最深刻的高興的事、幸福的事是什麼？

生了五女一男，子女孝順，晚年無憂。

17. 您最近最希望做到的事是什麼呀？

希望孩子們身體健康，事事都順，經常回家來看看老人，爸爸媽媽在家都盼著你們多回來。

18. 您最想讓我為你做什麼事呀？

你好好學習，學好本領就行了，要對你爸爸媽媽好，你媽媽對我和你外婆這麼孝順，你也要像你媽媽一樣才行！平時在學校多注意身體，沒事多給外公外婆打個電話，讓外公外婆聽聽你的聲音。

19. 說說我外婆吧！在您心裏，外婆怎麼樣？

你外婆跟著我受了很多苦的，你外婆年輕的時候很漂亮的，又愛打扮！現在也很漂亮啦，哈哈哈，你外婆長得矮，身高和我相差很多，年輕的時候我長得也算蠻英俊的，你外婆長得也漂亮，所以當時我們這一

對很引人注目的。你也知道外公脾氣大，說話也大聲，平時看我和你外婆吵吵鬧鬧的，實際上我們就是這樣相處的，你外婆這幾十年都讓著我，我知道的，唉，你外婆好啊！幾十年了，你看外面那些年輕仔結了婚又離婚的，婚姻就不應該是那樣的，實實在在能扶持一輩子的，那才叫夫妻。

20. 最後一個問題，作為外公，給孫輩的忠告？

忠告就是做人要學諸葛亮。（從外公的生平詩裏可見）外公自寫的生平詩：平生處世太忠誠，無有心計做渾人。後代子孫當謹記：做人須知學孔明。

採訪手記

這次採訪的主題是「祖父祖母」，由於我和爺爺語言不通，外婆又出門走親訪友了，無暇搭理我，所以，能接受這次採訪的唯一人選就是外公了。外公年紀大了，聽力也變差了，大家平時和他溝通基本靠吼的，外公外婆平日也並不和子女們住在一起，兩個老人的家又沒有電腦，這些客觀條件直接導致了我不能通過電話或者網路視訊採訪外公，我特意請假飛回廣西老家做訪問也不太現實，所以，這整個採訪，稿子由我準備，媽媽就代我扮演發問者一職。

據媽媽描述，外公說起從前的事，話匣子就關不住了，說到興奮處竟還像孩子一般手舞足蹈。外公和媽媽已經好久沒這麼坐下來靜靜地說說話聊聊天了，兩人的高興勁兒都是止不住的，仿佛回到了三四十年前外公講故事哄年幼的媽媽睡覺的年月。這個採訪除了內容給我帶來震撼之外，這久違的父女深談給媽媽帶來的感動也是可想而知的。

採訪的問題大多是回憶，外公從前的經歷是十分豐富的，但壓抑和操勞在外公的前大半輩子中還是占了絕大部分，這揭傷疤式的回憶讓外公老淚縱橫。在訪問過程中，媽媽給我打過幾個電話，告訴我訪問的進度和內容，其間還問外公要不要和孫女說幾句話，每回外公都拒絕了，

因為他怕自己在孩子面前說起往事，又忍不住流淚。他對媽媽說：「這樣對小孩子不好，影響她的心情，我怕她難過......」從前，我以為老人對孫子、孫女的關心，大多就是關心孩子有沒有按時吃飯，起風了有沒有添衣，學習認不認真......我從來都不曾想過外公這個鐵漢子的心思卻是如此細膩。

這次採訪，我瞭解了從前完全不為我所知的外公的人生。曾經，外公在我心中就是一位倔強執拗的、愛種花花草草的普通老人，回首外公這幾十年來走過的路，想到外公這一大家子人的生活全是他一肩扛起的，實在感歎外公的堅強、舊時代生活的困苦和新生活的來之不易。

今天的我們生活在祖輩揮汗流血打拚下的幸福生活中，還有什麼可抱怨的呢？生活中遇到的小挫折曾讓我們眉頭不展，甚至痛哭流淚，現在想想，這些小坎坷又算什麼呢？我瞭解了外公，讀懂了外公，進而更崇拜外公了！

這次採訪觸碰到了外公傷心的回憶，想到威嚴的外公回憶起往事竟忍不住老淚縱橫，我內心酸酸的，就像心臟被手使勁攥緊了似的透不過氣，心裏十分內疚，我不知道這次回憶對外公心情的影響有多久，有多強烈，我也不敢再問，生怕一不小心又觸到老人心中那塊封閉已久的痛處。

外公曾經的生活多麼艱難，受過多少苦難，都已經過去了，現在幸福生活著的外公會一直幸福下去，我們這些活在祖輩創造出來的幸福生活的子子孫孫們，也會努力讓他們生活得更幸福！

爺爺這輩子

王璐

我的爺爺出生於1935年。那是一個動盪的年代，因為兩年之後，將會爆發那場震驚世界的戰爭。即便如此，居住在山東的偏遠小村裏的爺爺一家，並沒有感受到戰爭即將來臨的恐慌，他們一邊為家裏新添成員而高興，一邊也為每況愈下的家境而擔心。

快樂童年的教師夢

　　爺爺家裏有五個孩子，他排行老三，父母靠種地養活一家老小，日子的貧窮可想而知。那時候，一日三餐都成了一個夢想，因為家裏人多，孩子們常常挨餓。爺爺小時候是個孩子頭，差不多大的孩子都喜歡去找他玩，不過爺爺性格比較內斂，從不做出格的事，是個很有頭腦的老實孩子，在同歲孩子當中很有威嚴。那時候教育水準很低，大多數的孩子熱衷於打架、蹺課，但是爺爺很喜歡學習，把學習當成一種興趣而不是負擔。一個偏遠農村的窮苦孩子，不想做井底之蛙，而是想要靠讀書、學習來豐富自己的知識、開拓視野。那時候的爺爺已經有了自己的人生目標，那就是長大了做一名老師，把自己學到的東西傳遞給更多人。在同齡的夥伴們淘氣玩耍的時候，年幼的爺爺已經開始為了這個夢想而默默努力著。雖然上學期間爺爺的成績一直名列前茅，可惜天不遂人願，因為家中貧困，他只上到小學六年級便輟學了。

　　輟學後爺爺一邊幫父母幹活，有時間就自己學習，但是他一直沒有放棄當老師的理想，就這樣爺爺度過了他的少年時代。終於在18歲的時候，爺爺等來了機會。鎮裏舉辦教師資格考試，想要選拔一些人員到鄉鎮的各學校教書，爺爺知道後非常高興，第一時間報了名。經過刻苦的準備，他滿懷信心地參加了這次考試，結果也讓人欣喜，爺爺通過了考試。原本以為這樣就可以圓了多年當老師的夢想，可是選拔的人員在見到爺爺後，卻以他身高不夠為理由拒絕了他。爺爺非常傷心，這是一個令人難以接受的理由，從希望到失望只是短短幾天的時間。第二年爺爺又聽說別的村有一個私人辦的學校的考試，可是離家太遠了，他還是執意要去。那時候交通又不發達，在去考試的路上遇到暴風雨，等到了考

場已經錯過了時間，無奈又錯過了一次機會。雖然接連兩次錯過當老師的機會，但是爺爺仍然沒有放棄這個夢想。終於，在「大躍進」的時候，鄰村有個民辦學校，校長從別人那裏聽說爺爺很有文化，也很想當老師，於是點名讓爺爺去他的學校教書。就這樣，等了多年以後，終於圓了爺爺當老師的夢想。爺爺在學校裏度過了四年的教書生涯，那是他這輩子最快樂的時光。

短暫的幸福與破碎的家

「文化大革命」時期，村裏推薦人去學木匠，爺爺報了名，以後一直以邊種地邊當木匠為生。爺爺手藝好，村裏人愛叫他去做木匠活兒，他也不收錢，推辭不了便在人家家裏吃頓飯，僅此而已。久了，村裏人都知道爺爺手藝好，心腸更好。即便如此，已經20多歲的爺爺依然沒有娶妻成家。因為家裏窮，村裏的女孩子都看不上他，眼看著同齡人都已娶妻生子，爺爺依然獨身一人。他自己倒是一點都不著急，別人問他他便說：「我知道家裏窮，養活我自己正好，誰跟了我到委屈了人家。」他的善良與老實還是打動了鄰村的一個姑娘，爺爺25歲的時候終於成家了，那個姑娘便成了我的奶奶。

奶奶嫁去以後，對於家徒四壁，貧窮清冷的日子絲毫不在意。她盡心盡力操持家務，下田勞作，照顧爺爺一家的起居生活。日子一天天好起來，爺爺臉上的笑容也多了起來，這就是家啊，貧窮但卻溫暖，辛苦但卻甜蜜。在他們結婚的第二年，爸爸出生了，這個小生命的到來給全家帶來了歡樂與希望。但是隨著孩子一天天長大，奶奶的身體卻每況愈下，她患了哮喘，後來只能靠藥勉強維持。終於在爸爸4歲時，奶奶因為哮喘而去世了。父母年邁，孩子幼小，失去妻子的悲痛與生活的壓力交織襲來，幸福生活是如此短暫，爺爺感到了生活的無望。日子還是要繼續過下去，奶奶過世4年後，經人介紹，爺爺又認識了現在的奶奶。兩個人相濡以沫到現在，但是他們沒有再生育孩子。

孩子成了唯一的希望

奶奶過世後，爸爸變成了一個「野孩子」。四五歲的小孩子，正是需要母親呵護的時候，他卻得不到這樣的關愛。爺爺每天都在外面種地、幹活，年幼的爸爸便獨自待在家裏。餓了就啃個幹饅頭，無聊了便跑出去自己玩。因為疏於管教，爸爸小時候非常調皮，經常打架，是個遠近聞名的「孩子王」。上學以後，每天翹課跑去外面玩，還經常惹是生非，爺爺非常頭疼。他和那時一般家長的想法不一樣，不想讓自己的兒子「子承父業」繼續種地，而是想讓他通過學習走出貧窮的農村，改變自己的命運。再加上爸爸是獨生子，他是爺爺唯一的希望。等爸爸稍大一些，漸漸明白了爺爺的苦心，開始奮發圖強，學習變得非常用功，成績經常名列前茅。爺爺看到了孩子的努力，終於感到了欣慰。

　　爸爸18歲時，等來了走出農村的機會。北京的部隊到村子裏去徵兵，合格的便能光榮的成為一名士兵。他非常想得到這個機會，可是一想到爺爺奶奶要孤獨的守在老家，爸爸猶豫了。父母只有這麼一個兒子，那時的爸爸已經成了家裏的頂樑柱，自己走了誰來照顧他們，照顧這個家呢？爺爺知道他的想法後，毫不猶豫地勸說他一定爭取到這個機會，走出偏遠的農村，去看看外面的世界。就是這樣，在經過激烈的思想鬥爭後，爸爸踏上了北上的列車，成為了一名軍人，也從此徹底改變了他的人生。

　　到部隊以後，爸爸非常惦記爺爺奶奶，常寫信回去問候。爺爺每次回信都會叮囑他在部隊一定好好表現，保家衛國，並告知他家裏一切都好，不必掛念。每每隻言片語卻能帶給爸爸極大的安慰。爸爸也沒有辜負爺爺的期望，在部隊表現優異，先後得到去軍校學習、晉升軍官的機會，並3次榮立三等功。這期間，他也和媽媽組成了家庭，並有了我，我們一家都隨爸爸在北京的部隊裏生活。也是因為工作的特殊性，我們一家很少有機會能回老家看望爺爺奶奶，只有逢年過節時才能一家團聚。即便這樣，爺爺從沒有過怨言，老家門口掛著的醒目的「光榮之家」是他最大的驕傲。

幸福安逸的晚年

如今，爺爺已經77歲了，和奶奶生活在山東老家。爸爸也早已從部隊轉業，之後我們一家留在了北京。爸爸本想接爺爺奶奶過來和我們一起生活，但是他們已經習慣了老家的生活環境。爺爺60多歲就已經不種地了，也不用再幹活養家，爸爸非常孝順，寧願我們在這裏生活得節儉一些，也必須要爺爺奶奶享福，因此兩位老人從來不用為物質生活而擔心。爺爺常說，雖然他只有這麼一個兒子，卻比別人兒女眾多的強百倍，因為他的兒子是最孝順的，每說到這裏，爺爺臉上都掛著幸福的笑容與驕傲。

爺爺有很多愛好，喜歡和村裏的老人們一起坐在院子裏喝茶聊天。喝著爸爸孝敬的好茶，幾個老人一聊就大半天，常常是賓主盡歡，滿意而歸。爺爺還有一項特長，他的書法功力頗深，尤其是毛筆字，寫得像字帖上臨摹的一樣。逢年過節，爺爺都會親筆寫上幾副對聯，貼在自家門口，看著很有成就感。四裏八鄉的村民們也都知道爺爺擅長書法，遇到紅白喜事要動筆題字的時候，都會來找爺爺。寫完還不忘遞上好酒好茶，款待爺爺一番。既能幫助別人，又能得到好名聲，爺爺這個業餘「書法家」當得不亦樂乎。除此之外，爺爺還在庭院裏養了很多花鳥。提起這些寶貝們，爺爺一臉自豪。好像他種的花開得格外豔，他養的鳥長得格外美一樣，很多慕名而來的花鳥愛好者紛紛登門欣賞，看完後都連連稱讚。有想要向爺爺討要的都被他一口回絕，在這上面他是出了名的「摳門」。有一次，架不住姥爺的懇求，爺爺給了他一對剛養大的小鳥，沒過多久便聽說那對鳥被姥爺養死了。氣得爺爺立即給姥爺打去電話數落一番，從此對他的花鳥更加寶貝。爺爺也曾來北京和我們同住過一段時間，可沒多久他就吵著要走。說住不慣樓房，聽不懂這裏的人說話，他想念家裏的花鳥和那些老夥伴。沒辦法，爸爸只得將他送回老家。都說落葉歸根，我想爺爺肯定是捨不得那片生養他的土地，那間為他遮風擋雨的老屋。

這只是爺爺一生中很小的一部分，他生命中的那些繁雜細碎的生活瑣事，轉瞬即逝的感想感悟，在這裏無法一一贅述。縱觀爺爺的一生，他是中國偏遠農村裏的一個普普通通的農民。他這一輩子，沒有做過什麼轟轟烈烈的大事，也沒有那些曲折離奇的人生經歷。即便是這樣一個小人物，他也曾執著地追求過夢想，憧憬過幸福的生活，他也有自己的喜怒哀樂，他的人生同樣值得琢磨品味。我的爺爺年幼家貧，少年不得志，而立之年喪妻，晚年才享安逸清福，這一生不可謂不艱苦。但是他始終抱著樂觀的態度，正直、善良、敦厚，是他一生中最寶貴的財富。我敬佩我的爺爺，我要做像他那樣的人，無論順境或逆境都能坦然面對，笑對人生。

訪問：

1. 您到了七十多歲，認為這個年紀意味著什麼？

有一個詞叫「七老八十」，到了這個年紀就是老頭子，不中用了。老了就盼望享受晚年，身體健健康康就好。年輕的時候有很多煩惱，有很多要操心的事兒，到了我這個歲數就覺得這些都不算什麼，越老反倒越輕鬆。

2. 爺爺您覺得自己有什麼特長嗎？

幹農活、做木匠我都擅長，年輕時就是以這些養家的。還有書法，自認為在村裏是數一數二的。你爸爸我從小就讓他練書法，現在寫得比我還好。

3. 爺爺最喜歡的人是誰啊？

最喜歡我兒子，因為我只有這一個兒子。而且兒子很爭氣，也很有出息，對我又孝順。

4. 爸爸出生那年，您在做什麼？孩子的出生帶來哪些變化？

我還是在村裏當木匠，家裏窮得快揭不開鍋，都靠你原來的奶奶操

持著。你爸爸出生以後我們全家都很高興，雖然多了一口吃飯的人。那時候覺得幹活都有勁兒，日子也不覺得那麼苦了。

5. 您對健康有什麼看法？自己遇到過什麼樣的健康問題？如何處理的？健康是第一位的，對我們這種老年人尤其重要。我年輕時當木匠腿扭傷了，當時家裏窮，再加上自己不在意，沒怎麼治療。等老了就落下了病根，現在一直在治療中，已經好多了。現在更加看重健康了，一感覺身體不舒服就馬上去醫院看，有什麼病發現早的話都好治，晚了就來不及了。

6. 您對工作有什麼看法？

我們那個時候都叫幹活，不像現在上班工作。幹活就是需要勤勤懇懇，踏踏實實努力去幹，工作也一樣。像當木匠是個技術活，需要自己去磨煉，熟能生巧。

7. 您對金錢和物質看得重嗎？

年輕的時候覺得錢很重要，那時候太缺錢，物質是放在第一位的，因為沒得吃沒得喝。越到老了越把財富物質看淡了，覺得精神層面更重要，每天開開心心、身體健健康康才是最重要的。

8. 您去過最遠的地方是哪裡？有什麼印象？

我一輩子都待在咱們村裏，沒去過太遠的地方。最遠就去過北京。北京太大了，人也多，感覺北京人都很熱情。印象最深的是天安門和毛主席紀念堂，以前只在電視裏見過，我回來以後都跟村裏人說了，他們很羨慕我。

9. 為什麼不搬到北京和兒孫一起住？

我們在老家住習慣了，去北京感覺水土不服，在自己生活的地方也有一群親朋好友，可以到處串串門，到處玩玩。我前兩年去和你們一起住的那幾天，可把我憋壞了，那邊生活雖然好，但是沒有人情味，還是

老家住得舒坦。

10. 您年輕時有什麼事情覺得遺憾？

年輕時沒有條件讀書學習，雖然那時候我在村裏算個有文化的人，但是還是覺得自己沒有知識。所以我才對你爸爸的教育特別重視，他小時候調皮，我害怕他貪玩以後沒有出息，好在他後來肯用功了。我送他上好高中，上軍校，總算是了卻了遺憾。

11. 您只有爸爸一個孩子，會不會覺得少？

農村裏每家孩子都挺多，你爸爸是獨生子在那個年代也少見。但是他親娘走得早，後來進門的奶奶也沒生養，所以就他一個孩子。農村孩子多是為了養兒防老，我雖然就這麼一個孩子，但是比他們有好幾個的都強。村裏還有為爭家產兄弟打架分家的，我覺得我這一個兒子挺好！

12. 對自己的婚姻有什麼看法？

那時候家裏窮，不奢求找一個自己愛的人，覺得倆人性格合得來，能在一起過日子就行。再說都是經人介紹，看著順眼就可以了。記得是結婚後倆人感情才越來越深，但是也難免會有些小摩擦。夫妻間相互理解、相互體諒才是最重要的，我和你奶奶相互陪伴著這麼多年了，生活得很幸福。

13. 對手機電腦之類的科技產品用得習慣嗎？

這些高科技產品倒是帶來不少方便，但用得不是很習慣。我用的是老年人專用手機，螢幕大，字也大，出門的話也方便接電話，不跟固話（家用電話）一樣，還得專門去很遠交電話費，因為村裏沒有交固話的營業廳，手機的話費是提前就充了很多，覺得這點很好。不過手機的其他功能就不會用了，電腦更不會用，我還是喜歡看看報紙、看看電視。

14. 對您的孫女有什麼忠告？

孫女很有出息，學業有成，我沒什麼忠告。就是希望你可以健健康

康、快快樂樂地生活。不要怕生活中遇到的困難。希望孫女畢業後找份好工作，嫁個好人家。

採訪手記

這次寫爺爺的故事，並親自採訪爺爺，對我來說是一個小小的挑戰。剛得知這個作業時，甚至有過想放棄的念頭。說實話，我和爺爺相處的時間非常少。我出生在北京，從小生長在這裏，爺爺住在山東老家。我們一家人常年分居兩地，只有逢年過節才能回老家和爺爺奶奶相聚。小時候我很喜歡回老家，爺爺也經常拉著我在村子裏玩。後來，爸爸從部隊轉業，調到了地方上的單位上班，工作十分忙碌，我們回家團聚的機會便更少了，常常好幾年都不能回去，只能靠打電話互相問候。隨著我年齡的增長，學習漸漸忙碌，和爺爺的聯繫就更少了，偶爾打電話，爺爺都會囑咐我好好學習，我也問候他的健康和生活，除此之外便沒有什麼話題了，似乎是比小時候疏遠了，但是祖孫倆的感情依然深厚。

這次作業，給我一個重新親近爺爺的機會。第一次打電話跟爺爺說這件事時，爺爺非常重視，還煞有介事地說要仔細回憶幾天，讓我過一週再打電話給他。於是我過一週又打電話給他，他便將自己的人生故事大致地說與了我聽。有些故事我還是第一次聽他說起，感覺到很新鮮。每次爸爸都在旁邊幫忙，因為爺爺年紀大了，聽力不太好了，再加上我說的是普通話，他說的是山東話，我倆溝通起來有些困難，有時還要爸爸在我旁邊「翻譯」。整理完爺爺的人生故事以後，我又想了一些問題打電話回去問爺爺，就像聊天一樣。雖然花了很多時間，但是能和爺爺像我小時候一樣聊天說笑，我倆都很高興。爺爺對待這次採訪特別認真，題目都是我提前告訴他，每次五六題，他要想幾天再給我答覆。我笑他太謹慎了，不用這麼拘謹，想說什麼說什麼就可以，他卻說我態度不認真，讓我一定認真對待老師交代的作業。

採訪中我最大的感受就是爺爺對人生豁達的態度。關於爺爺的生

平，爸爸也對我說過一些，但是這次仔細瞭解以後，才知道爺爺這輩子坎坷許多。但從他的臉上經常看到的永遠是笑容和慈祥，完全沒有歲月留下的滄桑和苦難的痕跡。這一點從爸爸身上也能看出來，他們父子倆都比較命苦，也都笑對人生。給我這個從小生在蜜罐裏從沒經歷過苦難的後輩上了生動的一課。除此之外，爺爺對我影響最深的，是他對知識與教育的重視。我小的時候，聽爺爺說的最多的就是「好好學習，長大了以後考個好大學」。這句話成了我用功的動力，直到我考上研究生。一個農村的普通農民，能有這樣的遠見和視野，值得敬佩。

爺爺雖然年紀大了，但是身子骨非常硬朗，他覺得是因為自己愛活動，而且心情舒暢，這是他身體健康的「秘方」。我希望爺爺能夠一直這樣快樂、安逸地生活下去。他年輕時受了這麼多苦，晚年應當享兒孫的清福。通過這次作業，我跟爺爺的距離更近了，也讓我明白，即使常年不能在一起，親情是永遠不會變的。

栗全世

他出生在河南的小村莊裏，這是1942年，戰火紛飛的年代，四處也都在打仗，八路軍，國軍，還有日本鬼子。這對他是有影響的，因為，他的耳朵，確切地說是左耳，就是在小時候被近旁的炸彈炸聾的。

我對爺爺的印象就是很嚴肅的一個老人，坐在那裏不知是看著遠方還是回想過去，只是一坐一下午，可能是在想奶奶吧，我這樣想。

爺爺一直是個嚴肅的人，給人一種慈祥但是深沉的感覺。故事發生在1960年，新中國剛成立不久，百廢待興，爺爺像所有的那時候的年輕人一樣，都想為祖國做貢獻，哪怕是獻出生命。全國都在火熱的進行著大煉鋼鐵和農業基礎建設，爺爺告別了祖父母們走出了家門，為祖國的建設事業做貢獻。故事在這裏轉折了，爺爺出了家門後跟隨一個技術師傅，學會了機械維修的手藝，跟著師傅也踏過了祖國的很多地方，那

時候，全國的大型機械是編號的，是全國調動的，比如東北要翻地了，就是全國各地浩浩蕩蕩的機械部隊開向那裏，是因為那時中國工業基礎剛剛建立，公有制的基礎要求統一安排，於是爺爺作為一個懂技術的人也被隨著車隊調來調去，就這樣過了三年，這期間，爺爺去過安徽，去過瀋陽；最南去過武漢，最北去過黑龍江，終於在安徽的村莊裏遇見了自己的愛情。

爺爺是個技術人員，在那個年代，身份地位是蠻高的，在跟隨車隊來回走尋訪祖父的秘方遙遠的故事動時也不是沒有想過找個女人結婚。可是，一方面，爺爺還想再為祖國多做貢獻；另一方面，爺爺一心撲在工作上，沒有花心思在這些在他看來細瑣的事，知道祖奶奶生了病，在病中一直反復說要爺爺趕緊結婚為栗家留個後，爺爺才開始用心找。車隊來到一個叫坡壩村的小村子進行收割，花費大概兩天時間幫助完成全村的收割工作，車隊安頓下來後就開始忙活。晚上開飯是村裏的村支書管的，爺爺一行人來到村支書家的院裏準備吃飯，奶奶，對，就是村支書的女兒，在那個時代必定是個美女的人物，奶奶上來端著饅頭，爺爺說，當時看到奶奶時，眼裏饅頭都看不見了，都是奶奶。很樸實的話，但卻然給我感動愛情是何其真實，可能聽來比較好笑，但會是那個年代最美的甜言蜜語。奶奶性格很爽朗，沒有因為爺爺的盯著看而不自然。很自然地兩個人走到了一起，那時候的愛情是很單純的，單純得讓人羨慕，爺爺在閒暇之餘會去野外找找花，然後送給奶奶，奶奶呢，會在晚飯的碗裏給爺爺埋個雞蛋，那時候的雞蛋是很奢侈的補品了。這是前兩年，爺爺和奶奶一年會見這麼兩天，然後爺爺又會去別的地方，去近一點的村子還好，奶奶會跑過去看看爺爺，可是，遠了怎麼辦呢，這裏我也不知道了，這樣爺爺和奶奶又過了兩年，最終，終於有一年，奶奶決定跟著爺爺走了，奶奶決定嫁給爺爺，於是開始跟著爺爺走南走北，他們很自然就很幸福地在一起了。

在隨後的五年裏，爺爺又走了幾遍全國各地，在1965年時，祖奶奶病重了，爺爺和奶奶一起回到村裏，完成了奶奶最後的心願，結了

婚，並在村子裏生活了下來，爺爺作為一個有技術的人也很快發展起來，把家裏的地種得井井有條，隨後生活安定下來，蓋起來了房子，祖奶奶的病逐漸好轉，爺爺和奶奶生下了大伯，二伯，三叔和爸爸。

爺爺在我的腦海裏不怎麼清晰了，因為是去年過節回的老家看望他，至今已有兩年沒見了，現在的文字也是根據跟他或多或少的交談所寫出的，現在因為上學的原因就更加少地聯繫，只有週末放假才會打電話問候，現在想來他給我的教誨都很簡短，但是卻所用之心難得，不能說是真理，那也是他的人生總結，我現在翻起自己腦海的書本，翻索出爺爺的至理名言。

他說，去別人家不要坐在別人床上，現在我懂了，那是尊重，那是禮貌。他說，在酒桌上與別人碰杯時，自己的酒杯要低於對方，特別是對方的長輩，我現在懂了，那是謙虛。他說，晴帶雨傘，飽帶乾糧——未雨綢繆總是好的，現在我懂了，凡是要有自己的思考，做好萬全的準備，才能做到萬無一失。如果問別人話，別人不回答你，就不要不停地問，別人會煩，現在我懂了，那叫自知，明白自己理解他人。他說，吃飯儘量不要發出聲音。他說撿東西或彎腰時不要撅起屁股。他說別人批評你的時候，即使他是錯的，也不要先辯駁，等大家都平靜下來再解釋。他說，做事情要適可而止，無論是狂吃喜歡的食物還是鬧脾氣。他說，到朋友家吃完飯，要主動幫忙洗碗清理桌子——主人做飯已經很辛苦了，不能事後還讓主人清理。他說，生活中會遇見各式各樣的人，你不可能與每個人都合拍，但是有一點是四海皆準的：你如何對待別人，別人也會如何對待你。他說，待客不得不大，持家不得不小。

現在想來，這些都是人生智慧，慢慢地腦海裏浮現出爺爺的身影，笑吟吟地看著我，記憶也慢慢地浮現得更深，我又想到很多很多。他說，把拳頭收回來是為了更有力地還擊。他說，人活在這個世上，首先要學會一個「忍」字。他說，任何時候對任何人不要輕易告訴對方你的秘密。他說，錢不是靠攢的，會花才會賺。他說，學無止境，不僅僅是

學書本知識，更要學會怎麼待人處事，社會遠比你想像得要複雜。他說，不要跟同事議論上司或其他同事的是非，你的無心之言很可能成為別人打擊你的證據。他說，做事情，做好了是你的本分；做得不好就是你失職。他說，只有錯買，沒有錯賣，不要只顧著貪小便宜。他說，有時候孤單是正常的，不要害怕，要自己調劑。

他說，有真正的朋友，但不知你有沒有福氣遇到。不管有沒有遇到，都不要否認它。不要算計別人，尤其不要算計自己喜歡的人。對自己喜歡的人，不要使用手段去得到。他說，最勇敢的事情是認清了生活的真相之後依舊熱愛生活。不要害怕欺騙，但要知道世界上存在欺騙。他說，借錢的時候，心裏要有個底，就是要想著這個錢是回不來的，所以借出去的錢永遠要在自己能承受的損失範圍之內。可以承受的數字以內，即使回不來，也是心裏早準備好的。自己不能承受損失的數目，就不能借。

他說，最好的朋友之間，除非他窮得吃不了飯了，否則最好不要有經濟往來。許多可貴的友誼都敗壞在錢上。他說，君子可寓意於物，但不可留意於物。他說，出門在外能忍則忍，退一步海闊天空。他說，擦桌子的時候要往自己的方向抹。他說，打電話接電話第一句話一定要是「喂，您好」；掛電話的時候等別人先掛。他說，一次不忠，百次不容。他說，不隨地吐痰扔東西，如果沒有垃圾箱，就拎回家扔垃圾桶裏。

他說，多看書對心靈有益，你會看到一個更廣闊的世界。他說，是你去適應社會，不是社會來適應你。他說，不要讓別人知道自己的真實想法，要笑在人前笑，要哭一個人躲起來哭。他說，走路手不要插在口袋裏。他說，簡單的事情複雜做，複雜的事情簡單做。他說，機會只留給有準備的人，天上不會掉餡餅。他說，不管什麼條件下，仔細刷牙，特別是晚上。他說，早上一定要吃早餐，沒有早餐喝杯水也一定要。他說，少說別人是非，把自己管牢。他說，你要明白你是無價之

寶。他說，和女生出去要自己買單。他說，要對自己的行為負責，不要怨天尤人，在做之前要想想應不應該，出了事要學會自己解決。他說，要想人前顯貴，必先人後受罪。

腦海裏滿是這些這些話，為自己感到驚訝，因為爺爺說時我總是很不專心的，但現在看來，爺爺的反復說道起到了作用，這不得不說是他另一種人生智慧，爺爺的話讓我少走了很多彎路，在我思想神遊天外時不時地提醒我該怎麼怎麼做，教會我，我也深深地記在腦海裏，有的我已經運用到生活中，也起到了很大作用，但是爺爺。我的心性還是太差了，感覺少了您的博大和淡泊，我還很欠缺。

訪問：

1. 70歲，或80歲意味著什麼？

70歲呀，意味著我快死了，沒事，人都是要死的，下到地下我對你祖爺爺祖奶奶也有交代，現在我就想多看看你們，希望你們一個個都好好的，你看我現在兒孫滿堂，多看看你們心裏也舒心，現在就是老想起你奶奶，清明（我小名）你的名字是奶奶取的，奶奶也最歡喜你，你以後要有出息，才能對得起你奶奶的期望，我到下面也會給你奶奶說你現在上大學了，好大學啊，我那時候還沒聽說過大學呢。呵呵！

2. 小時候有什麼樣的夢想？後來實現了嗎？年輕時候遇到的最大煩惱是什麼？是怎麼解決的？

小時候想參軍不是，為祖國出力，保衛家鄉保衛祖國，那是爺爺年輕的夢，可是因為爺爺的耳朵，參不了軍啊，後來跟著車隊跑啊跑的，也算多少為祖國做了些貢獻，也算遂了心願了。

煩惱啊，好像沒有啊，那時候哪有那麼多煩惱，就是做好手頭的事，大家對未來都沒有什麼打算，就是走一步看一步，要說煩惱，那就是，你祖奶奶那時候的病，讓我一直擔心，最後你祖奶奶走了啊，不過走時很安詳，也放心。

3. 認為自己哪些方面還不錯？

我就是個技術工人，啥也做不好，就是幹活，還有，你爺爺做的飯很好吃，可是你奶奶老誇我呢。

4. 喜歡誰，為什麼？

喜歡雷鋒啊，哎，雷鋒比我做貢獻大多了，有時候看著他覺得就像自己身上也閃著光似的，很開心。

5. 我出生那年，您在做什麼？對這個孩子出世的感想？

你出生那年啊，我和你奶奶還在老家呢，你奶奶生病了，胃不好，當時我們聽到你出生很開心呢，奶奶搶著給你起名字，還給你們打了兩個多小時的電話，看到年輕的你們，年輕的孫兒們，我總是很開心。

6. 對健康的看法？遇到過的健康問題？如何處理的？結果？

健康啊，爺爺一直很健康啊，就是開開心心地活唄，想做點啥就去做。健康問題吧就是抽煙吧，這些年肺一直不行，去看了好多次，你大伯、二伯也不告訴我情況，以為我不知道啊，我自己的身體我自己還不清楚嗎？

7. 對工作的看法？

踏踏實實幹，腳踏實地能出人頭地。

8. 對財富的看法？

不要把錢看那麼重，人啊，一旦鑽到錢眼裏，整個人就危險了，記住，屬於咱的錢咱就能掙到，不是咱的就不要去碰，錢總會有的，不要因此動歪心思，害了自己啊，記住爺爺的話。孫兒，記腦子裏。

9. 遠行去過哪裡，有什麼印象？

爺爺走南闖北很多地方，具體記不清了，每個地方人啊，風景啊，習俗啊都不一樣的。

爺爺的話有的我能理解我能懂，但很多很多生活上的經驗我不是太能理解，可能是經歷得不夠多不夠豐富吧，我想在我以後的生活中帶著這些疑惑和這些財富去理解它們，利用它們，這樣爺爺的話就起到了作用，爺爺的教誨也能伴隨我一生。有的教誨我運用到生活中，起到了很好的效果，讓我自己感覺很謙虛，很受用，但是時代的不同，有些我還是不能理解甚至不能明白到底話是什麼意思，希望下次回老家看望他老人家時可以尋求解答，也希望我的爺爺身體健康，開開心心的，可能前面爺爺的原話不是這樣，那是因為我覺得爺爺的話不夠書面，這樣寫下來看起來會更自然。

首先，我想爺爺是一個智慧的人，他有這樣多的人生智慧分享給我，像一位智者那樣諄諄教誨我；然後爺爺是個慈祥的人，他拉著我的手的時候眼裏滿是關愛的目光。爺爺是一個勤勞的人，手上還有過去的老繭，很硬很溫暖的，爺爺是一個愛抽煙的人，他的手上有那種煙草的香味，淡淡的，很好聞。

我想，到爺爺那個年齡我也可以告訴自己的孫子們，告訴他們爺爺告訴我的智慧，加上我自己的人生體會，讓這份財富更大，讓我的孫輩們有更多的體驗。我想等我到了爺爺現在的年齡，我可以做些自己想做的事，或者自己寫本書，把想寫的想說的都記錄下來，不管是寫給自己還是希望影響我的孫兒們。現在我也只能帶著這些希望上路，去體會去經歷，我想我會成功，您覺得呢，爺爺？

甜膩的平淡

黃嫦玉

1942年農曆七月初三，我的祖父出生在福建省龍海縣（當時屬於龍海縣的管轄範圍，後來重新劃分區域，龍海縣改為縣級市，隸屬現在的漳州市管轄）。家裏是典型的中國農村家庭，祖祖輩輩都是老老實實務農的。家裏有個兩三畝的農田，全部都種著水稻，到了收成的時候便賣出去一部分作為家裏的收入，剩下的則作為家裏的糧食。此外，家裏還有一塊土地，有時候用來種植甘蔗，翻耕時又可能種植番薯，這也是家裏的另一項收入。

　　曾祖父是個老實的莊稼人，白天都起早貪黑地在田地裏忙活著，所以家裏儘管不富裕但也能夠保證溫飽。他有兩個妻子，其中一個是祖父的母親，另外還有一個姨太太。那時候還處在舊中國，這種情況在農村也屬常見之事。不過，祖父對於小曾祖母的印象已經很模糊了，因為她在生下小姑婆婆後不久就去世了。家裏一共有八個孩子，祖父排在第三（只有男性才有排名），上面有兩個哥哥和三個姐姐，下面有一個弟弟和一個妹妹，這個妹妹便是小曾祖母所生的。

　　曾祖母是一個典型的農村婦女，很善良，對所有人都很好。在爺爺的印象中，家裏的大小事情是由曾祖母打理的。她是一個很勤勞的人，每天天沒亮就起床忙活家事。白天曾祖父去田裏幹活，曾祖母就在家裏打理一些牲畜，弄一些柴火。家裏的孩子們都很喜歡黏著曾祖母，因為她總是帶著慈祥的笑容。她對家裏的每一個孩子都很疼愛，從不偏心哪一個孩子，即使是姨太太生的小女兒也是一樣。不過，農村的生活比較簡單，也沒有那麼多的規矩，所以祖父的童年過得很平和。家裏的大小事情都有曾祖母在忙活著，上面又有哥哥姐姐幫忙，祖父閒暇的時光就是逍遙自在的，總是和一大群同齡的小夥伴們在大院子裏玩耍。但不管玩得多盡興，只要看到家裏的煙囱開始起炊煙時，祖父總是第一個跑回家裏。

　　那時候，農村的住所都是一個一個的大院子，一個院子裏往往都住著好些人，可能是遠房的親戚，也可能是近親，又或者有其他的關係。

祖父的幼年時光以及後來很多年裏都住在大院的老房子裏。現在，老房子雖然已經空了二十多年了，但也還保留得很完整，那裏供奉著祖輩們的牌位。每逢清明與忌日，祖母便會帶著家裏的婦女們去老房子那邊拜祭，也會打掃一下老房子。老房子一共有七八間屋子，但每間屋子都不大，也就十來平方米的樣子。祖父的幼年便是和兄弟們都擠在一間小小的屋子裏，其他的姐妹也是一樣。只有等姐妹嫁出去了，或者兄弟結婚了，才會騰出大一點的空間。

祖父的求學之路是從隔壁村的翁健小學開始的。那時候，祖父八歲。家裏的經濟情況雖然不富裕，但曾祖父也都努力讓家裏的孩子們都能夠有機會去念書。在祖父之前，兩個兄長都已經開始讀書了。但是，農村重男輕女的觀念讓家裏的兩個較年長的女兒沒有了讀書的機會，幸而較小的兩個女兒趕上了解放的年代，便有了學習的機會。

那時候，農村的教育還很落後，學校的數量更是少，往往幾個村莊的範圍內才有一間簡陋的小學。自然而然，學校的設備也是簡陋的，教室只是簡單的土牆平房，課桌椅也都是沿用許久的簡易木桌，甚至都沒有抽屜。一個班大概有三十來個學生，其中以男孩子居多。由於教學水準不高，教學資源也比較緊缺，因此學校安排的課程也都比較基礎和簡單，語文和算術是必不可少的兩門，此外還有一門自然地理課。以前，祖父每每跟我們談起他小時候求學的時光總是泛著異樣的深情，想來那時候他是很享受學習的時光。比如他清晰地記得那時候他有了自己的第一個新書包，記得是什麼樣式的，什麼材料做的等等。

上學讓祖父的生活有了與之前不一樣的地方。比如，每天不能再睡到日上三竿了，取而代之的是要按時起床，然後背上小書包，走上十幾分鐘到學校上課。而他的生活的重心也必須由和小夥伴們玩耍，轉移到認真完成功課，這是他回到家中首先要完成的事情。但是，愛玩是孩子的天性，祖父亦是如此。由於曾祖父忙於農活，曾祖母忙於家務，這樣便讓祖父的課餘時間完全屬於自由支配的狀態。所以將功課拋諸腦後也

成了慣例，只能等待夜幕降臨，在曾祖父嚴肅的目光中，祖父才會乖乖地回到房間，點上煤油燈，開始作業之旅。在祖父的記憶裏，小學其實是一段很歡樂又開始有憂愁的時光。歡樂的是可以在學堂裏認識很多新同學，憂愁的是則在剛開始的時候自己的成績並不如意。而當時，家裏根深蒂固的思想是希望他能夠好好認真地念書，這樣才會出人頭地。但在祖父的心裏，讀書似乎總是有很多煩惱。也是因為這樣，每當祖父的成績不理想時，回到家總免不了曾祖父的一頓責罵。這也就讓祖父在內心對曾祖父又多了一分畏懼。

這種畏懼一直延續到了祖父十三歲那年。這一年，家裏發生了很大的變化，因為曾祖父去世了，家裏的一切重擔都落到了曾祖母的身上。幸運的是，家裏的兄弟姐妹多，所以經濟狀況也勉強能夠支撐下去。尤其是兄長們都已成家立業，家裏的經濟收入尚能保持穩定。但這樣的變化也讓祖父開始審視自己對學習的態度，奮鬥和拚搏的念頭開始在他的內心滋長，而這也改變了他之後的人生道路。他成了村裏僅有的幾個考上了初中的人。

那時，新中國成立不久，農村的教育相比祖父小學時候有了些許的進步，大部分人的教育水準也僅僅止於小學，同時還是存在很多不識字的人，尤其是女人。當時村裏讀過初中的人並不多，祖父便是這少數人中的一個。

祖父的母校是鎮上的唯一的一所中學，當時稱為東嶼農業中學（現在這所中學已經不存在了）。這是一所很有年代的中學了，因此這個名字聽起來便很有年代感。當時，祖父能夠上初中，原因也頗多。除了上述所說的祖父自己學習刻苦的原因外，當時三個姐姐和兩個哥哥也都相繼結婚了，因而家裏有了一些積蓄能夠供祖父上學。那是祖父第一次遠離家中，剛開始祖父十分的不習慣和苦惱。因為住宿的生活是苦的，尤其對於第一次離家住宿的祖父來說更是苦不堪言。農村的學習環境本就艱苦，中學教育也在起步階段，條件自然也是苛刻的。宿舍只是一間簡

單得簡陋的平房，不大的空間裏居住了三十來個人，更加艱苦的是沒有床，只能就著家裏帶來的席子和被褥鋪地而寢。就在這樣艱苦的生活條件下，祖父堅持下去了，刻苦努力地度過了兩年的初中時光。

就在中學進入尾聲的階段，全國開始了如火如荼的人民公社化運動，這徹底改變了祖父人生的軌跡。當時農村教育水準低下，小學教室資源緊缺，祖父便在這樣的情況下被破格選送到了縣城的師範學校。這對於祖父來說也算是一次機遇，因為當時只有初中畢業了才能讀師範學校，而就算祖父畢業了也不見得有能力和條件繼續求學。

在縣城師範學校的日子，生活條件總算有所提升，這對於祖父來說也算是一種安慰。由於學習的特殊性以及教師資源的緊缺，祖父的初師課程只學習了短暫的一年。之後，祖父便投入了他人生的第一份工作——小學教師。此後，祖父便在這個崗位上堅持了五六年的時光。而這段教師的職業經歷，也讓祖父的人生改變了很多。在學校裏，祖父是班主任，他接觸到很多小孩子，看到了孩子們對學習的渴望和認真的態度。或許，便是這段時光激起了祖父內心對小孩子的愛，使得後來他對於後輩的愛一直十分深厚。但也因為這樣，祖父待在家裏的時間也變得更少了，因為他把更多的時間留給了學校。

然而，這份寧靜的生活在維持了五六年後也消逝了。因為「文化大革命」的原因，祖父被組織下放回鄉，他的教學生涯也從此中斷。這對祖父來說也是一個很大的轉變。在當時的社會背景下，祖父的內心是忐忑的，因為有太多的前車之鑒。但是，他內心對毛主席的敬仰之情讓他並無抱怨。幸運的是，回到村裏後，由於祖父在村裏也算是個高級知識份子，於是就被分配到村大隊裏當起了文收，負責分配村裏的糧票。這份工作雖然沒有教師那麼悠閒，但也算是輕鬆的差事，更重要的是這讓祖父在家裏安定下來，也開始有了時間考慮自己的終身大事。

在文收的工作安定下來後，曾祖母便開始著手為祖父介紹對象，因為三個哥哥都已經成家了，家裏四個男孩子就剩下祖父還孤身一人。終

於，經人介紹，祖父認識了另外一個村子的祖母。曾祖母似乎對祖母甚是滿意，於是在初次見過面後便差人打聽，之後便答應下了。那時候的農村，沒有什麼自由戀愛的觀念，人們對於婚姻的看法也是傳統的。雙方在見過幾次面後，若對對方都滿意的話便算定了下來。祖父母的婚姻也是在這樣的環境下完成的。父母之命媒妁之言，大抵便是如此吧。曾祖母請了個媒人，算好了日子，讓祖父帶了禮品去祖母家提親，這便算正式定了下來。在農村，婚禮的禮儀雖煩瑣，但並不奢華。據祖父的回憶，當時婚禮大概擺了七八桌宴席，主要就是請了一些親朋好友，簡簡單單便是了。

結婚第二年，父親便出生了。也是這一年，祖父被調去當村裏的會計，這份工作便一直跟隨著他直到退休。不管是後來的家庭聯產承包制時期，還是社會主義新農村時期，祖父一直都是村裏受人尊敬的會計。也是因為這份穩定的工作，讓祖父有了更多時間關心家人，家裏的生活也開始慢慢變好。

平時，祖父在村大隊裏工作，祖母就幫著曾祖母忙活田裏和家裏的瑣事。後來，姑姑和叔叔出生了，家裏就更加熱鬧了。而祖父一直都對下一輩的教育非常重視，因而把工作之外的閒暇時間便更多地花在了教育孩子上面，這或許也跟祖父曾經是小學教師有很大的關係。但是，三個孩子的學習道路卻並未朝著祖父理想的那樣發展。父親是家裏的老大，所以祖父也是放了最大的心思，但偏偏遇上了整改，以至於高中之時的大部分時間都荒廢了，最後高考自然就無疾而終了。這在祖父的內心似乎是一個永遠的遺憾。而叔叔和姑姑與父親的情況又有不同，他們姐弟倆似乎對於學習沒有很高的熱情。所以，叔叔在初中畢業後就毅然決然地踏上了當兵的路。祖父雖然有些許失望，但這樣的情況對祖父來說也是種欣慰。後來，也證明了叔叔的選擇是對的。至於姑姑，是最讓祖父頭疼的，似乎她與生俱來就與書本無緣。剛開始的時候，祖父還會有恨鐵不成剛的責罵與惋惜，但是久了也就明白了強扭的瓜不甜的道理，便任由她去了。這也是跟姑姑從小乖巧所以最受寵有關吧。祖父每

每談到姑姑都會流露出讓我有點嫉妒的慈愛眼神，細細說著姑姑小時候多麼懂事和乖巧，比如姑姑總是每日早起幫祖母燒火煮飯，一放學也是第一個回家幫忙做家務等等。這也以至於後來姑姑出嫁後，祖父的內心黯然了一段日子，才習慣了家裏沒有姑姑的身影，儘管姑姑只是嫁到了距離家裏不足一公里的他人家中。

對於子女們的終身大事，祖父是家裏最為操心的人了。家裏有兩個兒子，顯然岌岌可危的老房子已不適合作為他們成家的居所，於是籌措新房便成了祖父首件思考的大事。好在村裏當會計那幾年也累積了些積蓄，又趕上了家庭聯產承包制，家裏的土地多了，就這樣有了我們現在還住著的房子，算算也有二十幾年了。父親的婚事是祖父一手促成的，先是托了二姑奶奶的介紹，然後又托了大姑奶奶去提親，最後母親才進了我們家的門。而姑姑和叔叔便都屬於自由戀愛結婚的，好在祖父母都不是古板的人，所以子女們中意了，也就樂於祝福。

一直以來，其實祖父和祖母都很希望家裏能夠有個孫子，這也是老一輩們重男輕女的思想在作祟。所以，當我出生時，他們也少不了要失望。幸運的是祖父是一個很通情達理又慈愛的人，儘管我是女孩子，但他依舊從小就很疼我。相比而言，祖母就比較古板和嚴厲，認定了男孫才是家裏的傳代人，所以我跟祖父之間的感情便比祖母要深厚得多。不過，他們這兩個老人這輩子對於傳宗接代的願望也沒有達成，因為家裏的四個孫輩都剛剛好是女孩子。興許是這樣，祖母內心的秤砣就擺正了，也認命了。而祖父則從一開始便對我們孫輩都疼愛有加，有什麼好吃的都第一個想到我們。小時候，祖父若是去近的地方出差便會帶著我，工作之餘就帶我四處遊玩，品嘗美食；若是去遠的地方出差，也往往不忘給我帶各種精美的禮物；但讓我印象最為深刻的一次，則是在下著傾盆大雨的天氣裏還背著我去雜貨鋪裏買我最愛吃的麥芽糖，那時候祖父的背是我這輩子都不會遺忘的溫暖。祖父對我的愛隨著這些記憶，一點一滴地都在我的心裏。

想來我和祖父是很相像的，性格上我們都有積極進取、不落人後的執著，而在生活習慣上就更多相同的了。從我有記憶以來，祖父就一直喜吃甜食，紅薯糖水和麥芽糖是他的最愛，幾乎只要是甜的食物都能讓祖父胃口大開，而這些也正是我的最愛。所以，只要是祖父給我帶的吃的就一定是我喜歡吃的。或許，這跟南方人喜甜有關。記得大學的第一次寒假，跟祖父交流了對北京這座大都市的感受，我們第一個相同的反應就是北京的食物不夠甜，祖父還回憶起當時在北京的各雜貨店搜尋糖果而不得的情形。也因為此等相同的喜好，所以我的美食嗅覺一接觸到甜食，便會想方設法給祖父捎一些回去。但是，現在祖父年紀漸漸大了，我也開始擔心這樣的飲食習慣對他的健康不好，所以也曾勸他少吃些甜食。其實，祖父也明白這些養生的道理，但要忌口似乎有點強其所難。不過，祖父的身體還算硬朗，也沒有糖尿病或者高血壓這樣的頑疾，只是在甜食這方面還是很頑固，這點我覺得我像極了祖父，所以祖母時常對我們爺孫倆十分無奈。

祖父的一生過得很平淡，沒有什麼重大的挫折。那些小風小浪，祖父說是老天給我們的一道坎兒，想過就能過。所以，一直以來他都教育我們不要怕困難，要勇敢。或許現在老了，祖父時常感歎時代變化之快，村裏的人們建起了一幢幢洋房，也有不少的人家開上了小汽車，這在祖父想來是十分不可思議的。如果說祖父這一生還有遺憾，應該就是覺得我們家還是跟不上變化，家裏還是住著二十幾年前建的土平房。所以，他有時候就經常跟我說：「阿玉啊，好好讀書，認真打拚，才能有好出路。」所以，我和妹妹似乎是他現在唯一的驕傲和希望，他把父輩們未能完成的心願寄託在了我們倆身上。這或許是一個年邁的農村老人對子孫未來的一種希冀吧！

訪問:

1. 您今年剛好70歲了，您覺得70歲對於人的一生意味著什麼呢？

是啊，今年都70歲了，是時候該安排好度晚年了，多存點錢，讓晚

年能夠好一點。但是退休了，收入也少，你奶奶也沒有收入，咱們家的經濟也不是很好，所以就是能多活一天就多工作一天，儘量增加收入，這樣咱們家才能過得好一點。

2. 那您小的時候有沒有想過長大了你要幹什麼呢？後來長大了，有沒有就按小時候想的去做了？

小時候生活比較苦，家庭情況也不是很好，兄弟姐妹又多，所以在農村大家想得最多的就是一天三餐能不能吃飽，基本上小時候就希望能吃好過好，長大了有個安定的家庭，生活也過得舒心安穩。除了這些，沒有其他的想法，畢竟大家的生活水準低，也不是知識份子，沒有什麼遠大的理想。

3. 那您少年時候經常都是為了什麼在煩惱，然後都怎麼解決這些煩惱的呢？

就是怕沒錢。家裏的經濟條件也一般，不會很艱苦，也不富裕，但一直煩惱家裏的經濟條件跟不上別人，所以就一直在努力地工作，也讓你爸爸、你叔叔和你姑姑都多讀點書，這樣以後家裏的生活過得好一點。

4. 您覺得自己跟其他的同齡人比，哪些方面還不錯呢？

我們這一輩的老人，讀書的少，我算是讀得比較多的。在農村，也算是個讀書人。所以跟別人比起來，可能就是書讀得多了一點，然後認識也多一點。

5. 小時候家裏就經常看到貼著很多毛主席的像，舊曆也是這樣，您是不是很崇拜毛主席呢？

是啊，我們那一輩經歷過舊社會，在舊社會的生活沒有辦法過，很苦很艱難，後來有了毛主席，才有新中國，我們生活才好過了。

6. 1990年，也就是我出生的時候，您那時候在做什麼？聽到我出

生的消息的時候心裏想到什麼？有沒有想說怎麼不是男孩子？

1990年那時候，我還在村大隊裏做書記。就記得你是在醫院生的，你爸爸打電話到大隊裏說孩子已經出生了，是一個女孩子。當時心裏有點失望，畢竟第一個孩子希望是個男孩子，但是也沒辦法。不過家裏多了一個人，也是一件喜事、好事。後來，你回家的時候，看你是一個肥胖肥胖的小嬰兒，心裏也越看越歡喜，畢竟你是家裏的長孫女。

7. 我記得我還很小時候，您有住過一次院，當時是遇到了什麼健康問題？後來怎麼樣了呢？

我的胃病是老毛病了，那次住院是胃潰瘍，都十幾年前的事情了，那次算是比較嚴重，後來實在沒辦法就去醫院了，後來也治好了，但是胃一直都不好。

8. 城市裏的老人很少跟自己的子女、孫子一起住，咱們村也有些老人都一個人住，您覺得我們這樣住在一起是不是比他們好呢？

當然是住在一起比較好，生活上有個照應，人老了，身體也不好，萬一生病了，也有個照顧，這樣老人比較放心。而且大家住一起，比較熱鬧，老人也比較歡喜。

9. 現在都在計劃生育，一個家就只有一個或者兩個小孩子，可是你們小時都有五六個兄弟姐妹，您覺得是現在計劃生育好還是以前的多兄弟姐妹好呢？

以前兄弟姐妹多，父母不能一個個都照顧到，大的就要負責照顧小的，而且家庭條件不富裕，所以也沒有能力培養每一個孩子。現在計劃生育，孩子少了，孩子的生活條件也好了，也比較有能力去培養和教育孩子。

10. 現在奶奶的身體一直不是很好，看到奶奶生病時自己會不會胡思亂想？

會胡思亂想，她身體一直不好，經常眩暈，也住院了很多次了，有一次是冠心病，算很嚴重了。

11. 你們小時候有這麼多的兄弟姐妹，是怎麼相處的呢？

我們小時候，家裏一共有八個兄弟姐妹，我在男的裏面排第三，上面有三個你姑婆婆和你大伯公和二伯公，所以我算比較小的，所以大家也都比較讓著我。你曾祖父去世得早，家裏就靠你曾祖母和你伯公們在幹活，小時候也沒有現在這麼多吃的和玩的，也就比較不會搶。

12. 記得您去過北京還有杭州，算是很遠的地方了，當時對這些地方有什麼印象？

那時候，還在村大隊當會計，有時候就公派去外地學習交流，所以就比較有機會出去見見世面。那時候去北京是為了參加全國經濟學習，後來回來的時候順道去了趟杭州。當時從農村到了大城市，覺得什麼都很新鮮，到處都是高樓大廈，建築都很美很有趣，比如參觀了個外國四五層的大船。總體上，回來後就覺得國家變化太快太大了。

13. 我現在也22歲了，可能過幾年就會結婚了，您有沒有特別想對我說的話呢？

你從小到大都很懂事，也很努力讀書，現在一個人在北京讀書，也很爭氣，你爸爸也為了你們姐妹兩個很辛苦，你要努力才行。只有打拚，才能讓家裏過得更好，你爸媽也不用那麼辛苦了。

採訪手記

這次和祖父的交流，應該可以算是蠻順利的。當接到這樣的作業內容時，腦海中第一個浮現的採訪對象便只有爺爺，因為祖父輩的長輩們和我感情最深的就屬爺爺了。很多人或許會選擇外公或者外婆，但在農村這種情況是很少的。農村的孩子可能一年到頭和外公外婆見面的次數都屈指可數，而爺爺奶奶則是每日生活在一起的人，自然感情也就深了。

這次的採訪沒有面對面的機會，也沒有視訊交流（主要是宿舍的網速過慢），而打電話的話想來爺爺應該會心疼電話費，就讓妹妹做中間人，在網上間接訪問。所以，這樣的採訪過程可能就少了觀察的機會，也很難體會到爺爺回答問題時的心態和情緒，只能依靠我對他的理解來解讀。幸而以前總是會讓爺爺跟我講他以前的故事和父輩們小時候的趣事，所以很多還能從記憶中拼湊出來，從而瞭解到祖父的真實想法。所以，這次的採訪的結果並沒有很多讓我意外的地方。第一，以前經常和爺爺交流，對於爺爺的過去我瞭解得還算多，父親和姑姑以及叔叔也跟我講起過以前的很多事情，所以並不算太意外；第二，我對於爺爺還算瞭解，所以他的想法我也多少能夠有所體會。

　　不過，這次讓我感受最深的是祖父對於沒有能夠讓家裏人生活得更好的遺憾和自責。當時，我情緒也低落了下來，眼淚也不爭氣地打轉。確實是這樣，對於我現在來說，這也是我近來很煩惱的事情。我是農村的孩子，對於這點我並不自卑；我們家在農村是貧困家庭，這對我而言也沒有什麼不可對人言的；反之，正是這樣的環境讓我從小就很獨立，這也是讓我一直很驕傲的地方。因為從小要學要做要承受的東西遠遠比城裏的孩子和其他生活條件好的孩子要多很多，比如他們不用從六歲就開始學會煮飯，他們小時候不用等到春節才有新衣服穿，他們現在也不用再決定是否考研時要考慮這樣會不會讓家裏的負擔更重，而父母親又都是從事體力勞動的，身體也不再硬朗。但這些，我從小時候到現在都要考慮到，我不能不顧一切地去追求自己的理想，我沒有這樣的資本。我能做的就只是想讓父母和親人可以少些勞累，這樣晚年的時候能夠有個健康的身體，而不用像母親那樣身體每況愈下。寫著這些話語，眼淚又不自覺地流下。

　　所以，這個作業開始讓我很苦惱，因為農村的老人沒有像城裏那些有文化的老人，退休了可以有幾千的退休金還有子女們高額的贍養費來安度晚年，可以每天去公園裏散散步，鍛鍊身體。農村的老人，像爺爺這樣的，現在70歲了也還要工作來幫補家用，奶奶也還要靠收一些廢品

（資源回收）來幫補。他們一輩子都在為家裏勞累，剛開始能夠吃飽就是福氣，哪裡能夠考慮到吃的東西是不是營養夠了，也沒有時間能夠去想是不是該鍛鍊身體等等。我想我還是很幸運，這樣的成長環境讓我學會了很多，家裏為我付出的也讓我能夠有現在的學習機會，這樣起碼我可以讓父母在年老時能夠有所依靠，不需要再像爺爺那樣到老了依舊在煩惱生活的問題。而我也應該趁著年輕的時候努力打拚，為自己年老的生活做好規劃和安排。

心在遠方比天高

陳小小

外公名叫鄭步有。從小我就喜歡這個名字，雖然不知道名字的含義，但就是覺得念著格外有趣。外公在我的印象中是高大健壯的。小時候我一直喜歡和矮小的外婆比身高，外公總會在一邊大聲地笑。每次去外公家玩兒，外公都會一瘸一拐地帶著我去路邊拐角的便利店買薯片和可樂。在老人家的印象中所有的小孩子都是喜歡吃這類食物的，但後來經過我的調查，發現其實外公也是薯片的忠實愛好者哦。

童年

外公出生於1925年，具體的日期沒有人知道（後來外公把他參軍入伍的日子——3月5日定為自己的生日）。三歲時，外公的父母因病去世了，外公被他的叔父領養長大。叔父家裏有三個兒子和兩個女兒，生活條件並不富裕。而外公的到來又給這個家庭增添了一份負擔，因而，除了叔父以外的其他人並不喜歡外公，也就是說外公經常會遭到那幾個哥哥姐姐弟弟妹妹的欺負。

「如果沒有大伯伯的話我可能早就死了。」外公這樣告訴我。雖說

外公的童年並不算幸福，但他還是健康地長大了。初中畢業後，為了補貼家用就到外面的廠裏打工了。

外公與黨不得不說的故事現在經常會在電視裏看到一些諜戰片，「潛伏」、「地下黨」這類的辭彙對現在我的日常生活而言是遙不可及、無法想像的。而在外公人生經歷中的這個重要插曲可以算作是一件我無法想像的傳奇事件了！

初識——新的希望

在20世紀40年代，中國仍處於一片黑暗之中，外敵入侵、內憂外患。外公結束了他的學習生涯，為了補貼家用就開始在工廠裏做工。也就是在那裏，他認識了一名秘密行動的共產黨員。第一次接觸到這樣一個新鮮的概念，全新的思想。沒錯，身為生活在疾苦環境中的正直青年——我的外公，深深地被共產主義理想所打動。沒有半點猶豫，外公投身於這項事業並想通過共產主義來解救人們。而那位「傳說中的」地下黨給了外公一次又一次的學習機會，送他上了夜校繼續學習，接觸新的知識，培養他的能力。終於，外公找到了自己的信仰與願意為之付出一切的願望——加入中國共產黨、解放中國。

會議——天大的錯誤

年輕的外公十分關心時事政治，與黨有關的一切都迫切地想去瞭解接觸。身邊的朋友們在他的帶動下也都對這樣一個組織、理念有所認同。然而一件小事改變了這一切，甚至可以說是改變了外公今後的人生軌跡。

一天，一位朋友興高采烈地找到了外公，說有一個共產黨的會議將在五角場舉辦。外公極為興奮地答應了。第二天，兩人踩著自行車從龍華一路騎到了大楊浦，他們進入會場時的那份激動我都能夠想像出來。簽到，坐下，演講開始。仿佛一盆冰水從頭澆下，當時的外公應該會是這樣的感受吧。這場會議的主辦方並不是朋友所說的中共而是國民黨三

青團組織的青年服務隊的一次集會。事件的收尾相信大家也能想像得到，外公憤然離場，並為此以其暴躁的脾氣與其友人大吵一架。但是真正的影響永遠不會那麼早就到來……參軍——義無反顧有人說，在年輕時就要不顧一切去做想做的事。外公的義無反顧就是他的參軍經歷。1949年，三個20歲的青年，為了實現參軍的夢想，偷偷溜出家門尋找部隊，一路走到了奉賢。三人在徐州參了軍，又一路跟著部隊回到上海，解放了上海。

外公在參軍時有個夢想就是成為飛行員，但是由於各種原因他落選了，後來因為外公的知識文化水準較高就被分配到了裝甲兵部隊，成為了一名文化教員。在這期間，外公向組織遞交了他的入黨申請書，一切似乎都是那麼的順利，思想進步，表現優異，二等功……政審？對，就是政審！外公沒有通過政審。而這道橫隔在理想與現實之間的深溝就是那一次誤闖的會議。

退伍後外公被分配到了上海市食品廠成為了一名鉗工，但回到崗位後的入黨之路仍是反復受到阻礙。而加入中國共產黨這件是也自然就成了外公最大的心願。雖然沒有得到組織的認可，但是外公並沒有放棄共產主義的理想，他始終都堅信人類將會走向這樣美好的未來。信仰並不是一種形式的存在，真心的相信是一種堅持，它所帶來的希望也許才是真正無與倫比的。

革命——又一次衝擊

「文革」，每次從媽媽的口中聽到這個辭彙都會讓我起一身的雞皮疙瘩。家裏爸爸媽媽都是這次大波動的親歷者，每次電視裏播放的片段都會引起他們極大的共鳴，而這些回憶對我來說卻是難以想像的情況。媽媽每次提起外公在這次十年浩劫中的經歷時也總會熱淚盈眶。

那時媽媽還在上小學，一天中午接到學校通知腰鼓隊要參加遊行隊伍。遊行的隊伍一路從外灘走過，經過郵電俱樂部時，媽媽還完全不知道有一雙含淚的眼睛正在樓上注視著她。外公還是沒有躲過一劫，三

青團的經歷和朋友的背叛讓他掛著大牌子接受著大型的批鬥。「自己的經歷不能讓妻子孩子們知道」、「她們不要為我擔心啊」，抱著這樣的心態，外公沒有把這一天之前的審問告訴過任何人。然而，當他通過窗子看到下面熱鬧的遊行隊伍中自己女兒蹦蹦跳跳地經過時，一切都變得難以忍受，沒有辦法再堅持假裝平靜了。潦倒地回到家後，外公把自己的經歷完完全全地告訴了家人。後來媽媽對我說，這次的談話讓她有了一種一夜之間長大了的感覺。

我還是難以在腦海中想像出當時長輩們的經歷，但我相信這種經歷並不怎麼好受。自己信賴的事物給了自己莫大的傷害，我不知道該如何面對。但是，外公經歷了並且仍然沒有放棄自己的信仰。一次又一次的衝擊，說外公堅定也好固執也好，這種咬定青山不放鬆的勁頭讓我看清了理想的力量。這無關乎現實，能打擊身軀但擊敗不了真正純澈而強大的心靈。外公以前一直都有記日記的習慣，日記本上滿溢的是對共產主義理想實現的美好願望與期待。而在此之後外公再也沒有寫下過什麼了。

沒錯，歷史總會給每段故事一個恰如其分的結局。「文革」結束後，扣在外公頭上的帽子終於被摘掉。這是人民內部矛盾，正本清源，正常的生活就這樣回歸了。

崇拜——春天的故事

改革開放，這是新生活的開始。說到外公崇拜的人，不得不提的就是鄧小平了。外公關心時政，當然會經常和媽媽一起討論一些對新聞事件的看法。媽媽有時會對上漲的物價有所抱怨，開玩笑似地說起計劃經濟的好處，外公就會氣憤又大聲地說：「若是沒有小平，現在哪來的大電視機，你又怎麼能夠穿上這麼漂亮的衣服！」雖說都是些開開玩笑聊聊家常的小事，但是通過從小和外公交流的記憶我都能會想到外公對於「春天的故事」的推崇與尊敬。外公一直說，現在的生活真是幸福。以前我不懂，家裏並不算富有日常生活也不能說是享受，離預期中的幸

福似乎總是遙遠的；而現在，設身處地地聯想一番，不難得到這樣結論來得是如此的不易。那，現在的我們還要繼續奢求些什麼呢？

外公一生中最大的遺憾就是沒有能夠入黨，從積極上進的青年到正直的中年再到風骨猶存的老年，這個願望也時常在他的口中提及，但是對象一點點由自己轉向我的媽媽再到現在的我。外公的信仰，在我看來，是真正偉大純潔的。擁有一項願意為此奮鬥終身並付諸實踐的理想也許也是一種難以言喻的快樂吧。

愛情與婚姻

我覺得，外公的一生並不幸福。並不是說他過得不快樂，只是可以更好，但他卻沒有得到。

一次刻骨銘心的愛情

這個小故事是我萬分沒有想到的。

說起我的外公年輕時的相貌，那也可以被稱作是玉樹臨風了。剛健的粗眉毛、炯炯有神的大眼睛、健康白皙的皮膚、高挑的身材，放到現在的審美標準也算得上是一位剛毅型的帥哥了。在他18歲時，一段單純又熱烈的感情就這樣開始了。她，鄰家的小姑娘；他，表現積極的進步青年。郎才女貌，自由戀愛，一切都是如此美好。但是，他很窮，新中國成立前的傳統包辦婚姻不允許這樣的狀況發生。女孩兒的父母強行拆散了這樣一對戀人，女孩嫁給了一個有錢人。他們再也沒有見過面，外公不知道她的未來她的生活會是怎樣的。之後，外公大病一場，幾天的不吃不喝差點帶走了他的生命。離死亡這個可怕的概念是如此的接近，在我看來這是一場足以被稱為「刻骨銘心」的戀愛。

「生活還要繼續。希望她能過得好。」

婚姻

外公與外婆是在1952年通過介紹相識的。外公始終都是個窮小

子，一份簡單的工作，兢兢業業地完成。外婆是國棉二十六廠的一名紡織工人，和妹妹一起被稱作是兩朵廠花。外婆有過一段不幸的婚姻，第一任丈夫因病去世了。1956年1月，一個帶著孩子的漂亮母親和一個帥氣的窮小子走到了一起。二人都有工作，所以雖算不上是富有但小日子過得也算是有聲有色，女兒們都很乖巧可愛。但是就是這樣的平靜之下有個小秘密埋藏在了他們每個人的心中。外婆的疑心病很重，和外公生氣起來就會一甩手帶著錢走人，消失得無影無蹤。

拗不過來的火暴脾氣和猜忌心相互碰撞，據媽媽的回憶說小時候他們兩人總是在吵架。雖是如此，但他們從未真正地分開過，也許所謂的婚姻就是這樣吧。

子女·下一代

說到這裏，我想強調的一點是，外公起名字的能力無疑是強大的。相比於當時的「國慶」、「美麗」們來說，媽媽輩們的名字確實可以算是獨樹一幟了。

麗華

麗華是外婆帶來的孩子，在外婆嫁給外公前，她只有一個小名——小米。雖說並不是外公親生的，但是外公也視她如己出，也許是因為外公深刻地知道沒有父愛的生活會是怎樣的。麗華與華麗同義，但外公的本意是指「美麗的中華」，也是將自己的美好願望託付給了這個小小的名字吧。

維平

維平就是維護和平的意思，每次回想都會感受到寄予這個名字的使命感。維平是外公外婆的第一個孩子，當然啦，也就是我的媽媽，同樣也是他們最喜歡的。說外公對媽媽的喜愛是一種溺愛一點也不為過。外公和外婆的教育法很是特別，他們認為孩子做的任何事都是正確的，是有他們自己的理由的，對孩子特別是他們最喜歡的維平更是全身心地信

任。當然，愛是相互的，媽媽與外公的情感總是深厚的。在「文革」時因為外公的政治問題，媽媽在入團時被要求要和自己的父親劃清界限。而媽媽則認為自己的爸爸是無辜、清白的，即使被定性那也是人民內部矛盾，堅決地不同意與父親劃清界限。回家後媽媽把事情告訴了外公，外公則認為，能夠加入共青團是十分重要的事，而劃清界限可以裝裝樣子，在這樣的極力說服下，媽媽也只能順服了。而外公每次自己提到這件事時都不難看出他臉上難以掩蓋的驕傲神情。

說到了媽媽，那就不得不提我的出生了。媽媽在生育我的時候大出血，命懸一線。外公當時急得焦頭爛額，揪著爸爸的衣領不斷地說著「生孩子就是一腳棺材進一腳棺材出的事情」。但是最好的情況就是這樣發生了，我和媽媽都平安存活了。就在這之後直到媽媽出院外公都沒有來看過我們。「因為是女兒！」其實外公並沒有那種老派的重男輕女思想。他對於我是一個女生的抱怨只是源於我可能沒法帶給媽媽更多的安全感而已。但是，42天後，媽媽抱著我回娘家，外公在看到我之後態度就來了個180度大轉彎。於是就這樣，我以最後一個進入這個大家庭的小姑娘的身份得到了外公最最多的寵愛。

還記得有一次是在我上初中時，過年，但前不久外公和媽媽大吵了一下，放下了狠話說「今年過年我不會來找你們了！」結果，年初二一大早，「咚咚咚」的敲門聲就響了起來，打開門一看是外公。氣呼呼地對我媽說「不是來看你的，我是來給小小送壓歲錢的。」說著就把一個包得嚴嚴實實的紅包從懷裏掏了出來，摸摸我的腦袋轉身就走了。現在回想起來，眼中不禁有些濕潤。

外公對我和媽媽的愛無疑是可見的、濃厚的。

千里

千里之外。千里是外公與外婆的第一個兒子，寵愛自然不少。據媽媽的回憶，還在襁褓中的千里模樣十分可愛，像外國人。然而這種幸福說來就來，說走也就走了。18個月時，千里不幸夭折。這是一個痛苦的

故事。小千里突然發燒而且高燒不退，擔心的外公外婆送他去了醫院，但是就是由於一次說不清道不明的醫療事故。外婆崩潰了，堅強的外公也差一點倒下了。這種苦痛相信沒有經歷過的人是無法想像的，可能會覺得胸悶氣短但是真正的情況又會是怎麼樣，我無從瞭解。外婆為此與外公大鬧了一番：「為什麼是千里？都怪你，這下好，千里千里的就真的去了千里之外了！」但是，生活還要繼續。

天衣

天衣是千里去世後的出生的孩子，由於是個女孩，外公外婆又忙於工作，尤其是外婆對她的關注總是很少。在她出生沒多久就被送回了外婆的七寶老家，長大後被接回了父母的身邊，但是情感總是在哪裡少了一塊。

娛樂·疾痛

外公的興趣愛好有三：羽毛球、游泳、看報。

外公喜歡健壯一點的樣子，人不能瘦骨嶙峋，特別是男的就要有男子氣概。外公喜歡運動，要說最喜歡的就是羽毛球和游泳了。說到游泳，記得有一次外公生病了，躺在病床上，迷迷糊糊地對我們說道：「我想去海南島游泳！」外公在年輕時曾經參加過武裝泅渡橫渡了黃浦江，這一經歷也是他老人家時常掛在嘴邊的談資。報紙是外公最喜歡的事物之一了。外公關心政治，對於時事新聞也是隨時掌握一手消息的那一類型。當然，他對政治的敏銳程度也是很強大的。

外公有著非常好的生活作息習慣，早睡早起，不抽煙不喝酒。然而病魔還是沒有放過他。外公與疾病鬥爭的故事始於他的中年。在四十多歲時，肺結核突然走進了外公的世界。那時候，媽媽的外婆就是我的曾祖母剛剛去世，曾祖父就住到了外婆外公家，外公的肺結核就是由曾祖父傳染來的。當時醫療衛生條件很差，這個毛病卻在不知不覺中痊癒了。

但一個更大的危機逼近了外公的生活。47歲，高血壓。「我身體沒有一點不舒服啊！我不吃藥！」外公固執的堅持讓他犯了一個大錯。10年後，腦溢血。外公被送往醫院搶救了三天三夜，救活了，但就此半身不遂。自己犯的錯就要自己去面對，外公的意志是強大的，他沒有就此倒下，而是繼續參加工作。外公常說，「生活還要繼續」。1995年外公70歲時耳朵背了。這也導致了外公在我的印象中都是在大聲講話的樣子。2009年，外公在家裏摔了一跤，而正是這一跤讓外公的生活又一次發生了巨大的改變。又一次的中風，搶救，重症監護室，數次的病危通知書，在我們全家都快陷入絕望時，外公又一次地睜開雙眼，迅速地恢復了。醫生說，他有很強的求生意識。

尾聲

對呀，這就是我的外公，命運總是愛跟他開玩笑，是與非、生與死，這一個個世界性的問題--一降落到了他的身上。但是，生活還在繼續。躺在病床上的外公看上去總是不開心，因為我知道，外公的心在遠方。身體跟不上心的步伐與節奏。現在的外公時不時會很暴躁，會突然對外人發火、會格外的強調自己的意見，而我們作為他的子女們也應該給與他更多的理解與支持。八十七年的歲月裏，外公慢慢地理解著時代的變化，時間帶給他的寂寞與收穫。

「要熱愛生命！充滿激情！生活就是這樣！」

訪問：

1. 87歲對您意味著什麼？

應該是孤獨。還有豐富的人生經歷。

（對外公來說老年意味著子女的遠去，外婆因為精神原因早早地就去了養老院，80歲之後的外公基本上過的就是一個人的生活。這是我第一次聽到外公的心聲。這也一下讓我瞭解到為什麼每次離開外公家時他都會趴在窗口望著我們招手直到我們消失。）

2. 小時候有什麼樣的夢想？後來實現了嗎？年輕時候遇到的最大煩惱是什麼？是怎麼解決的？

加入共產黨，實現共產主義。煩惱現在也都想不起來什麼了。

3. 最受打擊的事是什麼？

沒能入黨。

4. 喜歡誰，為什麼？

你。你聰明又乖又聽話。

（外公對媽媽的偏愛是眾所周知的。他們之間的父女情誼在媽媽平時跟我的對話中就能夠感受得到。相互支持相互理解，但是因為兩人性格都很強，便很少在言語之中有所表露。我想外公對我的喜愛也有一部分原因是愛屋及烏吧！）

5. 我出生的那年，您在做什麼？對這個孩子出世的感想？

那時候已經退休了。你媽媽生你的時候大出血，情況要嚇死人。生下來又是個女孩子，如果是個男孩子我應該會更高興的，但是後來看到你以後就不這麼想了，以後要對阿平好一點哦！

6. 對工作的看法？

工作是必須的，要認真對待自己的崗位，把工作做到最好。

（那個年代的人對於工作的概念並不像現在，沒有選擇。外公自我要求很高，每件事都希望能把它做到最好。敬業誠懇這大概就是外公的工作觀吧。）

7. 對財富的看法？

錢財不在於多少，夠用就可以了。

（在我的印象裏，外公從來都不是摳門的樣子，但是在該節省的地方從不亂花一分錢，這大概也是他們那一代人的特質之一吧。）

8. 遠行去過哪裡，有什麼印象？

杭州。西湖很美。一直很想去海邊遊一次泳但是沒辦法實現了。

（外公一直很喜歡杭州。至今我還能記得小時候第一次去杭州前外公手舞足蹈地向我描述西湖美景的樣子。）9. 最喜歡吃什麼？

嗯......沒有什麼特別的吧！

（其實，經過我的一番調查，外公最喜歡的是蹄膀。據說，曾經他們的鄰居都會把外公叫做「蹄膀主義」。媽媽也說，以前家裏每個禮拜都能吃到一頓蹄膀肉。）

10. 有沒有崇拜的人？為什麼？

鄧小平。改革開放，我們現在才過得那麼好！

（「文革」對外公造成的打擊是很大的。而改革開放給了他新的開始。也許這才是真正意義上的偶像吧。）

11. 喜歡做運動嗎？喜歡什麼運動？

喜歡打羽毛球......游泳。外公年輕的時候還有橫渡過黃浦江嘞！

（武裝泅渡的事情從小就經常能夠從外公的嘴裏聽到，想必是十分得意於此啊！）

12. 有沒有什麼令您討厭的人或事？

不喜歡畏畏縮縮的感覺。

（外公喜歡正大光明，又是急性子，喜歡當機立斷。若是扭扭捏捏的話估計能把外公急得半死。）

13. 認為自己哪些方面還不錯？

做人吧！待人接物不愧於心。有時候脾氣比較急，這是一個缺點。

14. 心情不好時會做些什麼？

出去散個步吧。

（外公很喜歡在戶外運動，哪怕只是走走路。即使半身不遂外公也會經常出門走動一下。也許仔細觀察一下自己身邊的小事，呼吸一下新鮮的空氣，就能給人帶來不一樣的感受。）

15. 給我的忠告我們家小小就應該當個思想工作者。

（記得這句話外公從我上初中時就一直在說。雖然我還是不太瞭解這句話的理論依據，但聽著外公深信不疑的語氣，我也覺得似乎自己應該很適合這樣的工作。）

採訪手記

小時候有一次和媽媽生氣，撅起嘴來就撂了一句狠話：「給我一塊錢一張席子，我去找外公！」雖然從小並不是和外公外婆一起長大的，但基本上每個禮拜都會去一次外公家。電視機響亮到在樓梯口就能聽到的聲音，和外公一瘸一拐地從便利店買回來的可樂和薯片，好吃的燉蛋和魚，窗口中不停招手的兩個老人，這些基本構成了我兒時對外公最美好的回憶。若是用當時對外公的瞭解來定義外公的性格我恐怕就只能想出來兩個詞：慈祥和一點點的倔。

我以前不曾那麼清楚地瞭解到原來外公的人生故事竟會是如此的傳奇。地下黨、批鬥會、正本清源，這些原以為與我八竿子打不著邊的詞，原來曾就這樣活生生地發生在我身邊至親的親人身上。在聽故事的過程中，不免就會設身處地地開始我的想像，外公在面對不公時究竟是怎樣的一種心態？他會放棄嗎？如果是我，我又會讓事情走向哪一種結局呢？在這一系列的回憶中，讓我觸動最深的就是外公在面對「文革」打擊時的那一份堅定。原本最堅信無疑的事物突然將你一口吞下，沒有任何反駁的機會，我會像外公一樣繼續相信它能給我帶來美好和希望嗎？我不知道。但是，面臨過各種打擊的外公給了我肯定的答案：像以前一樣的堅定。這種信仰是一份執著，因為外公在內心深處肯定知

道，一切都會回歸正常而希望就在不遠處。未來總是美好的。

　　現在的外公只是一個平凡的老人，對著一些日常的小事偶爾會有些碎碎念，害怕寂寞，期待著家人的關心。我的電話、一次採訪、一段簡單的對話，這些都能給他帶來無窮的快樂。「原來外公對我還有著這樣的期待啊。」「原來外公是這麼想的。」......無數個原來第一次將外公的心向我拉近。突然發現，現在的外公是孤獨的。而當「孤獨」兩個字真正從外公口中說出時，我才發現原來自己已經飽含熱淚。從現在開始珍惜還來得及。

　　記得老師有在課上問過我們，「你希望自己老了以後的生活是什麼樣的？」我曾單純地以為，寧靜平和的生活就可以了。而在完成作業後的我知道了，現實遠遠沒有想像中的那麼簡單。獲得優質的老年生活的重要前提就是健康的身體和靈活的大腦，所謂的安靜平和基本也就等同於孤獨寂寞。外公現在一個人待在養老院裏，行動不便。「我必須要為外公多做些什麼！」這是我在採訪後充斥著大腦的想法。最後，借用外公的話，「生活總要繼續」，這不並代表無奈，而是一種積極的信號。因為生活總要繼續，那為什麼不過得更快樂、更有意義、更對得起自己和身邊的人呢？！

俯拾光陰

那些年那些事

吳瑩瑩

一早醒來接到媽媽的短信，媽媽說，清明假期你回家不？我說怎麼可能，北京離家這麼遠。媽媽說，外公去世快5年了，一直沒立墓碑，今年你舅舅說要立碑了，想讓你回來。

看到媽媽的短信，不知為何鼻子像是被醋嗆到了一樣，一陣一陣的酸楚。2012年3月2日，離4月22日還有50天，外公去世快5年了。5年，一段說長不長、說短不短的時間。5年，不管是對人還是對事，也許無法有翻天覆地的變化，但足以讓人能忘卻很多往事。然而，有些東西如同身上的胎印，你知道它的存在，但如果不是面對你的人問起，你不會刻意去提及。其實它永遠停在那兒，不來也不去。

媽媽的短信就像是那個看到我的胎印的傢伙，一下子讓我想起了那些年那些事。外公走了5年了，5年，我都沒有回去看過他。其實，我連他最後一面也沒有看到。他走的時候我一滴淚也沒有流，因為我一直覺得他只是安靜地躺在那裏，那種安靜是我從來沒有看到過的。外公一輩子都過得風風火火，可以說是走南闖北。他骨子裏有一種封建商人的特質。雖然有錢卻怎麼也不踏實，以至於他一輩子都在奮鬥，從來沒有安靜地享享福。現在終於安靜了，卻是永遠安靜了。

在我的記憶中，外公從來沒有抱過我，他是個重男輕女的老人，但是我卻尋訪祖父的秘方那些年那些事成為他最喜歡與之說話的孩子。每

每回家吃飯——對了，外公從來都不愛吃米飯，每日三餐，外公總是喝兩口小酒，就這些類似於下水之類的下酒菜——酒意一上興頭，他就開始和我說那些陳芝麻爛穀的往事。小時候我聽不懂，只覺得好玩，對人人都嚴肅的外公喜歡和我說話是多令人高興的事兒！

　　當然也有被教育的時候。記得小學四年級，我還因為外公吃飯的時候教育我這事寫了一篇作文。作文的題目就叫做《外公您教育了我》，我隱約還記得我當時寫道：「外公是個老商人，不單只是做生意的年份老，還因為外公一直秉持傳統的生意人的特性——勤儉。有一回我和外公在吃飯，外公看我掉了幾粒飯粒到桌上，馬上撿起來放進自己的嘴裏。看到這一幕，我心想，不就是一粒飯粒麼，至於這麼摳門嘛？外公似乎看出了我的心意，語重心長地對我說，『來來來，外公和你算一算賬，一粒飯粒雖然小，但是100粒這樣的飯粒和在一起大約是一兩飯，你現在一餐大約吃一兩飯，要是你每餐都掉10粒飯粒，差不多三天就浪費了一頓飯了！』我眨巴眨巴眼睛似懂非懂地聽完外公的話，然後低下頭狠狠地扒拉著碗裏剩下的飯。」現在想想，童言無忌，小文章寫得還挺生動的，貌似還有幸被老師當成了範文。當然，和外公一塊兒吃飯，不是只有被教育的事兒的。外公最喜歡和我說他自己的故事，有些事兒聽起來和看電影一樣過癮。

　　我記得外公最喜歡和我炫耀自己和鄧小平通過信的故事了，這事兒每頓飯必說，從我小學說到初中，從初中說到高中。後來外公去世了，我和小姨一起回憶外公的時候說起這事兒，小姨說她也從小聽到大，後來離家工作了，估計外公沒人可說了，就轉向我了……所以說外公這事兒榮耀了一輩子嘛……聽過上百遍的事兒我都能倒背如流了。不過，在我們那樣的小地方，在那樣一個年代，能和鄧小平通上信，也確實算得上是榮耀的事兒了。

　　20世紀70年代初，外公是公路隊的會計，他工作認真負責，連年得到單位的嘉獎。然而，好景不長，「文化大革命」開始了。有著地主

家庭背景的外公被強行抓到農場進行勞動改造。外公為人耿直剛毅，哪怕是在勞改，他也一直堅信在這個社會上一定會有人尋求真理、不言放棄，這樣的人一定能還給外公尊嚴。一年過去了，外公偶然在廣播中聽到了關於恢復鄧小平職務的報導，外公毅然給鄧小平寫下了一封信，信中闡述了自己的成績過失、政治立場以及未來的理想。

沒想到，這封在當時被認為一定會石沉大海的信竟然真的寄到了鄧小平的辦公室。不久之後，外公就收到了回信，信中說：「我和你一樣被下放農場進行勞動改造，但我也和你一樣，不管在怎樣惡劣的環境下，依然堅持著自己的信念。儘管我跟你所在的崗位不同，但是我們都是要服務社會、服務國家的人......」

很快，組織上恢復了外公的工作職務，肯定了外公的成績和貢獻。每每說起這事兒，外公總是會感慨人生的無常和歲月的蹉跎......是啊，外公要強了一輩子，不管在什麼樣的環境下總有那麼一股不服輸的勁兒，他時常和我說，這都是少年時被鍛鍊出來的了，人總是要能接受得了挑戰才好。

然而，外公卻很少說起自己的少年，我也是依稀從其他人口中得知。他們那一代人，都有著一些過不去的往事......外公出生於1938年，在他還未出生之前，就已經歷經了奔波......龍井村有一戶大姓人家有四兄弟，他們都是村裏的裁縫，手藝精湛，生意興隆，積攢了很多財富，無奈老四都快30歲了，之前有個童養媳，但是一直沒有小孩，兄長們都很著急。某一天，一個劉姓女子跑到了這個村，大夥兒見她二十出頭，沒什麼依靠，人長得又水靈，就給她和老四說親。姑娘雖說是女流之輩，但脾氣擰得很，她說成親可以，但是我肚子裏面已經懷了一個孩子，如果成親的話這孩子要算你家的種。大夥兒一聽，都懵了！

在那個年代，不管大上海已是東方巴黎還是東方威尼斯，在那麼一個偏遠的小山村，別說是三民主義，就是孫中山估計都沒聽過。世上已千年，洞中方一日，固守封建的村民們被這個懷了身孕還不知來歷的女

人嚇壞了，四兄弟趕緊四處打聽這女人的事兒。

話說這劉姓女子本是一大家閨秀，下嫁給一個葉姓瘸子，三年前生有一女，因不願忍受嗜酒如命的瘸子以及貧窮的生活才逃了出來。四兄弟見女子剛強能幹，便接受了她，並與葉瘸子一家簽訂了一份契約。契約大致是說，今劉氏帶子嫁入我們家，劉氏是我們家的媳婦，生的孩子也是我們家的，往後都與你葉瘸子無任何瓜葛，從此不相往來。簽完之後還給葉瘸子補了一些錢，這親就算了結了。6個月之後，劉氏生下了一個男孩，四兄弟高興壞了，將小孩視為己出，給他上私塾，讓他讀書、學文化。這個小孩就是我的外公。

話說這些事兒也不是外公能控制的，但卻給外公的童年以及一生的個性帶來了深遠的影響。雖然有家人愛護，但鄰里鄉親的閒言碎語不斷，外公漸漸瞭解了自己的身世。大家都說他是外來子，是禍害，外公聽不得別人的取笑，總是怒目而對，其實他心裏積攢下了很深的怨恨。所以他總是很較勁，對什麼事情都很好勝，總是想讓人知道，他的到來不是禍害而是光宗耀祖的事情。

新中國成立後，外公得到了更好的機會，他接受了初中和高中的教育。在那個年代可以說是鐵打的知識份子。然而，家裏的情況卻越來越糟糕。四兄弟分家之後，老四因為好賭，將分到的家產敗光，劉氏又經常與之吵架，有時候還大打出手，外公的生活一直很困窘。大哥二哥三哥見狀，於心不忍，只好讓外公輟了學，將他接到了鎮上的三哥家當學徒學管賬。

前面的故事我基本上是東家聽一些，西家聽一些綜合出來的，但學徒這事兒外公倒是和我說過，他說，哪怕是親戚，寄人籬下，當學徒的日子始終是不好過的。剛開始他們不讓外公管賬，只讓他打打雜。每天，外公都起得比雞早，將門庭打掃乾淨，燒好茶水，準備開門做生意。晚上，外公睡得比狗晚，還得將一切收拾乾淨了，把一家子的衣服給洗了才摸黑上床睡覺。過了一段時間，外公每次收拾店鋪的時候都發

現錢箱沒鎖，有些錢散在櫃檯上。外公一開始沒多加理會，他想，估計是帳房先生給忘了。但這樣的情況一而再再而三地出現了，外公便將這事兒告訴了老闆，老闆會心一笑。外公知道，這是在考驗他，而他顯然通過了考驗。外公一輩子從未欠錢賒賬，他說，有些東西是你的，但有些東西不該是你的，你死都不能拿，人在做，不是天在看，而是你自己的良心在看，做任何事都要對得起良心，尤其是生意。

當學徒的這段時間，外公學到了不少東西，他不僅學會寫了一手好字，還學會了打算盤算賬。很快，隨著十年建設時期的到來，各種廠紛紛成立，急於壯大發展，尤其是修路工隊。一天，縣修路工隊來鎮上招工，外公抱著試一試的心態去應招。招工的人見外公讀過高中，會算賬，人又長得很精神，很賞識外公。就這樣，外公開始成為了一名工人，從一個農村小夥兒變成了城市裏的工人階級。而在這裏，外公也遇到了他人生當中最秘密的一段往事——外公的愛情。之所以說是最秘密的，是因為外公從來沒有和他人說起過這段往事，可以說是隻字不提，他甚至將與之有關的信件、照片全都燒毀。這些秘密和真相也隨著外公的去世而銷聲匿跡了。

外公之前有過一個童養媳，是誰我們已經無從所知了，外公也從未提起過她。直到外公去世之後，才聽姑婆講起過，外公其實還和那個悲慘的女人有過一個女兒，但因為外公多年沒有回過家，也就斷了聯繫，那個悲慘的女人帶著孩子不知去向。事實上，外公是打心裏不接受這樣的安排的。外公雖然生在舊社會，但是他接受過教育，他排斥家裏人對他命運的安排。也許，外公也是到了一定歲數才知道還有個女兒的存在。不管怎樣，這件事兒最終只成為了外公生命裏的插曲。

然而，在修路工隊裏的那件事兒，卻成為了外公一輩子隱藏在心底裏的事兒。外公在修理工隊幹了5年，從一個要從事野外工作的普通工人被提拔成為一名會計，外公工作認真勤懇踏實，成績顯著，這麼一個大好適婚青年自然很多人為他說媒。這時，工隊又招了一批新的女工。

在這批女工中，有一位姓劉的女孩格外的出眾，女孩身材高挑，足有165公分，高高的鼻子，小小的嘴巴，尖尖的下巴，還有那柳葉彎眉，一笑起來甚是好看。女孩吃苦耐勞，勤勞肯幹，雖說是農村來的，但是一點都不土氣。就這樣，外公和她相互賞識，很快便結婚了，而這個女孩，就是我可憐的外婆。

那個時候，修路工隊的人一提起這對小情侶總是讚不絕口，雖然門不當戶不對，但卻足以羨煞旁人。很快，他們迎來了第一個孩子，還是個男孩，也就是我的大舅舅。又過了一年，也就是1966年，第二個兒子——我的小舅舅——也出生了。這一年，是非同尋常的一年，可以說，這一年對外公，以及這一個新興成立的年輕的家庭來說轉折，更是一道坎。

1966年，「文化大革命」開始了，這場空前的政治運動如同一股黑旋風席捲了全國的任何一個角落，不，也許應該說是一股紅旋風。對於這場政治運動，我們這一代的人是沒有任何概念的了，哪怕是從歷史書上讀到的字眼也只是隻言片語、冰山一角。我們根本無法想像當時的社會是一個怎樣的面貌。記得高中的時候就看過了謝晉導演的《芙蓉鎮》，真不敢相信，偏居一隅的小小山鎮也成為了「整風」的戰場。外公當時所處的環境也許也與《芙蓉鎮》相似，也許又有些不同，我不得而知，我只能由此及彼的聯想外加想像去理解那一時期而已。但，我可以肯定的是，外公這個家庭發生的變化從一定程度上折射出這場運動的巨大影響。

「文化大革命」，一個典型的事件就是將人民重新劃分成份，進行階級鬥爭。儘管外公生父那一方是貧農，儘管外公養父一方在解放時就家道中落了，但是，外公畢竟是還在肚子裏的時候就被認為是裁縫家的兒子了，而且，往祖墳上刨的話，無論是外公的養父，還是外公的媽媽，都是地主家的少爺、千金，因此，外公很快便被劃為地主階級的封建殘餘。外公不服氣，年輕氣盛的小夥子，在工作上幹得如火如荼，是

單位同事、街坊四鄰都有目共睹的。外公怎麼也沒有想到，除了被劃分為右派、地主階級封建殘餘之外，組織上還沒收了之前頒發給他的一切獎勵、榮譽稱號，每天去上班，再也不是打自己熟悉的算盤，而是被組織不斷地「教育」，也就是我們現在聽到的「批鬥會」。

在那樣的環境下，外公的個性發生了很大的改變。儘管我沒有機會也不可能認識到年輕時的外公的個性是怎麼樣的，但是，聽與外公年輕時共事過的同事們說，外公是一個勤奮、誠實、和善、謙卑的人。這與我們家裏人對外公的評價是完全不同的。小時候，我一直很怕外公，在兩個舅舅和媽媽的眼裏，外公是一個粗暴、冷血、封建、吝嗇的守財奴。

為什麼會這樣？難道僅僅是所站的角度不同所以看到的不一樣嗎？如果外公還在的話，我很想好好陪在他身邊，每天聽他說一些過去的事，然後從這些話語中去挖掘，然而，外公已經離開了我，我只能憑藉他人的話語去審度這些東西。但是，我更希望跳出我是他孫女的這一框框，從一個冷靜的旁觀者的角度去看這件事，我想，那個動盪的環境也許真的給外公造成了，不說巨大，起碼是劇烈的衝擊。因為被劃分了成份，因為被否認了榮譽，外公開始很暴躁，很固執。他不良的情緒沒法在工作上得到緩解，只能將氣憤轉嫁到外婆身上。每每回到家，外公從一開始的嘮叨變成了打罵，之後，家裏每日不得安寧。這樣的日子艱難地過了兩年，外婆又生了一個孩子，這回是個女孩，也就是我的媽媽。本以為，家裏的氛圍會因一個孩子的降生而有所緩和，但是沒有。

外公在社會上所受到的壓力越來越大，大字報一張蓋過一張，而且，外公很有可能會被強行拉到勞動農場進行改造。外公也因此變得更加易怒、頑固。在媽媽兩歲的那一年秋天，外婆選擇了上吊自殺，從這個世界解脫……真實的過程我根本一點都不了解，外公也從未提過，媽媽那時還那麼小，一點記憶都沒有，甚至連當時5歲、4歲的兩個舅舅也記不起來。我只知道，我有一個很善良、漂亮的外婆，我的親外婆，在

我媽媽兩歲的那一年，上吊自殺了。從我記事以來，每年清明節，我們一家人都會到外公外婆年輕時候工作的地方附近的山區祭拜我的外婆。但是，從我記事以來，外公從未去過。直到2005年的清明，外公和大舅舅決定，將外婆的墳從那偏遠的山區遷往外公現在住的城市的墓園，我才親身經歷了一次與死去的外婆和過去的外公接觸的機會。

那年清明，外公帶著他所有的孩子還有我一起來到他當年工作的地方，而我是唯一一個孫兒輩的孩子。我們請了當地兩個有名的掘墓和拾骨的老人，並向還在那兒工作的外公的老工友們借了鋤頭、鐵鍬等工具之後就前往外婆的墓地了。我清楚地記得，一路上，舅舅和媽媽都沒有說一句話，從請人到借工具，一直都是外公在忙碌。外公臉上沒有一點表情的變化，就像平日招呼買東西的顧客一樣與人交談。而我的舅舅和媽媽的表情一看就能感覺到沉重，像是每人頭上都頂著一片小小的揮之不去的烏雲一樣。

在借工具時，一個老婆婆一直盯著媽媽看，媽媽有點尷尬了，老婆婆就說：「孩子，你肯定是冬姐（我的外婆）的女兒，像極了！要是你再高點兒，就一模一樣了！這些年你都有來吧？我見過你的，一直都不敢認。你的媽媽是個大好人啊！又漂亮又善良，當時很照顧我們這些剛進隊裏的小姑娘！可惜了，可惜了，她怎麼不再忍忍，挺一挺就過去了啊，誰不都是這樣過來的嘛……」這時，媽媽眼裏已有淚水在打轉，正與師傅們交談的外公聽到老婆婆的聲音後馬上轉過了頭，老婆婆欲言又止，一直喃喃「可惜了，可惜了……」我在一旁親歷了這一幕，我知道，外公和外婆的故事遠沒有那麼簡單，但究竟是什麼呢？

很快，告別了那些老工友，我們一行頂著濛濛細雨來到了外婆的墓地。這地方我來了很多次，儘管我年紀還小，但卻很熟悉了。外婆的墓，要是不仔細看的話，根本不像一座墓，簡陋得連一塊像樣的墓碑都沒有，整個小土堆的中央只是嵌著一塊巴掌大的瓦磚，上面有幾筆潦草的刻痕。歷經歲月和雨水的侵蝕，小小的墓碑早已是爬滿了綠苔，也許

連停留在上邊的小昆蟲也無法辨析上邊的凝重。其實當你貼上臉，湊近了仔細看，也能看出上面刻著的幾個字———「劉冬娣之墓」———那是外公親手刻的。

我與往年一樣，照例用小刀將上邊的青苔刮去，小舅舅見狀，對我說：「小心些，別把字刮花了……」沒等舅舅說完，外公便搶過話去：「你任由她刮，那塊磚還有什麼用？擱到現在連墊腳都嫌它黴。」我不知道外公為什麼這麼說，在一旁傻愣著，不知是該繼續還是停止。但是舅舅卻不樂意了，大聲地叫喚起來：「怎麼有這麼惡毒的人，什麼都燒掉了，連一張照片都不給我們看！」……接下了的一整段時間裏，舅舅一直在嚷嚷，而外公卻默默地杵在一旁。一路上，都是外公一人在滔滔不絕，而現在，外公卻隻字不提。

舅舅一直叨叨著，埋怨著，雖然沒有指名道姓，但大家都心知肚明。漸漸地，墓地被我們挖掘開來。偌大的一個土丘轉眼變成了一個土坑，坑裏散落了一些範本，有些還完整著，有些已經斷裂了，有些還透著木頭的棕色，有些已經發黑了。我不敢想像，深埋在泥土裏，沒有經歷風水雨打，是多少歲月侵蝕出這般景象。土坑裏，一些碎骨頭散落在木板底下和旁邊，那是她留給我們的軀殼。

這時，外公說話了，他說：「沒錢買棺材，我就用家裏的床板親手釘了這麼一副棺材。當時的坑也是我挖的，碑也我刻的，走的時候還穿了當時賣得最貴的尼龍襪子。」外公說這些話的時候平靜如水，可以說，從他的話中讀不出任何感情，但是，我總覺得那也許正是另一種感情的發洩。由於外婆的自殺，外公和外婆的故事也隨著外婆的下葬而長埋在泥土之下。

時至今日，外婆的棺槨重新打開了，那段往事是否也會隨之呈現？我不知道外公是否做好了準備，但是我知道，外公哪怕是做好了準備，他依然希望深埋在他自己的心底。旁人都說，外婆死了，外公和她的故事也死了。我想，不同的是，外婆被埋葬在了這裏，而那段故事被埋葬

在外公的心裏。我或許稍稍懂得外公了，也許到如今，就連他自己也還沒理清他對外婆的感情是愛、是恨，所以他到這般年歲對外婆的死還未能面對和釋懷。其實，外公是寂寞的，他也許對著外婆的墓在心底說了多少話，沒人能知，他不是刻意地隱藏，他是真的不能自已罷了。

春雨悄無聲息，如同楊絮一樣漸漸飄灑在空中。雨水灑在每個人的臉上、衣襟上，儘管細如牛毛。我不知道外公臉上濕潤的是雨水還是汗水，還是當中也滲透了一些淚花？好想上前去握住他的手，想試試那雙厚實的手是否一如既往的溫暖，還是心中有股涼意會從手心透出來？很快，外婆的骨骸被清理出來，我篤定她是一個大美女——就從那細長的長骨上看。

外婆離開了外公，後來的後來，外公又開始了一段婚姻。在這之前，我突然想起媽媽和舅舅都對我說過的一段經歷。他們說，外公當時一個人帶著三個孩子，又當爹又當媽的，很是辛苦，每每趕上加班加點地工作，他就把小舅舅和媽媽送回他的兄長（他當學徒的地方）家中寄養。剛開始，舅舅和媽媽都以為外公真的是因為工作忙，後來才知道是又有人給外公介紹對象了。外公不希望嚇到對方（因為帶著3個孩子）所以將小舅舅和媽媽送回老家，自己一個人帶著大舅舅，相親的時候一開始說只有一個小孩，等到漸漸熟悉和瞭解了再擺明家庭情況。為此，小舅舅和媽媽很是不滿，但由於當時年紀小，再加上在老家過得很快樂，他們也就不那麼計較了。

媽媽在老家住的那段日子，還發生了一件大事，那就是她被狗咬了。那時候媽媽也就五六歲，在老家和兄弟姐妹們天天瘋玩。正逢過端午節，家裏包了好多粽子。在那個糧食極其稀缺的年代，一年能吃上一回粽子是多麼幸福的一件事啊！媽媽拿著剛出爐的小粽子高興得手舞足蹈的。正巧旁邊圍繞著老家的狗，狗看到一個小女孩這麼興高采烈的，自然是以為媽媽和它在玩耍，於是便在媽媽身旁跑跳。媽媽一蹦一跳的，手裏的粽子也跟著一上一下，狗以為媽媽是在拿著粽子逗它，於是

一直跳起來想吃媽媽手中的粽子。媽媽看到狗搶粽子自然不願分享，畢竟這是一年才能吃到一回的粽子啊！家裏邊人口眾多，自己剛好能分到一個，怎麼能和狗分享呢？！於是媽媽拿著粽子死死不放。狗見狀，有點不高興了，直直對著媽媽手裏的粽子，一個狼跳外加一個猛撲，眼見就要咬到了，媽媽急忙轉身，這一下，狗正好撞上了媽媽的背，便一口咬在了她的背上。

媽媽嚇得哇哇大哭，家裏的大人聞聲趕來，掀起媽媽的衣服一看，發現背上有小牙印，就知道媽媽是被狗咬了。在當時，雖然狂犬病這樣的疾病還未被普及，但人們大多都知道被狗咬必須得在事後做措施，以防得病。於是，家裏的大人趕忙托人以最快的速度告知還在工作的外公（當時沒有電話，從鄉下捎消息到城裏還得托好幾個人口口相傳，才能辦成）。

外公立刻請了假回到老家，帶著媽媽上城裏的醫院。到了醫院，醫生說醫院沒法打狂犬疫苗，要到衛生局去申請，於是外公又帶著媽媽去了衛生局。到了衛生局，工作人員說衛生局不負責打疫苗，只負責審批，要打疫苗得去防疫站，於是外公又帶著媽媽去了防疫站。到了防疫站，又被告知，這裏是小地方，沒有狂犬疫苗，得到省城裏接種。於是外公請了假，帶著媽媽一路顛簸上了省城。臨行前外公向家裏的兄弟借了一些錢，提了一袋粽子，還背了一床小被褥，就這樣領著媽媽去了省城。

小城離省城其實不遠，但在那個交通極其不便的年代，三百多公里的路程得轉好幾次車，折騰下來也得七八個小時才能到達。媽媽說這是她第一次出遠門，但是心裏根本沒有好奇不好奇之說。其實，那個年代的孩子什麼都不懂，連好奇是什麼估計也沒有概念，在他們看來，從這個地方去另一個地方也就是睡一覺的時間。媽媽說，那時估計心裏是害怕的，怕被外公訓斥，畢竟是自己和狗玩鬧而闖下的禍，而且外公還請了假帶著自己輾轉於此。然而，一路上外公雖不和媽媽說什麼話，卻也

沒有訓斥她。

　　終於到了省城的防疫站，醫生給媽媽接種了疫苗，並和外公說：「來得很及時，沒什麼大礙，小孩子身體好，恢復得快。」外公立在一旁直點頭，說「是是是，是是是。」然後又問：「錢怎麼算？」醫生抬頭看了一眼外公後又低頭繼續手頭上的工作，「國家的政策好，你們趕上了，不用錢的。」外公長舒了一口氣，俯下身，拍了拍媽媽的頭，小聲說「小丫頭片子，要是要讓我砸鍋賣鐵的話，我饒不了你！」「不過以後每個月都得來打一針，連續打5針」醫生繼續說道。外公一聽，這下可著急了，小城離省城那麼遠，來回的路程那麼耽誤時間，以後的5個月每月都得來，可怎麼辦才好？！心急如焚的外公一時間支支吾吾的說不出話來。醫生見狀，說：「你不要著急，在省城有親戚嗎？」外公搖頭，「那這樣吧，我把疫苗包好，讓你拿回去，每個月定時去醫院讓醫生給你打一針不就完了嘛。」聽到醫生這麼說，外公又長舒了一口氣，轉身又是給媽媽的腦袋一巴掌，「小畜生，看你這事折磨死人了！」媽媽回憶說，估計外公憋了一肚子的火現在終於發洩出來了。現在回想起來，一路上外公都不說話估計是被嚇著了。

　　當時人們的醫學常識都很欠缺，總覺得被狗咬是件大事，外公知道媽媽被狗咬了，心裏沒底，生怕出什麼岔子，一心只想趕緊到省城問個究竟，所以自然不理會媽媽。而到了防疫站，聽醫生的一番話之後，外公心裏的擔心是消除了，於是也就開始了對媽媽的訓斥。其實，外公還是很擔心的，家裏沒了女主人，要是女兒也有個什麼萬一，外公根本承受不起這樣的打擊。從省城回來的路上，自然，外公一路對媽媽斥責，媽媽也就深深記住了這些。

　　記得我問過外公這件事，外公除了在我面前又一次數落媽媽之外，還說那個年代人們還不知道什麼叫狂犬病，迷信的老人都說被狗咬是福氣，是好事，即使死了還要當娃娃來祭拜。但外公畢竟是讀過書的人，他說這種說法不可信，他覺得狗嘴巴髒，人被咬了肯定得患病，所以就

到處打聽怎麼治。我聽故事的時候很好奇，就問外公上省城為什麼還背個被子？外公說其實他也是第一次去省城，聽單位的人說去省城看病都得住院，但是醫院的人很多，很可能沒有床位，即使有了床位也會沒有被子，帶著一床被褥可以應急。我聽了哈哈笑，我說外公怎麼像農民工一樣。媽媽在一旁對我白眼，仿佛生怕我這麼放肆會被外公責罵，外公喝了口酒，也笑了，說：「何止是當時，你外公我現在還是個農民工啊！」現在回憶起這場景，外公枯瘦蒼老的笑臉都會像過電影膠片一樣一幕幕掠過我的眼前。我知道，外公覺得有我在一旁聽他說這些往事，他很開心。

舅舅和媽媽說，小的時候，外公對孩子的打罵如家常便飯，不在話下。他們恨外公，恨他的暴虐，恨他不僅害死了他們的媽媽，還將所有和媽媽有關的東西都燒毀了。有一回我們一家人回老家探親，在車上，舅舅和媽媽你一言我一語的說起小時候的往事，這些事多半都是在老家發生的。他們說，小時候，在老家待著的那些時光更令人懷念，卻沒從外公那得到什麼關懷和溫暖。後來，媽媽又說，在老爸那得到的關心還是有一點的，不過一年也就那麼一點點時間。我忙問什麼事情，舅舅也說他都不記得了，問是什麼時候。媽媽說，就是老爸幫我媽挖耳朵的時候啊。舅舅的回憶一下子被媽媽打開了，於是他們你一言我一語地又開始滔滔不絕起來。

外公是一個有潔癖的人，哪怕他不在家，哪怕他沒時間自己整理，他也規定家裏的東西必須擺放整齊，孩子們也必須自己把自己收拾整齊了才行。但是，家裏孩子多，外公一年到頭都沒法好好管教他們，到了中秋和春節，外公才能歇息一會兒，平時孩子們也就邋遢慣了。每到這兩個節日，家裏的習俗都是一早起來要沐浴更衣，除舊迎新。洗好澡之後，外公就讓孩子們按高矮個排好隊，他坐在一張高凳子上，腳邊還擺著一張小板凳。之後外公將孩子們一個一個地叫過來，讓他們坐在小板凳上，將頭枕著外公的大腿。

原來外公是要幫他們挖耳朵。媽媽說，家裏只有一個挖耳勺，就是別在外公的鑰匙串上的那個銀製的。外公和他們說挖耳勺比刀還鋒利，小孩子不能自己用。媽媽還說，外公挖耳朵的技術很好，他會先將挖耳勺沾點水弄濕潤了再放進耳朵裏去，然後在耳朵裏來回轉動挖耳勺，在轉動的同時還控制挖耳勺的深淺，就這樣一左一右一上一下的轉動是為了讓髒東西從耳朵壁上脫落下來。等到外公能肉眼看到它們的時候，他就用挖耳勺一點一點地往外掏。外公會在另一條腿上墊一塊手絹，將掏出來的髒東西都放在手絹上。等到挖得差不多了。外公便會低下頭往孩子們的耳朵裏吹上兩口氣，然後說，「好了，下一個！」有時候，外公會邊挖邊說：「快拿簸箕來啊！耳屎多得裝得下一簸箕了！」這時候，旁邊的孩子都會笑話那個正在被掏耳朵的孩子。

採訪手記

在他住院的時候，我曾經和他說，等他病好了，等我高考了，就送我去讀大學，他當時的表情是我從沒見過的慈祥。他說他想送我去北京，他想去看看首都是怎樣的。

我一直想成為一個讓外公引以為傲的孩子。當年大舅出來工作了，外公逢人就說他大兒子在人事局上班，有多出息。後來小姨去了電視臺，他改口了，說他小女兒是主持人，在電視上都能看見她。我在想，哪天我也能讓外公和他的顧客牌友說說他有個外孫女在哪哪上大學，多有出息。

我想，他一定會覺得很安慰。

而我，能孝順他的也就只有這個方式了。

然而，很多東西只能由時間來衡量。

一個人的生命就這樣走到了極限，我清清楚楚地看著他如何頑強地掙扎過。

他做了一輩子的買賣，贏了一輩子，卻還是輸給了病魔。

看得出，他很不甘心，也看得出，他走得遺憾而且匆忙。

我不哭是因為在靜靜地思考他留下來的思緒。

他仿佛在告訴我什麼是奮鬥，什麼是努力！

光碟中的穿越

陳誠

　　年年給老人家的祝壽詞都是「福如東海，壽比南山」，又有幾個人能真的壽比南山？無非是希望能健健康康，平平安安，和和樂樂，開開心心。有人說人來這世上一遭是為了贖罪，為了下輩子的幸福安康。人生總是不欠缺痛苦和憂愁，快樂才凸顯出珍貴。生命似水流年，稍縱即逝。他離開後，翻出原先的影像，那個活生生的人明明剛剛還在眼前啊，怎麼就能一下子就消失不見呢？這張光碟我也不知道是哪一年的了，老婆婆過大壽。老婆婆就是媽媽的奶奶，也就是奶奶的媽媽——安慶這邊爺爺奶奶、我媽、小姨都去了。在奶奶的老家鄉下。家裏慣例是請了個錄影的師傅全程拍攝。大家收拾屋子，一起做飯，一起去田裏摘菜，濟濟一堂坐了滿滿一桌子吃飯祝酒。那年小姨頭髮短短的。看著她們腳下的鬆糕鞋就能推算出年代久遠了。要知道這位始終站在潮流前端的。那年的奶奶皮膚還是細膩白皙，頭髮烏黑濃密，短短的燙著大卷，劉海兒很洋氣地梳得很高。爺爺的頭髮似乎比現在的多一些，穿著一直是那麼文質彬彬，得體又大方，會令我想到老了之後的陳道明。這段錄影真的是名副其實的「錄影」。好幾個小時，事無巨細地拍攝，瑣碎，裏面好多親戚又不認識。突然鏡頭開始給爺爺特寫。他頭髮很黑，咧嘴一笑滿口白牙，當然直到去年10月份在病房裏我才知道大部分都是假的。尋訪祖父的秘方光碟中的穿越他抽著煙，不知道在聊什麼，神情很愉快。白襯衫深咖啡色的開衫，我記得打的領帶是黑白珍珠串起來

242

的，相當霸氣。在農村的土屋子裏，背後還歪歪斜斜掛著粉紅色的蚊帳。他們一會兒吞雲吐霧，一會兒哈哈大笑。

吃飯時一字排開，都互相謙讓把主席位讓給對方。老婆婆正對著鏡頭，她右邊的右邊的右邊是爺爺。我盯著這個老人，他招呼大家都坐下吃飯，招呼大家給老婆婆敬酒，他慣用的使筷子的手法，食指翹起來，夾了一筷子熱騰騰的火鍋，塞進嘴巴裏嚼啊嚼。這場景多麼熟悉。我記得我們最後一次一起吃飯是在北京，在三姨家。9月份時他在廣州四姨家病了，咳嗽得厲害。三姨說你趕緊回北京來檢查。那時候正趕上端午節，他還想等打折機票來著，被大家阻止了。他來的那天好像是周日，他一到三姨家我就去看他了。那天晚上他還是一直咳一直咳，聽得我們心裏緊張極了。我記得那天我就發現了，這次回來他吃飯要比以前差了，並且吃完就要去睡覺。我以為是坐飛機坐累了……錄影還在放著。我好像穿越了。我好像也在他們之間了，只是這是趟不太成功的穿越，所有人都看不見來自2012年的我。

回憶是多麼殘忍的東西。陰陽相隔的黑白世界裏唯有回憶能讓我們再次相聚。隔著薄薄的顯示幕，卻相去億萬光年，再也不能觸碰到那真實鮮活的體溫。前些天奶奶翻出了很多張光碟，讓我找找哪些裏面有爺爺。裏面有慶生慶壽的盤，也有結婚的盤。年代真是久遠，電腦半天都讀不出來。我不願意去看，真的不願意。當他的臉出現在鏡頭裏，這真的是世界上最遙遠的距離。

他生病住院的時候，情況日下。端午節後我回學校了。一周後找給他打電話，三姨一個勁兒叮囑我：別讓他說太多話，多說一點兒就咳！他嗓音沙啞了，不敢大聲說話，即使這樣，沒和我說兩句他就又咳了起來。前兩天表妹還跟我說，爺爺白天在醫院吊水，晚上回家睡。我想起來，端午前一兩周，我給他打了電話，我總是聽不清他的話。他在那頭說得很大聲，又咳了起來。我說這是怎麼了呀，怎麼咳得這麼厲害。他笑了笑說是啊，最近咳得厲害，所以下個月就去北京檢查檢查。

端午後兩周，爺爺就住院了。我記得有一天我們剛剛踢完足球。晚上回來大家都餓了，在西街吃宵夜。一片煙霧朦朧中我接到表妹的電話，說你知道麼？我聽我媽說好像爺爺是肺癌，……晚期。我知道他的病情了，雖然大人們都沒有告訴我，但是表妹每週都回家的，在她媽媽打電話時她多少聽到一點。我不敢給他打電話，就打給了照顧他的三姨。雖然我做好了心理準備，但當我聽到他的聲音時，我還是吃了一驚。這還是那個健壯的老頭嗎？怎麼能是這麼有氣無力的聲音呢？聽說他肺部積水厲害，所以在胸腔附近打了個洞，接了個管子，從肺裏把水導出來。一袋又一袋的血水，也抽乾了他的力氣。

　　媽媽給我打電話，說你要去看看爺爺。我知道。但我害怕。你知道的，他是那麼健康的一個人。大一上學期從安慶到北京來。他去火車站接我，提著我的大箱子走得飛快，我一個人都跟不上他。我們坐公車回管莊，他一路用他的不標準普通話跟車上的人聊得不亦樂乎，我卻已經暈車暈得不分東南西北了。你說，這個健壯、從不生病、從不認輸的一個人，突然連話都快說不出來了。他不是那種孱弱的老人家啊，我……我不知道該怎麼面對他。我不知道他要怎樣面對我們。不知道他還能用什麼支撐起他的強大。我真的怕。

　　聽說我很小的時候，有一天奶奶病了，他卻跟一幫朋友在家打麻將。我氣壞了，扛了個晾衣服的大竹竿跑進房間，對著他腦袋「框」就是一下，還大罵「奶奶都生病了你還打麻將！！！！」他在一群大老爺們兒面前，被自己的大孫子給「修理」了一頓，但看著才兩三歲，還氣鼓鼓的我，也只好「哎喲哎喲」地揉著頭上的大包。

　　又過了一周，我去看他了。他好像沒有變瘦，反而白了胖了。後來我才知道，是終日躺著點滴導致的浮腫。一咳嗽，就撕心裂肺，就上氣不接下氣，喉嚨裏的痰怎麼吐也吐不完。

　　抽煙的人總是要吐痰。黃黃綠綠的讓人受不了。小時候我就很嫌棄他。他總是泡一大杯的茶，我怎麼都不肯喝他的茶。他就總是嚇唬我，

使勁親我，嚇得我哇哇大哭，他就以此為樂，有一次我喝了他的茶，他也喝一口，這時地上有個蟲，他就對著蟲吐了口痰然後說，陳誠啊快看，我嘴裏吐了個蟲耶！我一看，嚇得個半死，然後他一把把我抱過去，又對著臉親一口，然後我又邊擦臉邊哭開了，他哈哈大笑。

這會兒，他的痰倒成了大家爭搶的東西了。他只要一要咳嗽，一群人都扯餐巾紙的扯餐巾紙，拿袋子的拿袋子，嘩啦啦全圍過去，等著接住他拼老命吐出來的痰。我不怕了，我真的不怕了。當我知道他的病，當我知道他的肺，當我知道有一天他去做磁共振疼得幾乎癱倒在地，地中海周圍的幾根頭髮像遇到一場大風雨般都亂了方陣東倒西歪，他臉色蠟黃，縮成一團，一下子成了個可憐巴巴的小老頭，像只無助的小鴨子，還流著汗說「老子要扛個刀把這些不負責的傢伙都砍死都殺掉」……他不知道他的病。他以為只是肺積水引發的肺部感染，他以為只是消炎的問題。三姨說，那天聽到他和同病房的老頭聊天，他還很同情地對人家說：「啊？你是癌啊？」他什麼都不知道。所以他很憤恨為什麼只是消個炎還讓他一天比一天感覺差。他拒絕吃止痛藥因為有副作用。他堅持要扛著。

那時候我已經被自己的笨拙折磨得受不了了。我又想日夜陪著他又怕自己的笨拙壞了事。我又想一直照顧他又怕自己的笨拙讓他不舒服。但我必須要做什麼。即使我做的事也不能改變他的病情，但我的心情會好受一點點。我一直沉默地坐在他身邊，疊好一份份的紙巾等著接他的痰。我準備好棉花棒因為他只能靠嘴巴呼吸導致嘴唇都乾裂了。我讓杯子裏的水時刻保持溫熱的狀態隨時能讓他喝一點。他難受得一直「哎喲哎喲」地哼哼，我也跟著他「哎喲哎喲」地哼哼，希望能陪陪他……後來我就連續幾天待在醫院。我年輕，我不怕累。有時表姐也在，有時四姨也在。我到半夜也能跟白天一樣精神。只是每到淩晨4點左右時，瞌睡蟲會把我打倒。然後我把他們叫醒換班。爸爸那時也來北京了。我知道爸爸心疼我。但他只是摸了摸我的頭。

我沒想過這樣的生活該怎麼延續。現在想想，或許那時候我潛意識裏就預感到，這樣的日子，你想延續也延續不了。

我還記得很小的時候，在爺爺的單位裏。爺爺叼著根煙，抱著我，把我放腿上噔噔噔地好像騎馬一樣。我正歡樂著呢，一坨煙灰掉在我臉上。又是一場大哭。到現在我的右眼角還有個圓形的小疤呢。

我還記得幼稚園的時候，一次過生日，爺爺買了蛋糕放在老式二八自行車前面車籃子裏，我就坐側在前面的橫杠上，啦啦啦正唱歌呢，突然爺爺一剎車，我就穩當當地掉到地上……癌細胞的擴散、骨轉移。一場場的疼痛侵襲著這個老人。他的左肺已經壞掉。他每天從胸腔排掉的血水都是這個虛弱的身體好不容易積攢的營養，但是不排掉又更加阻礙他的呼吸……他血液中的氧氣含量很低，那半個肺已沒有多少力氣。喉嚨裏的痰阻礙著他的呼吸，他的胸腔裏總是像在燒開水一般發出「咕嚕咕嚕咕嚕」的聲音。他要把痰吐掉，他要使勁地把痰咳出來，咳嗽，咳嗽，缺氧，缺氧！！！！他需要營養的補充，白蛋白每天都在輸。醫生說，一定要吃點什麼，一小碗粥的營養就能抵過這一瓶白蛋白。但是吃飯、吞咽需要力氣，喝水需要力氣，喉嚨受點刺激又要咳嗽，咳嗽！再缺氧，缺氧！他夜不能寐，更沒力氣咳嗽了。他終於睡著了安穩了，但有天早上我們突然叫不醒他了，一搶救原來痰堵住呼吸道了，之後即使他好不容易睡著睡安穩了，才兩個小時就要把他叫醒讓他試著把痰咳出來……我真的沒有勇氣再回憶那段時光。總之你能想到的最絕望的死迴圈就發生在他身上。我們看著他咳看著他缺氧看著他日漸精神恍惚看著他痛苦看著他在時光裏漸漸褪去可我們什麼也做不了。有一刻我突然受不了，把碗塞到旁邊人的手上就跑出病房咬著牙無聲地大哭了起來。他還開玩笑呢，還跟我們說笑話。有時感覺好一點甚至還唱起歌來。

後來整個病房就他一個病人了。大家都被他整夜整夜的「哎喲哎喲」和咳嗽逼得去換病房了。有一次，有個本地人不聽勸住進了這個房間，爺爺整夜咳嗽，我們陽臺洗手間開水房微波爐來來回回進進出出，

一會兒吐痰，一會兒擠熱毛巾擦汗，一會兒餵點飯。那人也輾轉反側徹夜難眠。後半夜，爺爺難受極了，「哎喲哎喲」地哼起來，突然他一把拽著我的手，說：「陳誠你跟我一起哼啊，我心裏好過一點！」我心裏一酸，就也跟著「哎喲哎喲」。於是病房裏此起彼伏地響起「哎喲」、「哎喲」、「哎喲」、「哎喲」。那人終於到極限了，騰地一下坐起來，特別無奈地說：「病人，我理解。但是......互相考慮一下好不好！」

10月12號，週三，我在醫院守到週四淩晨4點多才睡。13號上午8點多，他們都來了，換我回家休息，臨走時，爺爺支開他們，告訴了我一個秘密。然後我就回家了。我說，爺爺我晚上又來啊。那天我一直睡到下午5點多。爸爸說，剛才奶奶從醫院打電話來，讓你不要去了，歇會兒，晚上我去。就聽大人的安排吧。那晚我就沒去了。

週五早上，我去醫院了，奶奶一把拉住我。她知道爺爺是肺的毛病。她怕我天天離爺爺太近，餵水餵飯又接痰，我又不怎麼休息，怕傳染給我。她說陳誠啊，欲言又止，眼淚婆娑，她說你回學校吧，也不能耽誤太多的課啊。我進了病房，來到爺爺床前，握著他的手。他憔悴不堪。他說，陳誠啊，他們說我是癌！他們胡說八道！我再活20年也沒問題啊！陳誠啊。奶奶說，讓陳誠回學校吧老頭子，要上課啊。明天再來好不好。

週五早上，10月14號，我就這樣被稀裏糊塗趕出了病房，跨出房門那一刻我回頭對爺爺說，我明天再來啊爺爺。我這輩子也不能忘，爺爺嘴唇動了動，看著我的眼神又黯淡，又有什麼在閃爍。他嗓子裏分明發出遊若細絲的聲響。

晚上11點多，爸爸給我打電話，說家裏人決定帶爺爺回家，落葉還要歸根啊。說你要不要來醫院。在醫院弄了個救護車，我爸和小鳳陪著爺爺，一路開往安慶。

下午5點多吧，不記得了，只知道天已經黑了。媽媽給我打電話，

說陳誠哪，我跟你說，爺爺沒了。在車上就沒了......我心一下子跳到嗓子口，眼淚一下子就掉了下來。

寫到了這裏。我卻又一次陷入混沌無法思考了。後來，後來奶奶總是後悔那天趕我走，她說爺爺看著我離開，哭了。後來奶奶總說爺爺特別捨不得我走，所以我回去得那麼坎坷，那是爺爺在留我。後來奶奶總問我有沒有爺爺的影像之類的。我拍了照片，錄了音，也攝了像，一直存在我的電腦裏，不敢點開看。後來過年之前，我回了趟老家，跑到了那座山上。那塊嶄新的墓碑上，我看到了他的名字，也看到了自己的名字，那麼真實，那麼近的距離，我眼淚一下子就又湧了上來。我給他點了10根煙，給長眠在隔壁的舅舅點了10根煙 。然後哽咽得一句話都說不出來。

回北京的頭一天，奶奶催我趕緊把爺爺的照片啊錄音啊和錄影啊都弄出來，交給那個攝影店的師傅。我終於點開了那個檔夾，點開了那個視訊，9分28秒，靜靜地看完。

訪問:

1. 70歲，或80歲意味著什麼？

意味著衰老和死亡，安享晚年。

2. 小時候有什麼樣的夢想？後來實現了嗎？

成為一名船長。後來實現了。駕駛著一艘大貨輪穿梭於長江水系，最遠行駛到過天津。

3. 年輕時候遇到的最大煩惱是什麼？

年輕時最大的煩惱應該是交友不慎吧，結識很多狐朋狗友，耽誤大好的青春。把時間花費在花天酒地，賭博廝混上。自己也想戒賭，可是每次牌友來喊的時候又耐不住，賭輸了就回來摔東西，打人罵人發脾氣。

4. 是怎麼解決的？

在家人的勸阻之下有所改觀，晚年的時候也日發意識到自己的錯誤，潔身自好了。

5. 對健康的看法？遇到過的健康問題？如何處理的？結果？

健康是金，眼睛白內障，後來治好了。牙齒脫落，後來換了一嘴假牙。肺癌晚期，沒能挺過去。

6. 對財富的看法？

金錢乃身外之物，夠用就行，不必為了追求財富捨去人生中其他的樂趣。要捨得花錢，比如請托找人，求人辦事，自己很想買的東西，很想吃的大餐，這些是省不掉的，該花錢的還得花。人世間很多東西的意義遠遠勝於金錢。（就比如在向殺害舅舅的兇手索賠時，爺爺主動放棄了大筆賠款，人都不在了，要錢還有什麼用？）

7. 對大女兒的看法？

很勤勞，很顧家，同時也很可憐，四十多歲的時候得了腦瘤，訪遍全國各大醫院，總算治好了。平日開批發部掙錢，風吹日曬很辛苦。

8. 對二女兒（就是我的母親）的看法？

很機靈，很聰明。脾氣火暴，說話直，做事爽快。性格上最像爺爺的人。有敏銳的金錢頭腦和經濟意識。賺錢很快，花錢也快。

9. 對三女兒的看法？

是爺爺的驕傲，努力刻苦，全家目前為止第一個博士，現在在北京高校擔任教授。爺爺每次和別人閒聊的時候都會吹噓自己的三女兒很厲害。但是就是僅僅是讀書好，其他方面比如家務、人際關係什麼的不在行。

10. 對四女兒的看法？

很會處理人際關係，理財高手，處事圓滑，在廣州一家銀行做到主任位置。

11. 對小女兒的看法？

長得最漂亮，聰明，看似很木訥，其實心思縝密。也是經商高手。

12. 最後一個問題，作為祖父，給孫輩的忠告？

(爺爺應該會有很多忠告吧，第一應該是身體健康最最重要，不要抽煙，因為他就是因吸煙過度而罹患肺癌的。第二點是要多花點時間陪陪家人，不要像他年輕時候的四處遊歷，不顧家人。再說點比較具體的吧，比如製作牛肉火鍋的時候，要先將牛肉鹵製，然後用薑蔥蒜爆炒，最後再放入火鍋中，這樣不僅湯汁濃郁，而且牛肉入味兒，又有嚼勁兒。然而現在再也吃不到爺爺做的飯菜了。)

採訪手記

我的祖父，我習慣叫他爺爺。

爺爺是大家庭裏的總大將，平時身體硬朗。12歲時離家出走，隻身一人闖蕩社會。獨自游泳橫渡過長江。後來成為一名船長。生活習慣極好。六十多歲的時候還一人放倒過兩個二十多歲的不良青年。去年10月卻被確診為肺癌晚期，醫生說最多只有三年。我去北京胸科醫院陪過兩天床，那裏都是大限將至的老人。頭髮都因為化療和放療掉光了。爺爺的右肋插入了一根管子，通向外面的一個1000ml左右的袋子。每天都會有血水從肺裏流出來，醫生會每天放掉兩三次。我們先以為是肺積水，後來從醫生那裏得知是身體裏流到肺部的營養液。爺爺還因為胃口不好，每次吃得很少。住院一個禮拜瘦了10斤。

母親和三姨每次都笑著和他說沒事兒，然後出去病房悄悄抹淚。爺爺並不知道自己的病情，想著早點出院去南海游泳。同病房的病友私下說至少要在床上躺一年。

爺爺奶奶養活了五個女兒，個個都很有出息，也很孝順。爺爺做飯很好吃，我以前每個星期去加餐一次，爺爺忙東忙西，張羅一大桌飯菜，有雞有魚有我最喜歡的牛肉火鍋。有一次我手機關機，爺爺打我電話，我沒接上。爺爺就立馬到宿舍來找我了。爺爺當紅衛兵的時候，在給一個冤假錯案的右派殺頭的前夕，悄悄去放了他。爺爺管教小孩有方。他去廣州帶我四姨的兒子，他考了示範中學。他來北京帶我三姨的女兒，她今年考上了清華附中。爺爺只有小學三年級文化水準，他叫我們好好讀書，考大學，考研究生。他花了一個月的時間把26個字母背下來了。看見車牌都會報出字母來。爺爺是一個傳奇。

我聽到爺爺肺癌晚期的消息的時候，整個人是崩潰的。我終於有一點點理解有個同學失去祖父當時的悲慟了。我感到整個人都是混亂的，不想見熟悉的人，信任的人，能理解我的人。我懦弱地選擇了逃避和自我麻痹，企圖來轉移精力。思想一偏差，態度就立馬變化了。對人對事，做的都挺不靠譜。這是自私的表現，也是不負責任的體現。信條和原則什麼的也就拋到腦後了。衝動是幼稚的表現。不僅僅給大家帶來了不便，也讓自己十分難堪。現在的我就很頹廢，內心是荒涼的。腦子像糨糊一樣，是非對錯都不清晰。對學生會，重要的籃球賽沒有露臉，連例會都沒參加，很少去101找活幹了，和同伴的態度也異常了。對學習，不上進了，不用功，不看書。對於朋友們，口氣和相處之道都很怪誕。後來也漸漸明白了人生、生命中的某些道理，慢慢緩過來了。

寫這篇文章實在是很殘忍，把你原本想深埋在內心深處的傷痛又挖了出來，但是這也許也是對於爺爺的一種紀念吧，寄託哀思。

今天是清明節。我和三姨、表姐、表妹在三姨家。奶奶打電話來，你們把吃的弄好後，先別吃。準備好碗筷，還有一杯茶，把門打開，喊爹爹回來吃飯。她又哽咽起來。

我最思念的爺爺，您回來了嗎？祝您在那個世界裏，福如東海，壽比南山。

我的功夫爺爺

黃鑫

　　我的爺爺，黃大見，1906年8月出生在湖南常德市石門縣，於1990年去世，享年84歲（若還在世，如今應該有105歲了）。在我腦海裏對於爺爺的印象幾乎沒有，他去世時我才2歲，但是對於他我並不感覺陌生，甚至曾在夢裏夢到過他的樣子，白白的頭髮，滿臉的皺紋，爽朗的笑容，是一個可愛而溫柔的老人（雖然和現實可能存在一定差距，這只是我夢裏的樣子）。

　　爺爺一家有六兄妹，他排行老四，三大哥一弟一妹。從小爺爺就很調皮，很喜歡打鬧，有時甚至折騰得其他小孩哭了起來，連大人都被整過，所以理所當然是當地的孩子王。當年，在石門縣有些身手敏捷的打手師傅，當地都是小有名氣。爺爺愛打架，天生好動，幾歲的時候，就在師傅練功的院子裏跟著偷學，學完回來就去找同伴練習。有的時候把自己的小夥伴摔得鼻青臉腫的，還威脅不許告訴家長，否則就有他好看，以後就不許跟其他小夥伴玩耍。

　　他10歲的時候，全家遷到了我小時候的老家（臨澧縣佘市鎮湖堰村），一小鄉村，在那裏落地生根。爺爺特不愛讀書，甚至看到字就暈，因此從小就沒上學，就自己在泥地裏摸爬滾打的，給村裏年紀相仿的小孩兒出氣，或是在家給父母幹農活。我爺爺力氣大得很，年輕時一個人背著那些大型農具健步如飛，大氣都可以不喘一個，當然他也以此自豪，練就了一身肌肉，用現在的話說，就是一肌肉猛男。後來，他身手越來越好，又正值青年，自己也是意氣盎然，甚至略顯囂張。

　　二十歲左右時，國民黨曾來村裏抓過壯丁去充軍，爺爺家有5個兒子，所以得去最小的兩個，他也在內。可是那會兒爺爺哪會肯，一直躲

避著當時派來的幾個官兵，可惜那幾人都不是爺爺的對手，爺爺矯健得很，最後拿他沒轍，也抓不到人，就這樣不了了之了。但是爺爺的弟弟，也就是我小爺爺，還是被抓去充軍了，時隔幾年之後，傳來消息，說是戰死了，連屍體都沒能拖回來，慘澹得很。我想，其實爺爺的身手很適合去軍隊大展拳腳的，不過這種機緣的事兒，也不能輕易定論。

等到他二十幾歲的時候，隻身去當時發展得好的津市，想在那兒找找工作機會。混著混著，幾年後在當地財政處當了保安部部長。這份職業倒也是挺適合他的，否則以他的文化水準，也很難找到一份好工作。在那個年代，一個沒文化沒背景的人也很難被別人瞧得起。爺爺在這邊一直工作到三十幾歲，1944年左右回到老家這邊，當時日本侵華正是黎明前的黑暗階段，到處都在打仗，硝煙彌漫。爺爺就一路逃回老家，帶著自己這些年積攢下來的積蓄（據說爺爺當時帶不走那麼多的錢財，就找了一地兒，弄了一個大缸，把帶不走的貴重的金銀珠寶什麼的，都給埋在了地下。後來算命先生也說，我們家有一批寶物，會在百年之後由我家子孫獲得。哈哈，挺玄機的，不過只能是聽聽而已，不能當真）。

他在那邊工作的時候認識了我奶奶，當時我奶奶才20歲，跟著我爺爺一路來到了我們老家，後來就成了親，老夫少妻的（兩人相差20歲左右），然後就生下了三個孩子，兩兒一女，我老爸最小。我奶奶是那種典型的小女人，溫柔的家庭婦女型，而我爺爺算是那種有脾氣、直爽的大男子主義的人，兩個人就像是水與火，多少會碰撞出火花。據我爸說，他小時候也是經常聽見他們吵架，就為些雞毛蒜皮的小事兒，因此這婚姻旅程也是風風雨雨中熬過來的。

奶奶和爺爺剛結婚的時候，爺爺手上還挺有錢的，給我奶奶置辦了一身金鐲子、金耳環、金項鏈，打扮得珠光寶氣的，還在當時村裏買了大幾畝地，生活得還挺高調。那個時候村裏人都想要討好我爺爺，想從他身上撈到點兒好處，不過很可惜，以我爺爺的性格，這是不可能的。

在那樣一個動盪的年代，大家都希望能自保，過一份穩定生活。不幸的是，新中國成立後，全國上下鬥地主，人民公社，什麼東西都充公了，再加上「文化大革命」時煉鐵煉鋼的，把家裏的東西幾乎都消磨盡了，那時候也就過著一窮二白的日子。

我爺爺自己並沒有讀過什麼書，但在我爸爸小的時候，他經常會給我爸講故事。爺爺記憶力很好，雖然不認識字，但是喜歡聽村上的說書先生說些小故事，然後再講給孩子們（這點讓我很佩服，因為我自己記憶力特別差）。那時候爺爺就告訴我父親及其他的孩子，要好好讀書，做個文化人。爺爺也一直供著三個小孩讀書，雖然那時候家裏不景氣，但只要孩子們能讀到多大就供到多大。可惜的是，家裏三個孩子，除了我姑姑讀到大專，大伯讀了中專，我父親只讀到高中。我爺爺最疼愛的就是我父親，他的小兒子，也是和他最像的孩子，從小就愛折騰，也愛打架，喜歡功夫。

後來我大伯結婚了，去了縣城。不久後，大伯母就懷孕了，正巧這個時候大伯父又被調回了鄉下，所以我奶奶就去縣城照顧大伯母，那時我爺爺已有70歲。沒有料到的是，從這以後，我奶奶就一直住在我大伯伯家，給他們洗衣、燒飯、打掃衛生等，家務活全包，一直到現在，在他們家住了30年左右。沒有了我奶奶的日子，就由我父親照顧爺爺（我姑姑上學後一直不在家，後來便出嫁了），這樣使得父親和爺爺更親近了，可是兩個大男人的生活品質當然不會怎麼好。奶奶當時也會偶爾地回老家看看，給爺爺洗洗衣服什麼的，但是一般當天就回了。就因為奶奶在大伯伯家像保姆一樣照顧他們家這事兒，我媽曾經還抱怨過我們家沒有享受到這種福利。在我爸和我媽結婚之前，這種生活就這樣維持著，直到我媽的出現。

我媽來到我爸老家時，家裏一貧如洗，外婆不同意我媽和我爸結婚，嫌家裏窮。後來我媽從家裏悄悄拿出了戶口本，私自和我爸註冊結婚了，來到了鄉下的老家。我媽說，其實她是在和初戀未果的情況下，

認識了和她在一個工廠的父親，當時父親在工廠裏是個小頭頭，彼此產生了好感，再加上我媽年輕時候長得很漂亮（我爸年輕時也是一個美男子），我爸就發起進攻，猛追我媽。這裏又有一個英雄救美的故事了：我媽告訴我，當初在工廠工作的時候，有一天傍晚，她們幾個女生吃完飯，就去滑冰場玩玩，結果在滑冰場遇到幾個小流氓，調戲我媽和她的夥伴。正在這時，我爸帶著他的兄弟們就出現了，還和那群流氓給打起來了（挺拉風的）。當然，最終，我老爸勝利。也就是這一次我媽對我爸產生了強烈好感（我媽說，不知道我爸是不是特意跟蹤她到這兒的，呵呵）。

當時我媽還有幾個追求者，其中一個和我媽同村，只要我媽在家，這個人總是來騷擾她，還喊著要死要活的。我媽看這情況，心裏琢磨著能快點離開自己村，正好我爸趕上時候，來我媽家裏提親，雖然外婆反對，但是我媽覺得和我爸在一起有安全感，所以就跟著我爸來到了我老家，也就是我爺爺當時住的地方。我爺爺和奶奶當時都挺喜歡我媽這個兒媳婦的，畢竟我爸之前有點花花公子、不收心，再加上當時家裏條件不好，老爸能娶到這麼漂亮的姑娘做兒媳婦（而且我媽特會做家務，又燒得一手好菜），也是難得的緣分。

我媽嫁進來的時候，爺爺有81歲了，雖然這麼大的年紀，但是力氣依然大，那年紀還幫我爸搬一些沉重的農作工具，一個人，扛在肩上就走，我爸都覺得趕不上他。等到我爺爺82歲多的時候，得了偏風，臥病在床，半邊身子動彈不得。就在這年，我媽懷了我。生我的時候，從到醫院接生直至把我生下來，整整在病床上躺了三天，還插著氧氣管，特別辛苦。

我的出世給家裏又增添了一分熱鬧，每晚不停地哭，整個村子的人都能聽到我的哭聲，所以大家拿我特無奈，都說我「孼氣」（鄉土話）。如果我爸媽不在家，就會把我的搖籃放在我爺爺床邊，爺爺就會用他能動的那邊身子來搖我，哄我，好讓我別哭。不過我當時還小，可

不會那麼聽話，一直哭個不停，然後他就會特無奈地問我：「我都已經在搖你了，你是為什麼要哭呢？你告訴我，你這是個什麼道理！」就這樣一直反復地問著（呵呵，我媽說想起看到的這一幕，覺得特別搞笑，其實我自己也覺得好笑，因為這個老人家太可愛了）。有時候我餓了或是拉了臭臭在搖籃裏，爺爺都不能下床，只能是看著我哭，然後跟我講大道理，想要勸服我，直到我媽回來。

後來我兩歲的時候，爺爺就去世了，在我腦海裏只有對他的想像，但是卻感覺很親切。爺爺去世後下葬的時候還鬧了一齣——他的遺體從棺材裏掉出來了。聽起來確實挺恐怖的，當時出席葬禮的人全都驚得目瞪口呆。村裏的老人都說不祥，說自己活到七八十歲都沒聽說過有這檔子事兒。爺爺生前就很厲害，去世了也不停歇，因此後來大家都盛傳說我們老家鬧鬼，大家都不敢來我們家住。可是我們自己家裏人覺得沒什麼，雖然我媽和爺爺沒有什麼血緣關係，但是有人說我媽火氣很旺，不會招來這些鬼神的東西。不過這裏有個詭異的小插曲。（都只是傳說，不可信）我們老家的樓房是庭院式的，住房和廚房是分開的，要穿過院子，中間隔了一條小道，但兩者之間離得也不遠，大概才15米。有人說來我們家做客的時候，當時奶奶正在廚房做飯，看到那條小道上有人的濕腳印，光著腳的，而且一隻腳只有4個腳趾，一步一步地，從我爺爺以前的住房一路通向廚房。其實，爺爺的腳就是這樣的，跟一般人不一樣。後來這件事就傳開了，大家對我爺爺的去世感到更驚恐了，也沒有人敢來我們家做客，最多在院子裏坐坐。

雖然這個傳說不是真的，但是卻讓人感覺那麼真實。

我三歲的時候，為了讓我接受好一點的教育，一家人打算搬去縣城，所以需要把老家賣掉。可是因為我爺爺這些邪門的事兒，沒有人敢買我們的房子，當時爸媽賣的價錢很低，算起來，我們家已經吃虧了。後來正巧有一對外地的夫婦來到村裏，就接手了這棟新房子，才賣了6000塊錢。之後聽說，這家人搬進去不久，兩個人就生病了，甚至其

中一個人臥病在床，一直不見好轉。可能是後來他們也聽說了這個房子的一些小道消息，也盤算著賣了它，可一直找不到買主。也是巧合，遇到另一外地人想買，然後這對夫婦就以一萬二給賣出去了。可是這個人碰巧住進去之後，也病了，因此村裏人又開始說三道四了。後來這個人也搬走了，房子最終也沒能賣出去。這期間不到半年，卻周周轉轉的，鬧出了這麼多事兒。如今，過年回老家串門走親戚的時候，還能看到我老家那棟房子空空地杵在那兒，時隔一二十年，還是沒人住，也還是二十年前的樣貌。

爺爺是個平凡人，沒有做過什麼驚天動地的大事，過著簡單的日子，在一個普通的鄉村出生、成長、老去。雖然我不記得爺爺的樣貌，但是在所有老人家裏，我感覺最親的卻是他。我想，我是受我父親的影響，父親對爺爺的感情很深，比對奶奶還深。在我小的時候，爸爸就會說一些爺爺的事情，而且每年清明、春節，我都會和父親兩人一起給爺爺掃墓，這麼一二十年一直堅持著（只要我不在外地、不方便回家）。這是父親在我和爺爺之間架起的感情橋樑，也是父親給我做的榜樣。客觀地說，爺爺的形象是很朦朧的，但正是因為這份模糊的印象，爺爺在我心裏是完美而偉岸的、不可代替的。不可否認，我對爺爺的這份感覺裏也包含著父親對爺爺的愛，以及我對父親的愛。

訪問（雖然不能採訪，有些問題是我想問的，可能並不能代表爺爺回答，但是根據我父親對爺爺的瞭解，做出了一定的解釋）：

1. 70歲，或80歲意味著什麼？

七十歲對我爺爺來說，估計著是正當年的時期，忙著供孩子們讀書，忙著給孩子置辦結婚事宜，忙著迎接孫子的喜悅。

2. 小時候有什麼樣的夢想？後來實現了嗎？年輕時候遇到的最大煩惱是什麼？是怎麼解決的？

我爺爺一副好身手，其實是個做將士的料，不過沒有抓住機會，

而且也很冒險，這也是機緣不夠。年輕時最大的煩惱就是沒讀什麼書，沒啥文化，所以出去工作什麼的，都容易被人瞧不起。但是爺爺不是那種自卑的人，而是依靠自己的特長，找到了一份合適的工作。

3. 喜歡誰，為什麼？

爺爺最喜歡我爸，因為我爸和他最像，跟他小時候一樣，愛打鬧，愛功夫。幾個孫輩，他都喜歡，但是也最疼我，我是我們家唯一的孫女，而且曾和他住在一個屋簷下。

4. 我出生那年，您在做什麼？對這個孩子出世的感想？

爺爺臥病在床，我搖籃放在他床邊，他整天給我講些大道理。很疼我，只是年老了，沒法兒疼。對我的期待，就像對父輩的期待一樣，好好讀書，做個文化人。

5. 對健康的看法？遇到過的健康問題？如何處理的？結果？

一直以來身體都非常強壯，也從來沒重視過健康問題。八十幾歲的時候，年紀也大了，中了偏風，臥床不起，一直到過世。

6. 如果再給您一次機會，您會選擇讀書嗎？

應該不會。爺爺上輩子沒能好好讀書，沒能走進學堂，是因為自己選擇了放棄，是真心不喜歡讀書。雖然後來一直覺得讀書十分重要，但是放到自己身上，結果應該還是會和第一次選擇一樣。

7. 您當初為什麼沒有選擇去大城市闖闖，而是留在小縣城裏？

以前和現在的條件不一樣，現在想去哪兒，有汽車、火車、飛機。那時候，鄉下小子哪知道那麼多，聽別人說哪裡好就去哪裡了，而且離家太遠，也不方便，又沒有個照應，不放心。但是也有一點小小的遺憾，沒有走出小縣城，要不然可能和現在的情況又不一樣了。

8. 在您心目中，奶奶是個什麼樣的人？

奶奶和爺爺是老夫少妻配，我爸說小時候也經常聽到他們倆吵架。爺爺的性格比較火暴，奶奶還算是溫柔賢慧的女子。我想，在爺爺心裏，奶奶應該也是這樣一個人。

9. 奶奶去大伯家後，一直沒有回家，您對此有什麼想法？

剛開始要奶奶去大伯家，是帶著任務去的，更何況大伯母還為家裏添了孫子，肯定是很高興的一件事情。後來時間長了，爺爺也有一定的埋怨和無奈，自己也像個單身漢一樣過著日子。

10. 您如此好的身體素質，在80歲突然得偏風，您覺得和奶奶不在身邊有關係嗎？

有一定的關係。雖然不能說，這是由於奶奶不在身邊照顧造成的，但是至少和這個脫不了關係。以爺爺的身子骨活到90歲都是很有可能的，我爸說，當初他們爺兒倆一起過日子的時候，經常飲食不規律，做飯做菜也沒有那麼講究，隨便弄一弄就吃了。家裏的衛生環境也沒有奶奶在的時候那麼乾淨，可能還是有客人來的時候才會打掃一下什麼的。因此家裏的整個生活品質就降低了，這對一個七八十歲的老人家來講，還是有不利的。

11. 當初您為什麼逃避充軍，是害怕死亡嗎？

多少有一點吧。雖然自認為身手還不錯，但是不喜歡到人生地不熟的地盤，更不想離家太遠。而且戰爭很可怕，也很束縛，說不定哪天就戰死了，自己都還沒有娶媳婦，沒有看到後輩出世。充軍不是爺爺的選擇。

12. 您覺得一個人最重要的素質是什麼呢？

義，也可以說是責任感。我爸說，爺爺出去混的時候，靠的就是責任感，你對別人負責，也是對自己負責，這樣別人會覺得你是一個可靠的人，朋友才會相信你，老闆才會願意器重你。

13. 當初供三個孩子讀書，有沒有感覺到壓力？

肯定有。當時家裏條件不好，但是還得供三個小孩兒讀書，只得靠爺爺的雙手，拚命地做農活兒，希望能帶來好收成。而且偶爾還會在村裏幫別人做點事兒，拉點小活兒，掙點小錢。生活壓力挺大的，心理壓力也挺大，但在那個年代，大家也都沒過上什麼好日子，也就沒有那麼在意壓力不壓力了。

14. 作為祖父，給孫輩的忠告？

我爸說，我爺爺傳承下來的一個思想觀念就是要好好讀書，做個有文化的人。這個思想跟爺爺自身情況有莫大的關係，因為自己目不識丁，所以希望後代子孫能多念書，完成他當初沒能達成的事兒。

封建的愛

關佩佩

外祖父和外祖母20世紀三四十年代至七八十年代，我們國家經歷了艱苦卓絕的戰爭時期以及困難重重的戰後恢復時期。在此期間，人們的生活發生了巨大的變化。作為親身經歷了那個時期風風雨雨的一代人，外祖父總是有著特別多的感慨，包括他和外祖母的婚姻。

媽說，外祖父和外祖母的相識，是和那個時候的大部分年輕人一樣的——婚姻由父母包辦，雙方在結了婚之後才能見面，結婚前是互不相識的。這一定是為什麼我一直覺得我們的家庭模式很封建的最重要的原因。

外祖父和外祖母都出生於東北哈爾濱小縣城的小村莊裏。那個年代結婚生子都早得很，外祖父和外祖母也如此。外祖母18歲就嫁給了外祖父，兩個人一起走過了56年的風風雨雨，直到我高一那年的春節，外祖

父終於結束了難熬的病痛生活，離開了外祖母。猶記得，那一年的冬天，特別冷。大雪似乎一直沒停過。

以前，我認為外祖父和外祖母的相愛，根本是不存在的，起碼，兩人相處時並沒有愛人之間最開始的那種愛慕和留戀。媽也曾說過，由於外祖父和外祖母的婚姻是包辦的，而兩個人在結婚之前又互不相識，所以外祖父和外祖母結婚後關係其實並不融洽，甚至在有了第五個孩子也就是我媽之後，二人也時常吵架，一言不合就可能「大動干戈」，完全不顧孩子的哭喊也不顧雙方父母的勸阻。

尋訪祖父的秘方封建的愛媽跟我說，雖然夫妻之間吵吵鬧鬧實屬平常，但她還是感覺得到，從祖輩上遺傳下來的封建思想在外祖父的腦海裡根深蒂固，他認為這個世界就是要以「男人為尊」，女子就是要「三從四德」。於是，自然而然地，這些年，家裏大大小小的事情幾乎都是外祖父說了算，外祖母是沒有一丁點兒決定權的。

毫不客氣地說，外祖父如果說不讓外祖母吃飯，那外祖母是絕對吃不上飯的。我猜，也許外祖母連發言權也只是偶爾才有。

有一次過年的時候，我像往年一樣回家看望外祖父和外祖母。因正是春節期間，故很多親戚都喜歡走家串戶，於是就免不了要有幾天的飯局。我猶記得，那幾天，我們這些小孩子和家裏的女人都是不被允許與客人同桌吃飯的，必須要等客人吃完之後，我們才能上桌，享受他們的「殘羹冷炙」。當時的我，甚是為外祖母感到委屈，可沒辦法，這個滿族男人的心裏有一種不容反駁的堅持，我們沒辦法改變他的決定！

第一次，我感受到了什麼才是真正的封建！這樣的封建，讓人有些懼怕與厭惡。

似乎有點能理解，為什麼要清除封建殘餘思想了。

話說回來，回憶起小時候的那段時光，媽說，外祖母經常被外祖父氣得離家出走，有時候一走就是一個多月。媽還說，她記得外祖母離家

最長的一次是三個月，那個時候外祖母還懷著我的小舅舅，小舅舅是家中最小的孩子。

我想，都已經有了六個孩子，夫妻之間還是吵吵鬧鬧的，從來不見兩個人心平氣和地說句話，更別說兩個人「談笑風生」了。這樣，日子還是能繼續下去嗎？

但事實證明，即使這樣，生活也還是可以繼續的。

我記得，我12歲那年回家看望外祖父和外祖母的時候，兩個人之間是少有爭吵的，外祖母也很細心地照顧著外祖父，兩個人還一起養馬、養狗，感情似乎也不錯。每天，外祖父出去放馬，外祖母就給外祖父準備好午飯，在家等著外祖父，並用鍘刀把餵馬草剉碎，等著餵馬。漸漸地，兩個人開始有更多的交流，甚至開始在小孩子面前有一絲絲的笑容。媽說，那是因為孩子多了，在一起生活也幾十年了，即使沒有愛情也早就是一家人，有了親情了。那時候的我只是稍微能理解這樣的感情，我想，這就像是本來陌生的兩個同學，成為同桌之後，即使也經常吵架，但還是覺得她比其他同學對你好，也還是會繼續做同桌的。

後來發現，吵吵鬧鬧「打」出來的「戰友情誼」，遠比同桌之情深得多。試想，兩個原本意見不合的戰友在戰場上卻一直不離不棄的話，總有一天會發展出最堅固的情誼。這就是為什麼，外祖父和外祖母的臉上漸漸有了笑容，兩個人也終於可以說說笑笑了。

2005年春天，媽把外祖母接到我們家待了三個月。本來只是想讓外祖母出來走走，散散心。沒想到，到了我們家之後，外祖母覺得威海的氣候很養人，就打算讓媽把外祖父也接過來住一段時間。可外祖父就是不聽勸，怎麼也不肯離開家。大家拗不過他，只好讓他一個人在家待著。

後來聽外祖母說，她回家的時候，外祖父不知為什麼就是不讓她進家門，硬是把她關在了門外。一個月後，在大舅舅的勸阻下，外祖父才

讓外祖母回了家。可能，外祖父自己過了三個月，心裏覺得孤獨了，於是開始對離開家的外祖母有些怨言。也或許，有別的我們不知道的原因。

這些，都無從追究了。追究起來也沒多大意義了。

我只記得，媽說，外祖父走的時候，外祖母並沒哭，只是對外祖父說：「大孫子快娶媳婦了，你記得回來看一眼，省著自己惦記。」

外祖父和我的媽媽

曾經，媽問過我，覺得她和爸是否幸福？我想了想，覺得相對而言，雖然我們家不是那麼富有，也並沒有經歷那麼多的曲折坎坷，可就是這樣的平凡讓我深深地感覺到，我們是幸福的。

可以說，從出生到現在，我一直是很滿足的，因為我們一家人始終相親相愛，一步一個腳印地過著自己的日子。我臉上的笑容幾乎一直都在。就連身邊的朋友都說，很少看見我不笑的時候。我心裏明白，我們家從貧窮奮鬥到現在的安樂，一直都是知足常樂的。不然，日子一定會更難過！

之後，我問媽，為什麼突然問我這樣的問題，媽說，其實她和爸的婚姻，也跟外祖母和外祖父一樣，是父母包辦的。不同的是，爸媽在結婚之前是見過幾面的，婚後慢慢相處一段時間也有了感情。所以，我眼中的爸媽一直都是幸福的，我也是幸福的。

爸說，開始的時候，外祖母和媽是不同意她和爸的婚姻的，因為爸比媽大六歲，看起來比媽要老很多，家裏的舅舅姨姨們也不是很同意，全家就只有外祖父一人堅持要媽嫁給爸，說爸是個老實的人，將來日子會過得好。我想，就這一點而言，外祖父是極具判斷力的，是他的堅持換來了我們一家三口的幸福。我因此對外祖父有一絲感激。

除此之外，我還從爸那裏瞭解到，結婚之前，媽的頭髮是非常長的，長到可以拖地。爸說，那是因為外祖父不允許家裏的女孩子剪頭

髮，他認為，對於滿族女子而言，頭髮就是命，剪了頭髮，就斬斷了一切的命運安排，所以，母親的頭髮一直留著，我的頭髮也在外祖父和爸的要求下，不拉直也不燙染。直到媽和爸結婚，媽成為了「潑出去的水」之後，外祖父才不再對母親的頭髮要求過多。

這一次，我更加深刻地感受到了所謂的封建思想，只是不再那麼厭惡與懼怕了。因為，黑白照片裏，媽媽留長髮的樣子，很美！我的頭髮也保養得很好！我開始覺得，外祖父是有點可愛的。

但是，這樣的封建不是外祖父唯一的特徵，在媽的眼裏，外祖父是一個特別重男輕女的父親。

媽說，她十幾歲的時候，家裏的日子和那個時候的許多家庭一樣，又窮孩子又多，只靠父母兩個人是怎麼也忙活不過來的。於是，家裏的擔子逐漸落在了幾個孩子身上。她說，她一邊上學一邊還要照顧我的小舅舅。那時，媽才剛剛小學畢業。或許是這樣，到了母親上初三的時候，突發了一場大病。母親說，她得的是淋巴結核。剛開始的時候，只是覺得脖子的淋巴腺有些疼，到了後來，就開始發燒，淋巴腺也開始發炎，漸漸腫起來，鼓起來的包長到了雞蛋那麼大。媽說，「雞蛋皮」裏全是膿。

可見，媽有多疼。

可即使已經病到了這個程度，外祖父依然沒有帶媽去醫院，而只是在村裏找了個赤腳大夫。小舅舅說，那時候他還小，但是記得外祖父曾說，家裏的錢得留著給他（小舅舅）買吃的，沒有看病的錢。

好在那個大夫還有點經驗，幫媽媽稍微處理了一下。具體的處理過程媽沒跟我說，我只知道，直到現在媽還在吃著藥，媽的脖子上有一個永遠也不可能癒合的疤痕，那個疤痕時不時的讓媽感到疼痛，也讓媽有些在意自己的「不完美」。

媽說，當我也檢查出淋巴結核的時候，她害怕得很。我知道，她怕

我也留疤，怕我也在意自己的不完美。即使，她心裏知道我病得不重，醫學也發達得很。

我想，大概就是因為在外祖父的決策下媽媽的治療被耽誤了，所以，媽媽對於生病的我以至於對身邊所有生病的人都緊張到了非得立刻去醫院不可的程度。

說實話，媽常常緊張得讓人有些煩，但，我們是可以了理解的。因為，她到現在還會痛。

我自以為，媽媽是怨過外祖父的。連帶著，我也怨過。但，我們與外祖父畢竟是至親。

外祖父走後，媽一連幾個月睡不好覺，經常被噩夢驚醒，總是夢到外祖父在跟她說話，讓她照顧好外祖母，照顧好家裏。白天的時候媽也常常精神恍惚，既走神又發呆。那半年，我和爸也是過得亂七八糟，不知道該怎麼安慰媽。

通過這段時間的觀察，我發現，媽經常偷偷抹淚，眼裏有著複雜的情緒。我肯定，媽是幾個兒女中最傷心的。因為，這麼多年，媽離外祖父是最遠的，一年最多只有一次機會回去看望兩位老人，媽心裏是愧疚的。因此，媽對外祖父有一種又恨又愛的父女情。這讓她倍感痛苦。

現在，媽已經可以很平靜的談起外祖父了。她應該是看開了，原諒了，也想念了。但我還是想讓媽知道我對這件事的看法，我給媽寫了封信。

外祖父和我

我三歲之前是在爸爸的村裏玩兒的，離外祖父家並不遠，媽說，我常去外祖父家，而且，最喜歡騎在外祖父家的老母豬身上，扯著豬耳朵哈哈傻笑。媽還說，那時我雖小，可人卻聰明得很，總是牽著狗狗去河邊趕鴨子，把外祖父和外祖母哄得一樂一樂的。

但是，這都是四歲之前的事情了。記事後的我並不是在外祖父身邊長大的。而是在爺爺的照顧下長大的。

　　不過，有些奇怪的是，活到現在，我生命中最遺憾和最後悔的事卻都與外祖父有關。

　　遺憾的是，外祖父去世的時候，我不僅沒能為他老人家送終，甚至連他最後一面也沒見到，直到兩年後，我高考完，才有機會到他老人家的墳頭上去上一炷香，才有機會對遠方的外祖父說一些之前不敢說也從未有機會說過的話。以至於後來我一想到自己這「不孝」之舉，就覺得心裏非常愧疚。畢竟，外祖母曾說，媽去了山東之後，外祖父最惦記的就是媽和我。

　　那年，去上香時，媽哭著囑咐我，要把我收到大學錄取通知書的事情說給外祖父聽，外祖父泉下有知一定會很高興的。我心裏也如是認為。

　　於是，在與外祖父說話時，我驕傲地把這個好消息告訴了外祖父，不曉得外祖父是否聽到了。

　　當時，不知是因為媽在一旁大哭感染了我，還是因為骨血裏對親人的摯愛之情，我竟然忍不住落淚了。

　　我心裏明白，這些年，我與外祖父並未見過幾面，有記憶以來，我們相處的時間不超過三個月。就是說，到了山東後，我們在一起的時間，連一百天都不到。而且，媽也曾說，她的病之所以這麼嚴重，就是因為那個時候外祖父不肯帶她去醫院做檢查，才會一直拖到媽退學之後，以致「治標不治本」，只能一直靠吃藥克制維持。所以，我以為，我對外祖父是有那麼一點點的怨恨的，也因此以為我與外祖父並不親厚。

　　可是，當人老去的時候，當我面對著外祖父的遺像時，我突然覺得，這位鬍子白白的老人家是多麼令人懷念啊。

還記得，他放馬時，喜歡騎著一匹馬跑在前面，就像我們的祖先那樣，有一種在馬背上打天下的豪氣；他遛狗時，喜歡把小一點兒的那只狗抱在懷裏，讓大一點兒的狗在前面牽著他，有一種寵愛小朋友的味道；他吃飯時，喜歡先把鬍子用水沾濕，撚成一縷，假牙呱噠呱噠的，有種木偶人的可愛與幽默......原來，他，真的是我的外祖父啊！

外祖母說，外祖父喜歡動物，尤其喜歡在陽光好時，領著家裏的豬、狗還有馬去村子外的樹林待上一整天。有時，還會叫上哥哥，牽上大舅家的一群羊，放它們去山坡吃草。

我想，外祖父是慈祥的，因為他把那麼多的愛給了那麼多不會言語的小動物。也許正是因為這樣，他才不善於對我們這些聒噪的孩子們表達自己的愛。

我開始理解這個白鬍子的老人，甚至開始想念這個少言寡語的老人。

記憶還是回到了12歲那年的春節，那是我與外祖父在一起的最長的一段日子。正月初四，我生日的那天晚飯後，一家人坐在一起話家常。小孩子們則窩在炕頭，躲在暖暖的被子裏玩麻將（其實只是把麻將堆擺成各種形狀）。

我由於水土不服，一整天都在炕上躺著，不說話也不和他們一起玩。整個人無聊又無趣，除了睡還是睡。

外祖父許是看到了，就讓我們都從被窩裏起來，給了我們一人一支鋼筆，說是禮物。我驚訝於這個得之不易的生日禮物（雖然每個人都有，但我還是覺得這是專門給我的生日禮物）——要知道，這是我一生唯一一次從外祖父那裏收到禮物。我心裏歡喜得很，孩子氣地對姐妹兄弟們說，我們來寫字吧，看看一分鐘的時間裏誰寫的字多，寫的字好。

外祖父同意了，還親自給我們當裁判。

結果果然如我所想，我寫得最多（我自認為寫字快）。但，外祖父

卻說，我的字不好。原因是，我的字太小，有點小家子氣。說實話，那時的我，是生氣的。因為，女兒身的我想像弟弟們一樣得到外祖父的認可，可外祖父卻還是沒有一句誇讚的話。

外祖父去世後，當時在場的二姐抱著剛出生的小外甥來到我家玩，姐對我說，外祖父曾說過，我會是個有作為的人。他說：「這孩子將來是個有出息的。小琴（我媽）把孩子教育得不錯。」

聽到這句話，我竟是不知道為什麼哭了。

現在想來，應該是因為自己的努力終於被認可了吧！這麼多年，我都在為媽委屈著，抱怨著，爭取著，終於有一天，我做到了！似乎，媽也做到了呢！

現在，我和媽再沒有機會聽到他親口說這些話了。這，也許是一種懲罰，懲罰我這麼多年的「怨恨」。

「姥爺」，這是我欠您的那句話，也是我的遺憾。

我想，除了欠您一聲「姥爺」，我還必須對您說一聲「對不起！」

高二那年，學校舉行攝影和科技展，我作為班級的文科代表，參加了攝影比賽。本來打算重新拍一組照片應付應付的，巧的是，我在找相機的過程中，翻到了您生前的一組照片，這讓我眼前一亮！

照片裏的您，站在小默默（家裏的小紅馬）旁邊，陽光灑在薄薄的白色舊襯衫上，映出您微胖的身軀。身後是隨風微拂的青色玉米稈。在夏天的影子裏，屋簷為你撐起一片陰涼，全身濕濕的默默也調皮地甩起星星點點的水珠，將陽光折射出七彩的夢幻。

可以想像得出，當時，外祖母一定在照片外的地方注視著你，眼裏充滿著溫柔的情意。然後你們相視一笑，繼續為默默洗去夏天的炎熱，也洗去彼此之間這麼多年的誤會與爭吵，洗去一切的抱怨與困苦。

看著照片裏這樣安靜的你，心裏想著畫面外注視你的外祖母，我突

然覺得，多麼令人著迷的照片啊。

我以為，這張照片一定會得獎。歡喜的我甚至在照片背面寫上了一首詩，雖然已經記不得詩的內容，但我清楚那首詩足夠讓人理解它的含義——我對你的尊敬。

令我悔恨的是，這張照片並不被認可。我心裏明白，他們並不懂這張照片真正的含義，不知道對我而言，這樣慈祥的外祖父是多麼的不多見。我也知道，他們並沒有真正的評判能力，看不出到底什麼才叫好的照片。我錯在，被衝動左右，將微笑著的你的獨照拿去參賽，讓一群不懂欣賞的「老師們」將它丟棄。

這令我終生難忘，也讓我自責不已。

這件事之後，媽曾經問過一次，為什麼外祖父的這張照片不見了，我心裏忐忑著說不知道。其實，我怎麼會不知道呢？就是我把照片拿去參加比賽的！就是因為我的自私，將這張外祖父唯一的獨照弄丟的呀！

去給外祖父上香的時候，我偷偷地在心裏對外祖父說過這事兒，我看到，黑白相框裏的外祖父依舊是笑著的，我想這就代表他原諒我了吧。我自我安慰著。

也許，這就是我和外祖父的全部故事了。也許，我忘記了許多。

但確定的是，我應該再叫一句，姥爺。

下次上香時，我想跟您說：姥爺，姥姥還抽著您抽過的煙袋呢；姥爺，媽還留著你給的玉米種子呢；姥爺，爸還記得您誇他老實能幹呢；姥爺，舅舅家的弟弟還替你養著大狗和二狗呢……姥爺，從默默尾巴上剪下來的那縷鬃毛我還留著呢；姥爺，您送的快板我還偷偷地練著；姥爺，你最愛的清代小酒盅我還給您留著呢；姥爺，您在那邊還好嗎？

姥爺，我多想再和您說一句話。如果我來得及見你最後一面，我一

定會說：「姥爺，我會努力的，一定做個有出息的人！」

現在，我想默默了——你那麼愛它，我也愛它。

訪問:

採訪者： 關佩佩

被採訪者： 我的母親、父親、小舅舅以及外祖母

外祖父所在的地方是滿族鄉的一個村，村子裏所有人都姓蒼，都是滿族人。那裏經濟不發達，交通不便，人們的出行仍以馬車、牛車為主。人們多種地，只有少數年輕人出外打工上班。

1. 70歲，或80歲意味著什麼。

外祖母說：「活到這麼大歲數不容易啊。你姥爺活到七十多歲，也算有福了。我也幸福。兒女都平安，身體也健康，日子也都過得挺好，沒啥大災病的，還求啥呢？自己慢慢活吧，反正有人養，想幹點啥就幹點啥。哪天要是真去見了你姥爺，也沒啥。」

外祖母還說：「如果你姥爺還活著，肯定不會回答你這個問題。他一個木頭疙瘩，肯定不會想那麼多。」

2. 小時候有什麼樣的夢想？後來實現了嗎？年輕時候遇到的最大煩惱是什麼？是怎麼解決的？

外祖母說：「那個時候最大的夢想就是上學，你姥爺也是。他起碼還念過點書，會寫會畫的，我可連字兒都認不全呢。」

外祖母說夢想沒實現，「家裏條件不允許，孩子又太多照顧不過來，老了之後也不想那些了，安安分分過日子就得了。」

外祖母說：「那時候，最大的煩惱就是跟你姥爺天天吵，天天鬧，也不知道是因為什麼，就一個勁兒地對著幹，倔得很。」

「怎麼解決的？也沒解決啊，就這麼過了唄。孩子都這麼多了，也

都長大了，不看你姥爺的面兒，不也得看孩子的份兒上過下去麼。後來，那不是你媽他們都搬出去了，成家立業了，就剩我和你姥爺了，再吵也沒意思了，就湊合著過唄。養養豬，餵餵狗，你姥爺再去後山放馬，這日子也就過了。」

3. 認為自己哪些方面還不錯？

（「這不好說吧」，外祖母羞澀地說）孝順，賢慧，有良心。

4. 喜歡誰，為什麼？

都喜歡，都是自己的孩子，哪有什麼為什麼。

5. 我出生那年，您在做什麼？對這個孩子出世的感想？

外祖母說，那年啊，小佩（我）剛出生，又趕上過年，大家就在一起吃飯。小兒子（即我的小舅舅）也把對象帶回來了，說是讓我們看看，後來外祖父說小舅媽家世不錯，就同意了。所以，那一年家裏上上下下都忙著給小舅舅操辦婚事。

至於小佩的出生，那當然是高興了！小佩小時候（我百天的時候）白白胖胖的，像個小子（即小男孩兒），眼睛又大又圓，又不哭又不鬧，可讓人省心了。外祖父就喜歡用短短的鬍子紮我的小胳膊，逗我笑。

媽說，其實外祖父對每個孩子都很好。每個孩子出生都是挺高興的。

6. 對健康的看法？遇到過的健康問題？如何處理的？結果？

外祖母認為健康很重要，說，外祖父就是因為整天忙活，不管不顧的，一點也不會照顧自己，才導致最後得了胃癌，啥也沒說就走了。外祖父病著的時候，疼得連水都喝不進去，天天打點滴，天天打生理鹽水，最後那口氣就靠打糖水吊著呢。

媽說，外祖父有個感冒頭痛連藥也不吃，就那麼硬扛著，吃飯也不

管冷熱，拿過來就吃，這才把身體吃壞了。

7. 對工作的看法？

媽說，外祖父年輕時當過會計，但村裏的會計不好當，太多人求著辦事兒，外祖父嫌煩，幹了幾年就不幹了。

小舅舅說，外祖父年輕時跟人家打過官司，最後還輸了。不願意再上班了，就在家養馬，養豬，再種點地，自己養活自己。

爸說，外祖父喜歡馬，自己在家放馬又沒人管又不煩，挺好。

外祖母說，外祖父希望兒女們能有好的工作，照顧好家，將來孫子外孫女也都能有出息，雖然不說什麼出人頭地，可也不能沒志氣，要好好上學，將來儘量找個好工作，讓自己過得舒服點兒。

8. 對財富的看法？

外祖母說：「你姥爺可能還真不愛錢，當會計那會兒工資那麼高，他都不願意幹，非得回家種地養馬。」

小舅舅說，外祖父曾經說過，人吧，不能貪財，但現在社會沒錢是萬萬不行的，只要不昧著良心，你能賺多少都行。不偷不搶自己賺的，還不是越多越好。

9. 遠行去過哪裡，有什麼印象？

外祖母：「我去的最遠的地方不就是你們家嗎。你姥爺他更沒出過遠門兒，一輩子都在這個小村子裏轉悠。後來你大姨搬到三江，他去過幾回。」

外祖母：「你們那氣候多好啊，環境又好，養人哪。你姥爺呀，肯定還是覺得就這屯兒最好了，哪也不趕這好。你說，一屯全是老蒼家人，能不好嗎？」

10. 喜歡吃什麼？

外祖母：「你姥爺啥都愛吃，肉就不用說了，一趕集就讓買肉。青菜也吃，愛吃土豆，院子裏（帶有菜園）種那些黃瓜豆角啥的都愛吃。」

11. 給您買過啥？心情怎麼樣？

外祖母：「你姥爺能給我買啥，啥也沒買過。我們那年代，啥也不送。就結婚的時候，送我幾塊布，做了兩件衣服。你姥爺買馬那時候，我挺高興的。我尋思他出去放馬，我就在家遛遛狗，挺好。」

12. 外祖父是不是最喜歡小舅舅？

媽說：「那肯定的啊！」

外祖母說：「你姥爺就那樣，老封建，重男輕女。但你姥爺對孩子其實都挺好的，也沒說特別喜歡你小舅。」

13. 外祖父愛照相嗎？

外祖母：「你姥爺啊，還行吧。你們每次回來的時候不也都拍照嗎。我看你姥爺也都挺樂呵的。那年，蒼紀學（我舅舅家的小弟）回來住了幾個月，天天給你姥爺拍照，也沒見他說啥。」

媽說：「你姥爺啊，應該是樂意的吧。」

14. 外祖父怎麼就那麼看好我爸呢？

外祖母說：「那誰知道啊，備不住（方言，即可能的意思）是覺得跟他（外祖父）年輕時一個樣兒吧。」

媽說：「你爸年輕時臉胖胖的，有點方，一看就是個老實樣兒，就是那會兒看起來太老了，跟四十歲的似的。」

爸說：「你姥爺有眼光啊，會看人啊。」（一提起這事兒我爸就高興）

15. 後來家裏的馬都哪去了？

外祖母說：「你姥爺走了，就剩我一個人，哪還有力氣管那些畜生。收拾收拾全賣了。」

外祖母還說：「我想把那匹小馬留著了，尋思你回來看見應該高興，但實在沒地方養，你二姨又讓我上他們家去住，我就給賣了。你要是想要，將來讓你老弟給你買一匹養著，等你回來再騎。」

16. 大姨夫說姥爺走後給他托夢了，說啥了？

外祖母：「還能說啥，不就是你大姨夫沒回來看他麼，他不放心，就說讓你大姨夫好好照顧弟弟妹妹，照顧好家裏，照顧好我。」

17. 你們吵架時，外祖父說過對不起嗎？

外祖母笑著說（有點羞澀）：「他才不帶的呢（意思就是不會），平常支使我幹這個幹那個的，把我當傭人似的，還能說對不起？再說了，你姥爺那就是古代的大老爺，誰敢讓他說對不起？」

18. 外祖父怎麼就不聽勸，非得在家待著，不來我們家散散心呢？

外祖母：「捨不得他那破房子唄，說是得餵馬，沒人幫著看房子，去不了。具體的誰知道呢。」

19. 外祖父打過我小弟（蒼紀學）麼？

外祖母：「小時候打過，小男孩麼，淘氣，哪能沒挨過揍呢。長大了，十歲之後基本就沒挨過了。要說沒挨過誰，那也就是你了。你也不挨著他（意思是不在他身邊），他也管不著你。」

20. 外祖父教會我的：

我喜歡騎馬，而騎馬是外祖父教我的。他說：「以前哪，旗人女子是最颯爽的。又會騎馬，又會射箭，不比男人差。你媽小時候就是這樣，騎馬騎得也好，箭也射得好。你可不能比你媽差。可不能像他們（不特指某些人）似的，風一吹就倒，嬌嬌弱弱的。你得堅強，你得努力，可不能再過我們以前的苦日子了。」

他還說：「這小紅馬多好看呀，等趕明兒你長大了，就讓你媽給你買一匹。」

後記

在我心裏，外祖父是一個矛盾的人。我真的怨恨過他，因為他居然忍心讓母親忍受病痛的折磨；我也敬愛過他，因為他教會我騎馬，告訴我要堅強，還帶我爬山。

我不知道應該怎樣表達我對外祖父的看法，我只知道，外祖父走後，我曾經很努力地讓自己回憶起與他的故事，可想來想去，似乎也就只有那麼一點。

於是，我開始發現，我和外祖父並不熟，十幾年來，我們相處的時間不超過一白天，說過的話可能也就那麼幾句，我甚至連外祖父的年齡都不知道。

我想，我是不孝的。

所以，我想要從外祖母、媽媽爸爸以及更多的人那裏瞭解到更多有關外祖父的事情。但，我們家是個「封建家庭」，爸爸媽媽還有小舅舅他們不被允許向長輩問問題，他們與我一樣，無從得知外祖父年輕時是個怎樣的人，有過怎樣的經歷，發生過怎樣的故事。

我能從他們那裏得到的，僅僅是他們與外祖父在一起時的記憶。

最終，我卻還是選擇了寫外祖父的故事，寫回憶錄。寫外祖母、媽媽以及我對外祖父的回憶。

當我寫回憶錄的時候，我其實是很害怕的，我怕我沒有故事可以寫，也不知道該以怎樣的態度來面對大家對外祖父的評價，我甚至覺得如果外祖父還活著，應該是不喜歡我寫他的故事的。可我最終，還是寫了。

寫完後，我終於，看懂外祖父了。

原來，他只是不喜歡說話，他只是不習慣笑。

他習慣了和老伴兒拌嘴，習慣了去後山小樹林裏放馬，習慣了喝著村裏的小河水，習慣了不被理解的疼愛，習慣了隱忍，習慣了堅強。

我開始懷念起那個胖胖的白鬍子老頭兒了。我開始想像他為默默洗澡時嘴角不自覺的笑，想像他跟我說「這孩子將來是個有出息的」時的自豪，想像他吃著姥姥為他煮的飯時的滿足。

姥爺，我應該回去看您的，應該送你最後一程的。

我應該多喊幾次姥爺的。希望，你已經原諒了我，不再怪我把您的照片拿去參賽。不，或許你壓根兒沒當回事兒。

總之，謝謝您教會我騎馬；謝謝您堅持讓媽媽嫁給爸爸；謝謝您無聲的誇讚；謝謝您讓姥姥過得幸福；謝謝你讓家裏的小動物們健康快樂......謝謝您，給我們的那些愛！

謝謝！

平凡也是最美

朱晨

當劉老師說這學期要採訪祖父並在期末完成一萬字左右的採訪實錄的時候，我頓覺心頭一緊，姥爺早在我誕生之前就因食道癌與世長辭，而爺爺也在2008年寒冬去世。在我反映採訪困難之後，劉老師建議我以回憶體的形式來完成這篇文章。此時恰逢清明時節，我趁著三天的小假期回了趟老家，期間我與父母、姑姑等長輩進行了長達一個半小時的聊天，對爺爺的家庭環境和成長歷程有了進一步的瞭解，並試圖充實此次的採訪實錄。

我的爺爺，名叫朱心寬，是土生土長的石牌鎮人，石牌鎮是安徽省安慶市懷寧縣一個古老的集鎮，地處皖西南長江下游北岸的皖河之濱。明清以來，這裏一直是皖西南遠近聞名的商業中心，商賈雲集，貨賄泉流，乃懷寧諸鎮之首。建國後長達半個多世紀石牌一直作為懷寧縣城所在地。石牌文化積澱深厚，是古皖文明的重要組成部分。懷寧素有「戲曲之鄉」的稱號，戲曲之鄉絲竹不斷，黃梅故里黃梅飄香。這裏不僅是「京劇之父」徽劇的發源地、京劇的重要發源地之一，而且是全國地方劇種之首——黃梅戲的發源地。《都劇賦》描述：「徽班日失麗，始自石牌」。在石牌的彈丸之地湧現出了清代戲劇界「四大徽班」進京發起人、「京劇鼻祖」程長庚、「京劇大師」楊月樓等多位開一代風氣的宗師，有「梨園佳弟子，無石(石牌)不成班」之譽。我的爺爺就是在這裏長大。尋訪祖父的秘方平凡也是最美當與家中長輩聊到爺爺的父母的時候，他們眼中閃爍著光芒，在他們口中，爺爺的父母具有一些傳奇色彩。太爺爺家祖上經商，擁有幾列商鋪。太爺爺在家中排行老四，是最小的兒子，集萬千寵愛為一身。膚色白皙，一雙劍眉下卻是一對細長的桃花眼，高挺的鼻子，厚薄適中的紅唇，臉如雕刻般五官分明，有棱有角俊美異常。因為祖上經商，從小耳濡沫染，頗具經商頭腦，兩只手都能自如打算盤，業務能力特別精湛，但是他天生熱愛自由，隨性生活，不願經營祖上的家業，而是受老闆的委託去到別人家的典當鋪擔任大朝奉的職位，位高權重，很受愛戴，在他來到當鋪之前，虔誠的學徒早早地就把茶沏好，黃煙絲擺好，伺候得很是妥當。因為能力出眾，能抓住大買賣，所以太爺爺得到老闆的信任和重用，再加上大朝奉的工作清閒，能自由支配時間，每逢節假日，戲班子都會唱戲，他就跟中了毒一樣追隨著戲班子而去，戲班子去哪裡演出，他就跟到哪裡，因為家中富裕，自己又能力出眾，即使如此，小日子也算過得逍遙自在。

爺爺的母親姓王，在距離石牌鎮大概二十多公里的王家墩長大，太奶奶的娘家在當地是數一數二的大地主，非常富有。太奶奶與太爺爺因媒妁之言而結合，當年太奶奶帶著地契、房契等陪嫁品，八抬大轎風風

光光地嫁到太爺爺家，據我父親說太奶奶長得很美，高高的個子，五官清秀，頭髮還微微自然卷。太奶奶聰明能幹，嫁過來之後，不僅悉心照顧家中老人和孩子，而且因為太爺爺隨性不羈，癡迷戲曲，所以家裏的產業都交給太奶奶打點，太奶奶經營有道，商鋪的規模逐年擴大。日久天長，太奶奶也成為當地頗具知名度的生意人。

太爺爺和太奶奶共育四男四女，而我的爺爺就是第二個兒子，他於1932年農曆五月初六出生。爺爺小時候非常的活潑開朗，在私塾裏讀了幾年書，生活仿佛在一帆風順地進行著，但是在爺爺5歲那年，卻遭遇了巨大的家庭變故，生活也因此發生了顛覆性的改變。1937年日本侵佔上海，家鄉距離上海不遠，再加上水路發達的緣故，很快日本侵略者就順勢來到了爺爺的家鄉石牌，整個家鄉陷入一片混亂的境地，爺爺家的店鋪也因為日本侵略者飛機投放的炸彈而夷為平地。此時恰逢太爺爺不在家，太奶奶一個人在慌亂中，急忙左手夾著我年幼的爺爺，右手抱著我剛出生的三爺爺一路逃到了鄉下，躲過了這一劫。全家人的生命得以保全，但是家裏的房子和店鋪頃刻間都成為了廢墟。從此爺爺的生命全改變，富裕而快樂的童年一去不復返。

家沒有了，祖上的店鋪也沒了，靠著太爺爺一個人的收入養活一家人，生活拮据而又無奈，好在靠著太奶奶陪嫁過來的地契還能有一筆額外的收入，但是這對於一個龐大的家庭來說也是微乎其微。迫於沉重的家庭負擔再加上重男輕女思想作祟，太奶奶將家中的四個女兒全部給了別人，只保留了四個兒子，生活還是要繼續，日子雖然苦，可是全家人相親相愛，咬著牙生活，風雨飄搖的大家庭得以維繫。

平靜的日子沒過幾年，在爺爺8歲那年，太爺爺的突如其來的死如同晴天霹靂，讓這個家庭再次陷入了無盡的黑暗之中。太爺爺因為患有高血壓和腦溢血突然生病去世，唯一的頂樑柱頃刻崩塌，我難以想像這對於年僅8歲的爺爺來說意味著怎樣的絕望，但是作為家中的男子漢，我的爺爺來不及也沒法為自己的不幸流眼淚，為了支撐起一片天，年幼

的爺爺早早地就得為生活而奔波。

　　為了減輕家中的負擔，他開始在藥店裏做學徒，從最基本的碾藥、洗煙筒做起，還得笑臉伺候好店裏的大人長輩，起得比別人早，睡得比別人晚，有的時候幹活不勤快，還免不了一頓拳打腳踢，但是爺爺為了生存下去也不得不隱忍著過活。在藥店裏忙完，一有空閒爺爺就跑到距離藥店不遠處的私塾，惦著腳尖，趴在窗戶外面向裏張望，偷偷地聽老師講課，盼望著能在有限的時間裏面多學哪怕一丁點的知識。1949年全國解放，爺爺這時參加了工作，在新中國的社會主義合作商店上班，當營業員。那年，爺爺17歲。爺爺踏實本分、努力上進，在工作中表現突出，為家庭減輕了很大負擔。

　　我的奶奶，1939年出生，比爺爺小7歲，住在爺爺家附近，是從小一起青梅竹馬長大的鄰居，打小就在一起玩耍，接觸頻繁，再加上相互瞭解，日久生情，爺爺和奶奶相愛了，但是這段感情卻遭到了奶奶家的堅決反對，即便如此，也沒能阻止兩人愛情的發展，籬笆牆成為他們傳遞感情的媒介，爺爺和奶奶在籬笆牆裏塞書信，互通情意。但是很快這件事就被奶奶的家人知道了，奶奶遭到了全家人的痛斥，奶奶的母親甚至威脅如果再繼續跟爺爺交往，就要和奶奶斷絕母女關係，讓奶奶淨身出戶。

　　但是奶奶並沒有在愛情面前退縮，任憑家人反對，她堅守和我爺爺的這段感情，1957年，奶奶生下了我大姑，三年之後的夏天，我爸也出生了。隨後還生了我小叔和小姑，共育兩男兩女。那幾年時，恰逢三年自然災害，沒有食物吃，爺爺絞盡腦汁想辦法去河裏釣魚，去鎮裏糧站上買糠回來做米粑充饑，那時候的日子很苦，經常饑一頓飽一頓，我父親說沒有蔬菜吃，在米飯上澆上一兩滴麻油，就算是相當不錯的一頓飯了，因為我父親是兒子的原因，所以還有幸能偶爾享受到這樣的「福利」。父親說當時真沒東西吃，那時候真的覺得世界上最好聞的就是麻油的味道，以前一起聊天的時候還經常在我面前憶苦思甜，每次都會跟

我說這件「糖果趣事」：爺爺花幾分錢買了一粒糖果給我父親吃，這在我父親看來是相當貴重的禮物，父親激動得將小小的糖果掰成了兩片，一片拿糖果紙包好，留著下次再享用，將剩下的一片含在嘴裏準備慢慢品嚐香甜的滋味，結果還沒來得及細細品嚐，張嘴說話的時候不小心將糖果吞下去了，我父親感到非常的沮喪，為「糖果事件」難過了幾天。

家裏的子女多，負擔重，生活雖然清貧，但是一家人也算怡然自得，知足常樂。聽我父親描述，爺爺很注重對孩子們的家庭教育。因為爺爺自己很小的時候就輟學到藥店當學徒，念書不多，所以一直告誡孩子們要珍惜學習的寶貴機會，努力學習知識，改變自己的命運。爺爺對子女要求非常嚴格，像我父親小時候很頑皮，有時會在外面和別的小夥伴發生爭執，但是爺爺從來不管誰對誰錯，向來都是批評自家的小孩，我父親說在學校裏面撿到東西，爺爺從來不讓他們往家裏拿，告誡我父輩要交給學校的老師，要求他們從小就要做一個老實本分、正直的人。

我爺爺心思很細膩，心靈手巧，他還有一項特別的本領就是「剪花」。在紡織行業中，剪花是對面料面布進行深加工處理的一種工藝。一般加工對象為絨面和絨毛比較長的面料。剪花一般在剪毛機上由頂起織物的花色剪毛輥來完成。為花色剪毛輥凸處頂出的絨面部分被剪去，而在花色剪毛輥凹處未被頂出的絨面部分則未被剪到，而形成突出的圖案花紋絨面。剛開始的時候，爺爺買別人剪花的樣品回來，依葫蘆畫瓢，照著別人的樣子模仿學習，憑藉著較強的學習能力，天長日久，練得一手絕活。平時，他想什麼剪什麼，看什麼剪什麼，剪什麼像什麼。他用一把普普通通的剪刀能剪出千姿百態的花、鳥、蟲、飛禽、走獸幾十種圖案，並且栩栩如生。憑藉著這一特殊技能爺爺可以在商店上班之餘，掙點外快，貼補家用。

不久「文化大革命」開始了，做小買賣是禁止的，是要被當作「投機倒把」罪名抓起來的，據我母親稱這在當時叫做「資本主義的尾

巴」，但是為了支付家庭開銷，爺爺也只好偷偷地剪然後偷偷地拿去賣，就是靠著勤勞和努力，爺爺和奶奶含辛茹苦地將子女們培養成人，看著孩子們長大、成家立業，過上幸福的生活，爺爺感到很欣慰，肩上的重擔終於得以減輕。在他退休之後，並沒有閒著，他不想給子女們添麻煩，而是拿往日的積蓄，和奶奶開了一家小店，賣鞋和服裝。生意平淡但足以養活自己和奶奶。

1990年，我出生了，作為長孫，我受到了爺爺和奶奶的百般疼愛，在我很小的時候我就特別喜歡我的爺爺。記得我那時才四五歲，因為爸媽工作特別忙，沒有時間待在家，就托我爺爺奶奶到我家住並照顧年幼的我，到現在還記憶猶新的是我和爺爺的長達一年的比賽，為了讓我好好吃飯，健康成長，爺爺開始跟我展開比賽「看誰吃得快又多」，在競爭的壓力下，我卯足了勁要贏過爺爺，吃飯居然也成了一項競技專案，我小時候還納悶兒為什麼有時候爺爺輸了，還看著我笑得那麼開心，現在回憶起來，才懂得爺爺作為長輩的良苦用心。

在我的記憶中，爺爺是一個不善於表達自己情感的人，他不喜歡說，但是卻總是默默地付出，默默地關心著你，在我讀高中的時候，因為就讀的學校離爺爺家比較近，所以中午一般都會去爺爺家吃午飯，為了節約時間，我一般吃過午飯就匆匆地騎自行車回學校溫習功課，吃飯的時候，爺爺怕耽誤我時間，不會說很多的話，但是他總是會和奶奶提前準備好一桌豐盛的午餐，弄幾道我最愛吃的炒菜，擺好碗筷和肉湯等待著放學歸來的我，他默默地給我夾菜，吃完飯囑咐我喝點熱水，怕兜風鬧肚子，出發前讓我注意安全，站在門口看著我，直到消失在他的視線。

爺爺晚上有時還會和奶奶散步到懷中（我就讀的中學），踱著步子到我的教室門外，透過窗戶看看我，我從小念書成績好，爺爺嘴上不說，但是他為我感到很驕傲，經常在弟弟妹妹面前說起要以我為學習的榜樣，在長輩前面誇獎我努力用功。2007年我以優異的成績考上了北

京的一所重點大學，全家人都為我感到高興，當然爺爺也不例外。不僅如此，爺爺還強烈要求送我去北京上學，但是考慮到天氣熱再加上爺爺畢竟年紀大了，於是乎送孫子去上學的願望終究是沒有實現。

爺爺平時經常鍛鍊身體，天氣好了還會和奶奶出去散散步，身體一直很硬朗，所以父親包括我在內，都尋思著等著天氣好一點了，沒那麼熱了，帶著爺爺一起去北京看我，但是沒有想到2008年的冬天的那場大雪居然奪走了爺爺的生命。2008年安徽遭遇了千年一遇的雪災，天氣異常寒冷，父親特意給爺爺安裝了空調和取暖器，爺爺平時勤儉節約慣了，怕浪費錢，從不用空調，取暖器也捨不得開，但是畢竟年紀大了，身體扛不住凍，就病倒了，剛開始家裏人也沒太注意，只是以為染了小風寒，吃吃藥也就好了，後來爺爺越來越嚴重，感冒咳嗽也一直不好，父親便帶爺爺去醫院檢查身體，經過檢查發現爺爺的肺部有大塊陰影存在，醫生建議爺爺住院，我的父親和其他長輩便輪流陪在病床前照顧他的起居生活，慢慢地爺爺的病情似乎有了好轉，全家人舒了口氣，想著過大年的時候，爺爺估計就能出院和家人團聚歡歡喜喜過大年了，然而萬萬沒有想到就在臘月二十三的晚上，爺爺呼吸衰竭，突然去世了，當時只有我父親守護在他的旁邊，據我父親描述，爺爺臨走之前，好像要跟他囑咐些什麼，但是呼吸困難，根本就發不出聲音來，只是不停地流著眼淚，過了不一會兒，就離開了人世。當時爺爺究竟想跟我父親說什麼不得而知，但是據我父親說爺爺去世的時候，表情平靜而慈祥，我在想可能爺爺在看到家裏人幸福健康，也就放心了，沒有牽掛了吧。

爺爺一直以來都希望我能好好讀書，將來做個有出息的人，如果爺爺在天之靈，知道我現在考上了研究生，繼續深造讀書，一定會很欣慰。遺憾的是，爺爺終究沒能來北京走走看看，但是我會帶著爺爺的祝福，努力在北京拚搏奮鬥，將來成為一個優秀的人，不辜負爺爺的期望，我相信爺爺也一定會在某個角落保佑我，見證我的努力和成長！

訪問:

1. 70歲、80歲意味著什麼？

過日子要珍惜現在的每一分每一秒，這是一個幸福的時代，你們趕上了好時候，有得吃有得穿，跟我們以前比多幸福啊，我們現在年紀大了，也不要什麼別的，孩子們好，比什麼都重要。

2. 小時候的夢想?後來實現了嗎？

我們小時候不像你們那麼有理想，那時候連生存都是一個問題，只想著要怎麼樣把孩子們撫養成人，健健康康地長大，餓不著，凍不著就足夠了。

3. 年輕時候遇到的最大煩惱是什麼？是怎麼解決的？

就像剛剛講的那樣，還是個生存的問題，那個時候吃都吃不飽，想的都是怎麼讓孩子們都吃飽了，有書念，那個時候，我到河裏去抓魚，有的時候跑到糧站去買糠回來做餅吃，現在在你們小孩看來，這些都不值得一提，但是在我們那個年代，這都是很寶貴的東西。

4. 對健康的看法，遇到過的健康問題？如何解決的？

在我們這個年紀，健康很重要，身體是革命的本錢，只有好的身體，才能享福，我的肺不好，又有高血壓，經常咳嗽個不停，那是年輕的時候抽黃煙抽的，我煙癮大，以前老是戒不掉，但是不能把身體搞壞了，只能戒，其實煙癮再大，只要下定決心戒還是能戒的，戒了煙之後，咳嗽跟往日相比，好了很多。血壓高，就少喝點酒，天氣冷了。每天喝一小盅酒，身體暖了，人舒服多了，但是不能喝太多，肥肉也要少吃。

5. 1990年我出生，您在做什麼？對這個孩子出世的感想？

我那時候已經不在商店裏上班了，退休了就和你奶奶在家裏開了個小店，做點小買賣，知道你出生了非常高興，希望你能多讀點書，別像

爺爺這樣，沒文化，只能做點低等的工作，知識很值錢的，有了知識，到哪兒都不會怕，希望你能做一個對社會有貢獻的人。

6. 有的時候會不會感到孤獨？

有什麼孤獨不孤獨的，孩子們都有自己的家庭和工作，肯定不能經常來看我們，少來一次就少來一次吧，只要幹好自己的工作、領好家庭、身體健健康康的就行了。我們年紀大了，別的都無所謂了。

7. 對人生的看法？

人生在世，其實就是「開心」兩個字，不管是大事還是小事，其實看開了也就好了，有什麼煩心事，大夥一起聊一聊，有什麼大不了的，我始終相信，沒有翻不過的山，也沒有蹚不過的河。

8. 您有著怎樣的人生經歷，這些人生經歷讓您明白了些什麼？

我沒有什麼特別的人生經歷，小時候我做過藥店學徒，在商店裏當過營業員，剪過花做一些小買賣。這些工作都給我以後提供了很多經驗，人要吃得苦中苦，方為人上人，要不怕吃苦，現在的小孩都太幸福了，一點苦頭都不能吃，這樣是不好的。

9. 你覺得現在中國發生的變化大嗎？

這麼多年，中國發生了翻天覆地的變化，基本上家家都實現了小康，老百姓的日子也越過越好了，我常常講你們這代人趕上了好時代，衣食無憂，跟我們當年沒法比，所以說要珍惜現在的日子，這樣的幸福來之不易啊。我享共產黨福，享兒女福啊。兒女們對我好，沒得講。

10. 作為爺爺，給孫輩的忠告？

還是要好好念書，做一個有文化的人，我們小時候沒有機會讀書，現在你們有這個條件，就要珍惜，要多學點知識，變成自己的本領，知識這東西，別人也搶不走，關鍵時候就有用，念書好了，以後自己有出息了，要做一個好人，有的人本領強，心地不好，老想著害別人，這也

要不得。對待別人要真心實在。你對別人好，別人也會對你好。

11. 你覺得要如何面對困境？

誰一輩子能永遠一帆風順的啊，遇到問題是正常的，不要害怕困難，要勇敢地面對困難，人要樂觀地活著，要對自己有信心，相信自己能夠克服困難，當然，自己還得努力，沒有天上掉餡餅的好事，人最終還得靠自己的努力。

採訪手記

這次在和父輩們聊天的過程中，我收穫頗多，首先，拉近了我和父輩之間的心理距離，以前老是覺得因為代溝的原因，和父母總是沒太多可聊的共同話題，再加上我在外讀書，交流的機會本來就不多，這次大家心平氣和地在一起聊聊天，聽聽他們講述爺爺的故事，我感覺家庭氛圍變得活躍了起來，談到有意思的地方，大家相視莞爾，有說有笑。

此次，在與父母聊天的過程中，我對家鄉有了更深一步的瞭解，原來覺得爺爺的家鄉只是一個名不見經傳的小城鎮，沒有什麼好多說的地方，經過父母的訴說再加上網路資源的搜集，發現石牌原來有著如此深厚的文化底蘊，「無石不成班」的「石」即指這裏。除此之外，在談及爺爺的成長歷程中，爺爺親身地經歷過抗日戰爭、三年自然災害和「文化大革命」，這些我們這一代只在書本上見過的字眼，以前總是覺得這些事件離我們好遙遠，殊不知它們真的改變了爺爺這一代人的命運，我們的幸福生活來之不易。

最後，採訪確實是一門藝術，必須做好採訪前的準備，在採訪父母的過程中，說到「朝奉」、「籬笆牆」等事物的時候，我完全沒有概念，這其實是沒做好採訪準備的表現，要對採訪者以及採訪者所處的社會環境有一定的瞭解，採訪才能順利地進行下去；在採訪的過程中，要引領著採訪者的思路，根據自己想要得到的問題回答，這樣才能使採訪有效率地進行；採訪的途中，要做好文字的記錄和錄音，以免遺漏掉重

要的資訊點......這些都是我在此次採訪中收穫到的財富。

爺爺已經去了，但是他對我的關愛將永遠保留在我內心深處，我會銘記這樣一位心靈手巧、默默付出卻又不善於情感表達的爺爺。終有一天，我也將會衰老，離開人世，現在的我，難以想像到時候會是什麼樣的情景，但是希望自己能像爺爺一樣保持一顆樂觀的心去面對人生的順境和逆境，在遇到困難時候不退縮，在順境中虛懷若谷，坦然接受一切挑戰。希望那時的我，雖白髮蒼蒼，但是在給兒孫講自己的年輕時的故事，定是帶著一抹微笑的。

堅持最精彩

陳嘉韻

我的爺爺姓陳，名諱上松下青，廣東揭陽人氏。從小，我跟著爺爺生活，他是對我的生命影響最大的人，只可惜已經去世了，這篇文章其實算是我的回憶錄。寫下這個，只是為了記住他，也是懷念我過去最美好的那段時光。

生在那段混亂的歲月，生活想要多平靜是不可能的，沒人知道厄運什麼時候降臨，也沒人有閒心去計較是否公平，賦予你的，你只能接受，那時候，很多人的願望僅僅是——活下去。我不知道要怎樣去表達，也許對那個時代的人而言：一生太短，每一次日落都值得期待和遠望；歲月太長，經歷過多少回硝煙戰火照城牆；天涯不遠，大概只能透過這風沙和時光，去懷想，曾經的袖裏暖，如今的髮上霜和那在昏黃記憶中的姑娘。

爺爺年幼失怙，他是家裏最小的孩子，於是跟著他大哥生活，可是沒多少年，舉家遷徙到國外的時候，爺爺很固執地沒有走，堅持一個人

留下來。我很難理解，也問過原因，爺爺沒有說，我卻記得他的堅持和驕傲，他一直自豪於那時的堅持。我不懂，一個孩子到底因為什麼能夠那麼堅決地離開所有親人，守著一個早已開始腐朽破敗的地方。因為放心不下，大爺爺給爺爺留下了不少家產，此後，就只剩下爺爺一個人了。我記得爺爺說過，一個人的家，根本就不算一個家。

在那種兵荒馬亂的年月，一個孩子要活得好是很艱難的，尤其是，還有尋訪祖父的秘方堅持最精彩一群不知所謂的親戚對著你的家產虎視眈眈，再多的天真無邪，在那樣的欺騙之下也會消磨得一乾二淨。那麼大一塊肥肉，那麼弱小的守護者，誰都想來咬上一口。於是，成長其實是很迅速的。爺爺是個生性樂觀的人，就算環境再差，也不至於扭曲他的心性。我記得他說過，小時候一個人過日子，一開始有親戚說願意關照你，他不知道有多開心，只是，沒多久，一個兩個的嘴臉就露了出來，說白了，就是關照你的家產，順便讓你別餓死。所以，在他有能力離開的時候，他就毫不猶豫地走了。「雖然不恨，也理解他們自有自己的艱難，但我也想讓自己過得好些。」他想換個環境生活。只不過，一個十來歲的男孩子，無親無故，在亂世怎麼過活？所以爺爺想從軍。在從軍之前，他得先把家產處理好。

我認為爺爺當初做了一個非常聰明的決定——他把家產（除了祖宅之外）全部變賣給了當時最有勢力的那個人，那位買家曾經是大爺爺的朋友。於是乎，眼紅家產的那些親戚忌憚對方的實力，不敢插手，借著關照嫡系留下的最後一個孩子的名義上門遊說過幾次，無果，就只好放棄了。解決完最棘手的事情之後，爺爺就從軍了。

爺爺說，投身軍隊揭開的不是別人想像中那波瀾橫劃的一生，而是給了他一個目標，一種動力，也彌補了些許孤獨。戰友就是他的親人，他的親兄弟。因為年輕，也因為沒什麼牽掛，那種戰火紛飛的日子爺爺適應得很快，也許男人本身對戰爭的熱血被激發，他總是沖在前邊，那股子兇悍無畏很快讓上級另眼相待了，尤其是這孩子還這麼年輕，潛力

無限。況且，家學淵源也讓他不至於成為只知道橫衝直撞的莽夫。不過，入伍的時候爺爺沒說實話，只說自己是孤兒，他告訴我，如果那時候不這麼說，大概很難那麼快就融入軍隊的環境，擺出少爺款絕對會讓自己飽受排擠。

或許爺爺真的非常適合軍隊的生活，軍旅生涯意外的順利，沒什麼波折，雖然在戰場上負過幾次傷，卻也沒壞了身體的底子，只是身上添了幾道勳章，我還記得小時候嫌棄那幾道蜈蚣似的傷痕難看，爺爺卻很自豪地說：「這才是真男人。」只不過，生活看起來充實，爺爺心裏卻越來越渴望一個安定的家，大概是成熟得太早，連心態的老化也加快了，戰友們關係再鐵，也比不上真正血脈相連的家人。所以，等到局勢穩定之後，爺爺回了趟老家，遇見了我奶奶。

我看過他們年輕時的照片，很奇怪爺爺是那種略顯文弱的青年，除了雙眼的凌厲，看不出是真正浴血沙場的戰士。奶奶則是傳統的古典美人，看起來異常般配。

爺爺說他對奶奶是一見鍾情，我問他這事兒的時候他居然顯得特別侷促特別不好意思，讓我笑話了很久。他說：「你奶奶看上去就是很大家閨秀的樣子，但其實脾氣不好，那時候挺任性的，但是我就是喜歡。雖然任性，但她也很堅強，大是大非面前，她其實分得非常清楚。一開始，我覺得有個人能給我添麻煩，能讓我寵著，是非常幸福的一件事。到了後來我才發現，其實她也並不是不能獨當一面的人，在那段最艱難的日子裏，她是我的支柱。」

爺爺和奶奶很快就成婚了，然後，爺爺又回了軍隊，但是從前線退了下來，轉做了管理，跟著他的老首長學了很多。我問他退下來的時候有沒有捨不得，他非常淡然地說沒有，他捨不得的只是那些生死與共的戰友，但不是那種激情澎湃的日子，「成了家自然就有了牽掛，我不能讓她擔心，她還年輕，但是我捨不得她守寡，更捨不得把她讓給別人，這樣能讓你奶奶安心，我一直想要一個家，是她給了我這種安穩的感

覺」。

不在前線的時候爺爺也做得很出色，有一次赫魯雪夫秘密訪華的時候來了廣州，爺爺也是負責接待的一員，赫魯雪夫很滿意，臨走時還把自己的圍巾送給我爺爺留念。我一直不知道爺爺收藏的那條深灰色圍巾有什麼特殊含義，後來事件解密之後爺爺才告訴我這是赫魯雪夫送的。

只不過，到了「文革」時候，爺爺被人揭發「成份不好」，畢竟按照當時的說法，那我們家的成份真是地主中的地主，想賴都沒地方賴。所以爺爺被批鬥了，「被折騰得比當初在戰場上負傷還慘，不過還好沒被囚禁，要不然家裏怎麼撐得下去？」沒有人幫忙，有的自顧不暇，有的則是怕被牽連，都躲得遠遠的，是奶奶一個人撐起家裏的一切，還要照顧爺爺。爺爺很少提那段時間的事情，我知道那對他的打擊很大，你做過的一切就被一個莫名其妙的「成份」問題給抹殺了，一切功勳都抵不過這種出生背景的過錯？

到後來風聲漸弱，爺爺也沒有再留在軍隊裏，他轉行做了外貿出口。我一直很好奇，從來沒有經商經歷的他是怎麼做到的。「哎呀，我不是成份有問題嗎？那我這經商天賦也是家族遺傳啊。」離開軍隊是形勢所迫，從商也是無奈之舉，但是他從來沒有放棄過，爺爺很多戰友在「文革」中被批鬥，有的人沒有熬過去；有的人徹底頹廢了，但是爺爺說他還要養家，再難再苦，也不能讓奶奶一個人撐下去。尤其是後來我爸爸出生，更是讓爺爺有了新的動力。

奶奶那時候在信用合作社工作，留在老家，爺爺則是在汕頭，時常要出差，四處奔走。他們相聚的時候很短，卻也從來沒有埋怨過，感情依舊很好。我也問過奶奶：「那時候有沒有想放棄？」奶奶說：「你爺爺無論如何也會撐住，不會留我一個人。在沒結婚前，我有家裏人寵著我，結婚後你爺爺寵著我，該享福都享夠了，誰能一生平順呢？在他需要我的時候，我怎麼能離開？我不是只會靠他養著的，我也能讓他有個依靠，不會太孤單。」

一直到後來，爺爺的事業逐步步入正軌，不用自己再操心太多事的時候，就把在老家的妻兒都接到了城市裏，奶奶本質上還是一個很傳統的女人，之後她就沒有再出去工作，只專心打理家裏的事情。聽爺爺說，我爸爸小時候他很少照看到，後來想管教也很難，「你爸爸雖然讀書厲害，但是惹禍更厲害。沒幾天就是打架鬧事被人找上門，我一開始只靠打，但是沒有用，後來想起自己小時候的一些事情，我才慢慢學會怎麼樣做一個好爸爸，你看你二叔是不是被我管教得比你爸爸聽話得多？」「原來我爸就是個你養孩子的失敗試驗品？」「其實他和你二叔都是失敗的，你才是我最成功的『試驗品』。」

　　對我爸爸來說，爺爺可能真的算不上是個好父親，但是對我而言，再沒有比他更好的了。爺爺有很多挺風雅的愛好，雖然在他小時候家族就沒落了，但是很多東西是從小就刻入骨髓的，爺爺喜歡養花，懂品茶，愛好古曲，以及後來的一個為了我養成的愛好——烹飪。我喜歡彈箏，喜歡茶，喜歡書畫，喜歡養花，喜歡中醫，幾乎所有都是因為爺爺長期的影響。

　　記憶最深刻的一直是那個小院子，幾乎每一天，爺爺都在那裏給我泡茶講故事。其實挺少有小孩子喜歡茶的，苦苦的澀澀的實在算不上合小孩胃口。一開始對茶是一種習慣，一直到現在，它變成一種寄託，甚至是執念。爺爺說：「對待萬事萬物，首在於『誠』，沒有『誠』，什麼事情都做不好，對自己也是一樣。誠於心誠於己，而後誠於人誠於事。」「煮茶品茶是藝術，胡來的不過是解渴而已，那樣的話你永遠品不出它真正的味道。」在我還不是很懂事的時候，爺爺就讓我記下了很多品茶時的規矩，不許有一絲差錯，他再寵我，也不會在這些問題上讓步。我那時候雖然不理解，但是只要是爺爺讓我做的，我一定會照辦，不論如何，總不會害我。我很慶幸我在他面前的聽話，這讓我學到很多。等到我開始能泡茶的時候，規矩就更多了，每個步驟都不能亂，知道怎麼做還不行，還要知道為什麼，要學會分辨每一種茶葉，知道分別用什麼茶具，用什麼水，需要什麼溫度，還要背下陸羽的《茶經》。日

積月累的，一整套動作仿佛成了本能，有時候甚至難以忍受別人的打斷。爺爺喜歡喝單欉，那是一種非常濃釅的茶，入口很澀，但回味悠長，喝過後的甘甜讓人難忘。我那時一喝就不停地皺眉頭，爺爺只是笑著給我另外泡了清香的鐵觀音，卻每次都還讓我喝幾杯單欉。

其實現在想想挺奇怪的，現代社會哪有人這麼養孩子，用古禮，以古文啟蒙，到成年（我們家鄉的傳統是虛歲16）的時候爺爺還給我起了字。雖然如此，但其實爺爺並沒有將我教養成一個文靜恬然的淑女（也有可能是他嘗試過後失敗了？），他的決斷堅毅給我的影響更大。「要有教養，但不能一味退讓妥協，教養是為了讓你有自己的底線，在底線之上，學會忍讓。惜惜你很聰明，學東西很快，但是你也很驕傲，你要懂得收斂，不然遲早要吃虧。」

我還記得爺爺曾經告誡過我：「傲骨可以有，傲氣則要收好，不過，有時候用這個來擋住某些小人的騷擾還是可以的。」我曾經覺得別的同齡人比我單純很多，我被教育得太過現實，我其實挺羨慕妹妹，她什麼都不需要學，只要開開心心地玩就過完一天。即便明白爺爺的苦心，還是羨慕別人輕鬆的日子。「軍隊教會我坦誠，商場教會我偽裝，說不上什麼對什麼錯，這些事情你要自己經歷，自己判斷，我說了，你未必懂，懂了也未必就會用，但是你要記得，只有真心才換得回真心，不是你聰明，就能把所有人玩得團團轉的。」「自己是最可靠的，你不能事事依賴別人，在這裏，家裏人會幫你；在別的地方，也許你的朋友會幫你，但是，我們總有有心無力的時候。所以你要學會靠自己解決問題，還要學會被別人依靠，比如你妹妹，還有將來你的父母，我，大概就看不到了。」

爺爺很少真的生氣，直到那次我頂撞族裏來的一個長輩，我覺得他們就是來要錢的，憑什麼當初什麼都不管現在卻有臉來求我爺爺幫忙，現在出事了是他們活該！我以為我是在替爺爺出氣，卻當時就被喝止然後關在房裏，最後還罰我跪了一夜抄《弟子規》。「無論如何，他們也

是和你有血緣的親人，也是長輩，目無尊長，毫無憐憫之心，你讓我看著你堂伯伯去死嗎？」我第一次看爺爺生那麼大的氣，我嚇壞了，哭了很久，可是爺爺只有一句「不准哭，你還有臉哭？」誰來求情都沒用。第二天我就病了，發了高燒，爺爺非常緊張，抱著我開車去了醫院，醫生說打支退燒針再看看情況，小孩子高燒挺危險。我看到針就想哭了，可是看到爺爺眼睛紅紅的在一邊看著，我以為他還生氣，就問：「爺爺，我不想哭，可是好疼，我就哭一下子好不好？你不要生氣。」當時醫生旁邊笑得都抖了，爺爺很無奈，「哭吧哭吧。」這件事之後，我還是依然天天黏著爺爺，父親說我記吃不記打，我很生氣，我知道爺爺是為我好，他最疼我，誰都比不過。

後來，我搬去廣州和父母一起住，陪著爺爺的時間就少了，但是我們的感情沒有變得淡薄，反而更加深厚，遇見了更多的人和事，我越覺得爺爺說的話正確，很多時候如果沒有他告訴我的那些經驗道理，我根本不可能走得那麼平順。一直到爺爺身體漸弱，查出了胃癌中晚期，我剛知道這個消息時整個人都懵了，這一定是騙我的，爺爺一定是想見我才這麼說。那時候我的眼淚怎麼都止不住，簡直以一種撒潑加上尋死覓活的姿態硬是搬了回去，誰都沒攔住。見了爺爺，他消瘦了很多，不像以前那麼挺拔，我想哭，卻又不敢，爺爺最不喜歡我哭。

治療期間，爺爺好像怕時間不夠一樣，跟我講很多很多事，我聽得出他的急切和心酸，他沒辦法陪著我長大，沒辦法看我成為他的靠山。看著自己親人的生命一點點流逝卻束手無策的感覺真是太痛苦，就那樣看著爺爺不停地瘦下去，一點一點脫了形，每天都仿佛更虛弱一些。爺爺一直表現得很正常，忍受著難耐的疼痛，直至最後那段日子，疼痛實在是終日無休，他才靠著我們通過非正常管道得到的杜冷丁針劑止痛保證休息。

他每天都跟我講很多事，有時候是回憶過去，有時候是教我些特別的小技巧，比如那棵陪著我長大和我同歲的桂花為什麼開得那麼好，是

需要在花期前一段時間在土裏埋些生薑末做肥料，這能讓桂花開得又多又香；甚至因為小時候我只吃爺爺做的魚，他非逼著我父親把做法記了下來，把味道做到相似才肯甘休，「我走了，誰給惜惜煮魚吃？」

那段時間大家都在忍耐，粉飾太平，我忍耐淚水，爺爺忍耐疾病。直到誰都忍耐不住的時候，爺爺溘然長逝，我淚雨滂沱。家鄉的喪葬很是講究，可是爺爺沒有男孫，族裏原本派了另一支的長孫過來，卻被我硬生生逼了回去，爺爺一定是希望由我親自來做這些事，而不是一個根本連名字都不記得的人。所以我和別的孫女不同，披麻送葬，很多事是由我做的，家裏也沒人不滿，誰都知道爺爺是讓我送他最後一程。之後，我消沉了很久，直至被時間治癒。

爺爺去世了，但他教會我的，我不會忘記，這是他的生活秘方，慢慢地也會變成我的秘方的一部分，我會一直走下去，像他希望的那樣幸福。

訪問：

1. 70歲，或80歲意味著什麼？

人老了總會比年輕人知道得更多，對人對事的看法也更深入，很多時候，一看小輩們做的事就知道結果，「你們這群小兔崽子一撅屁股我就知道你們拉什麼屎。」但是，路總是要年輕人自己去走的，「我也年輕過，如果那時候有長輩跟我說『那事兒你一定成不了，省省吧』，我也一定是不撞南牆不回頭的。」看得太清楚其實並不愉快，不過，你們也需要自己去看、去聽、去經歷，我只能在旁邊做點不那麼讓人討厭的提醒，在你跌倒後看著你站起來，做你最堅實的靠山，看著你向前走，不管終點是什麼地方。等你老了你就明白，七八十歲不只是身體的變化，而是心態轉變。你會變得從容，變得淡定，有種盡在掌握的感覺，老了不是喪失激情，只不過是過盡千帆後的釋然，一種波瀾不驚的閒適。「哈哈，總之現在我說得再多你也聽不懂，幾十年後，你自然就明白了。」

2. 小時候有什麼樣的夢想？後來實現了嗎？年輕時候遇到的最大煩惱是什麼？是怎麼解決的？

當然有夢想。傳承了那麼多年的家族到我父親的時候就沒落了，父親是個不怎麼典型的「紈絝子弟」，吃喝玩樂樣樣行，不過他還是很善良，可惜沒什麼保住家產的天賦，咱們嫡系這一脈到了我除了祖宅，就只有那幾條街的商鋪了，只是，兵荒馬亂的，父親又在我三歲的時候就去世了，我其實是大哥養大的。男孩子總有很多雄心壯志，我小時候一直想恢復族裏原本的榮光的。

「哈哈，你說實現了沒有？我後來走了一條和哥哥姐姐們完全不同的路。」家裏其他人都出國，然後，在國外我們的家族總算重新崛起。只有我留了下來，十來歲的男孩子，能想起做什麼呢，自然是從軍。其實，跟著國民黨更符合咱們家的身份，只是，人都走光了，誰還管我丟不丟家裏人的臉？我就挑了我看得更順眼的加入了。

「最大的煩惱是孤獨，惜惜，你說我這樣像不像你現在總是鄙視的文藝男青年？軍隊裏朋友很多，大家兄弟一樣，可是，依然給不了我親人的感覺。直到承擔了家庭的責任，有了新的家，新的親人，新的奮鬥源泉。」

3. 認為自己哪些方面還不錯？

我槍法好啊。做飯也很好吃，你不是只喜歡我做的魚嗎？（那性格方面呢？）我從年輕是就是脾氣火暴的，不過我不記仇，也不會對一些事情耿耿於懷很久。我這個爺爺也當得不錯，我家惜惜被我教得這麼好，是吧？而且我對你奶奶也很好。

4. 最喜歡誰？

這不是廢話嗎？所有人都知道我從你出生就偏心你，當然是最喜歡惜惜了。你總是問這個是不是就是想多聽幾次？

5. 你對我出世的感想？

很歡喜，**雖**然族裏都不喜歡你是個女孩子，但是他們那些不成器的男孫又有個屁用！很多時候是看眼緣的吧，雖然長得不像我，但是你不容易哭。你爸爸叔叔我都沒什麼時間陪他們長大，你的出生彌補了這個遺憾。那時候我挺有閒的，能教養你我其實很高興，也幸虧你父母工作忙，不然也輪不著我。

6. 對財富的看法？

財富是必需的，追求財富也沒什麼不好，但是有得必有失，有些東西是不能用來交換財富的。爺爺也不會跟你說什麼要多節儉，錢不是省出來的，學會花錢很重要，但是這不是等於揮霍，而且這東西生不帶來死不帶去的，物盡其用最好了。

7. 有什麼要告訴我的？

不要哭。哭其實很沒用，除了讓自己變醜之外沒什麼了，但是如果實在需要發洩，找個沒人的地方哭一場也不是不行。

你要記得養好我的花，茶藝可不能放下，人總要有點愛好，有點寄託，這能讓你在情緒激動的時候平靜下來，找回理智才好做事。

害人之心不可有，防人之心不可無。以德報怨，何以報德？如果真有人踩你頭上來了，千萬不要跟他客氣，家裏縱了你這麼多年，怎麼能讓外人欺負了去？有時候強硬是保護自己的一種手段，它能省了你很多麻煩，殺一儆百啊。

8. 什麼是公平呢？

公平和不公平其實是共存的，就像硬幣總不可能只有一面。你生來衣食無憂，你覺得這對那些為了生存而掙扎的孩子來說公平嗎？但你又知道長輩們為了你現在的生活曾經付出了多少？從這個方面來說，這又是公平的。我的辛苦就是為了讓後輩過得好，現在實現了，我覺得這樣的交換很公平，不是嗎？人們所怨恨的不公其實是由很多原因造成的，仔細分析，這樣的不公平其實是一種必然。人和人之間都不是孤立存在

，因為每個人之間的聯繫讓你的公與不公都和別人的有所關聯，你的長輩、朋友、對手乃至敵人的所作所為，都會影響到你。

所以別抱怨不公，你要努力改變它，適應它，這樣才不會被淘汰，怨天尤人是弱者的藉口。

9. 你怎麼看「走後門」這種事？

這樣的事情很正常，尤其是在中國，人情往來很重要，依靠著自家的勢力背景金錢去換取某些方便我不覺得沒有用。有時候你有才華，但是你不得不靠這種辦法換取一個展示的機會，這不可恥，你要在這個社會活得好，就要適應這些，直到你有能力改變的時候，嘗試做些努力也是可以的。

10. 行萬里路真的有用嗎？

那當然，遠行是成長的方式之一，你會看到不同的風土人情，從別人的故事裏得到啟發，眼界開闊了，心自然就變得寬廣。讀萬卷書，行萬里路都是必要的，你讀的書很多了，也要多出去走走，看看這個世界的其他面貌，趁著年輕，別等老了心有餘力不足才後悔。

採訪手記

爺爺過世很久了，所以這個題目一開始讓我很不開心——為什麼單單戳我最痛的地方？但是，寫著寫著，這個回憶錄式的作業讓我發現了很多以前忽略的東西，也讓我離爺爺更近。有的東西不碰是因為怕疼，但是，碰了，會讓你記憶更深刻。

我從小跟爺爺一起生活，是爺爺帶大的，也是受爺爺影響最深的，可以說，我的世界觀是非觀都是爺爺塑造的，我幾乎是他生命的延續。寫這個回憶錄，不少以前不曾注意，不曾深想的細節都變得含義豐富起來，我問過爺爺很多問題，爺爺也告訴過我很多話，這些對話的深意通過這次作業變得更加明瞭。他不在了，作為世界上最愛他的人，我能做的其實只有不忘記。

我曾經以為很多事情是已經想不起來了的，可是沒想到，字字句句居然還像在我耳邊一樣，清晰得讓我驚訝，這些回憶沒有被時間風化，它只是被藏起來了，等我發現它的時候，它還是最初的樣子，不曾改變。我記得爺爺總是親昵地叫我的小名，而他從不叫其他人的小名；他喜歡幫我理順頭髮，小時候的辮子總是爺爺給我紮的；最能討他歡心的是我，最讓他生氣的也是我......有朋友跟我說過，他因為太過懷念，常常夢見他已經逝去的親人。但從爺爺去世到現在，我只夢見過他一次。那是一個夏天的夜晚，我自己一個人在家裏，翻著過去的相冊，不知不覺就睡著了，然後我夢見了爺爺，他只對我說了一句話：「惜惜，地上涼，去床上睡。」他說完我就醒了，聽話地回到床上睡，第二天醒來後滿臉的淚痕，但是我不記得為什麼哭，因為爺爺去世之後我沒有再哭過。

　　寫這份作業的時候我仿佛又回到過去，那時我每天都有固定時間陪爺爺在花園裏喝茶聊天，我記得那把藤搖椅，那套紫砂茶具，那把蒲扇，那水開的聲音，那氤氳的茶的香氣，還有那滿架子的紫藤蘿。爺爺是個很善辭令的人，也是個很懂得傾聽的人，這種時候你感覺不到他身上那種曾經瀝血沙場的煞氣（但是一旦爺爺生氣就完蛋了），反倒是有種風雅的味道。我會把每天發生的事情跟爺爺分享，我不覺得有代溝，也不覺得有什麼是不能說的。這樣的談話過後，開心的會變得更開心，傷心生氣的會慢慢平復。也許是曾經太過依賴的緣故，以至於後來有一段時間我的情緒非常不穩定，不受控制。

　　也許每個人在失去一個非常重要的人之後都會經歷這樣一個過程，一開始是一個人沉浸在感傷之中，然後是逃避現實，不許任何人提起，直到慢慢接受現實，一個人莫名地開始懷念，到最後可以微笑著回想過去的事情，可以淡然地和別人談起，可以在那些記憶中發現更多價值。

　　這樣其實很好，即便再也沒人陪在你身邊給你指路，你也會用他的一言一行鞭策自己，說話做事，有時候他的告誡會在不經意間閃現腦

海，給你意想不到的靈感。這種潛意識下的力量非常強大，它比其他任何說教都有用得多。因為你最怕的不是墮落，不是困難，不是失誤，而是讓他失望。你會相信他一直看著你，看著你一步步往前，跌倒了他會心疼，而一旦走了錯路，他一定很失望。於是，步步為營。

　　我長大了，我也會成為別人的依靠，我過得很好，放心。

後記

感謝清華大學出版社的紀海虹編輯，因為她的認同，這一「尋訪祖父秘方」主題的訪談成果，得以成形為這本書，記錄和見證2012年裏，一群「80後」、「90後」大學生對家庭裏老人的深度關注。

每個人都在某種程度上渴望他人的理解，渴望愛與被愛，這是人生意義的最重要部分。這不僅僅是年輕人的願望，也是老年人的期待，愛的表達將持續人的一生。在人與人的關係中，傳播所起的作用既包括傳遞資訊，也包括情感表達，還包括了意義的確認。面對來自孫輩年輕人的詢問，老人們打開心扉，講述過往的經歷，也一併傳授了自己的經驗。

許多老人令人印象深刻。陳嘉韻同學回憶中的爺爺，給了她包括行為舉止、文化修養和價值觀念的最好教育，若能聽到孫女所說的「我長大了，我也會成為別人的依靠」，這位典範式的祖父一定會極其欣慰；謝顯怡同學的外婆，究竟是怎樣溫柔的愛，才能讓外孫女驕傲地說出「安徒生童話和外婆是我小時候的兩件寶貝」呢？楊涵同學姥姥姥爺的幸福家庭生活躍然紙上；陳婧悅同學教會了外婆寫自己的名字「素好」；周韻荷同學多才多藝的外公，被孫女深深感動，連打算在遺書裏說的話都念給她聽了；陳誠同學的爺爺在他的回憶中顯得如此生動；宮育津同學的姥姥從文采斐然的句子裏浮現出來，又真實又縹緲，仿佛她所成長的黑土地......不能一一列舉。然而，與年輕一代相比較，訪問中大部分老人顯得被動。尋訪祖父的秘方後記不止一個年輕人提到，若是沒有這次訪問，也許永遠也不知道家中的老人曾經的歷史。老人們並不主動講述，即便講述也多是零碎的「嘮叨」。這或許因為他們的教育水準，或許是因為時代的緣故，隱忍是他們習慣中顯著的特徵，無論在生活行為中，還是傳播方式中。在「養兒防老」的觀念背景下成長起來的

老人們，年老時卻如此普遍的「怕給家人添麻煩」。有哪些原因，導致了這一現象呢？

　　訪問很自然地導致了種種思考，最有價值的思考，例如洪州穎同學所提出的，祖父的行為為什麼是這樣，年輕一代應當承擔什麼樣的責任？持續的傳播是相互的行為塑造過程，祖輩們所熱愛的人、所恐懼的事情、所經歷的生活，很少出於他們自己的選擇，更多是無可抗拒的命運。但是這一現象不宜成為逃避藉口。自身的責任，無論對於老人還是年輕人，都是更好更有品質生活的保證之一。

　　在未來高齡化社會中，年輕人不僅要經歷和承擔人口高齡化所導致的一系列後果，最終自己也將成為老年人群當中的一個，必然要面對年紀老去的現實。更積極主動的人生不僅有利於他人，也將回饋在自己身上，獲得更充分圓滿的人生感受。

　　令人感動的還有每一個家庭對作業的支持，每一位叮囑孩子好好完成作業的家長，都表達了一致的期望，即祖輩們說得最多的「好好學習」。這些支持最終都被同學們具體地表現在作業中。

　　對於分散在各地，一直默默無聞的老人們來說，這本書是孩子們為了他們所做的記錄，是一個又一個家庭史的彙集；對於關注老年人、關注健康的這一行動來說，這本書是一個總結和肯定；對於活動的持續來說，這本書將是一個重要的起點。我們將在未來不斷地加以證實。

劉宏

2013年2月

尋訪祖父的秘方

作者：劉宏

發行人：黃振庭

出版者 ：崧博出版事業有限公司

發行者 ：崧燁文化事業有限公司

E-mail：sonbookservice@gmail.com

粉絲頁

地址：台北市中正區重慶南路一段六十一號八樓 815 室

8F.-815, No.61, Sec. 1, Chongqing S. Rd., Zhongzheng
Dist., Taipei City 100, Taiwan (R.O.C.)

電　話：(02)2370-3310 傳　真：(02) 2370-3210

總經銷：紅螞蟻圖書有限公司

地址：台北市內湖區舊宗路二段 121 巷 19 號

電話:02-2795-3656　　傳真:02-2795-4100　網址：

印　刷 ：京峯彩色印刷有限公司（京峰數位）

定價：500 元

發行日期：2018 年 4 月第一版

獨家贈品

親愛的讀者歡迎您選購到您喜愛的書，為了感謝您，我們提供了一份禮品，爽讀 app 的電子書無償使用三個月，近萬本書免費提供您享受閱讀的樂趣。

ios 系統　　　　　安卓系統　　　　　讀者贈品

請先依照自己的手機型號掃描安裝 APP 註冊，再掃描「讀者贈品」，複製優惠碼至 APP 內兌換

優惠碼(兌換期限2025/12/30)
READERKUTRA86NWK

爽讀 APP

📖 多元書種、萬卷書籍，電子書飽讀服務引領閱讀新浪潮！

🎧 AI 語音助您閱讀，萬本好書任您挑選

🔍 領取限時優惠碼，三個月沉浸在書海中

🔔 固定月費無限暢讀，輕鬆打造專屬閱讀時光

不用留下個人資料，只需行動電話認證，不會有任何騷擾或詐騙電話。